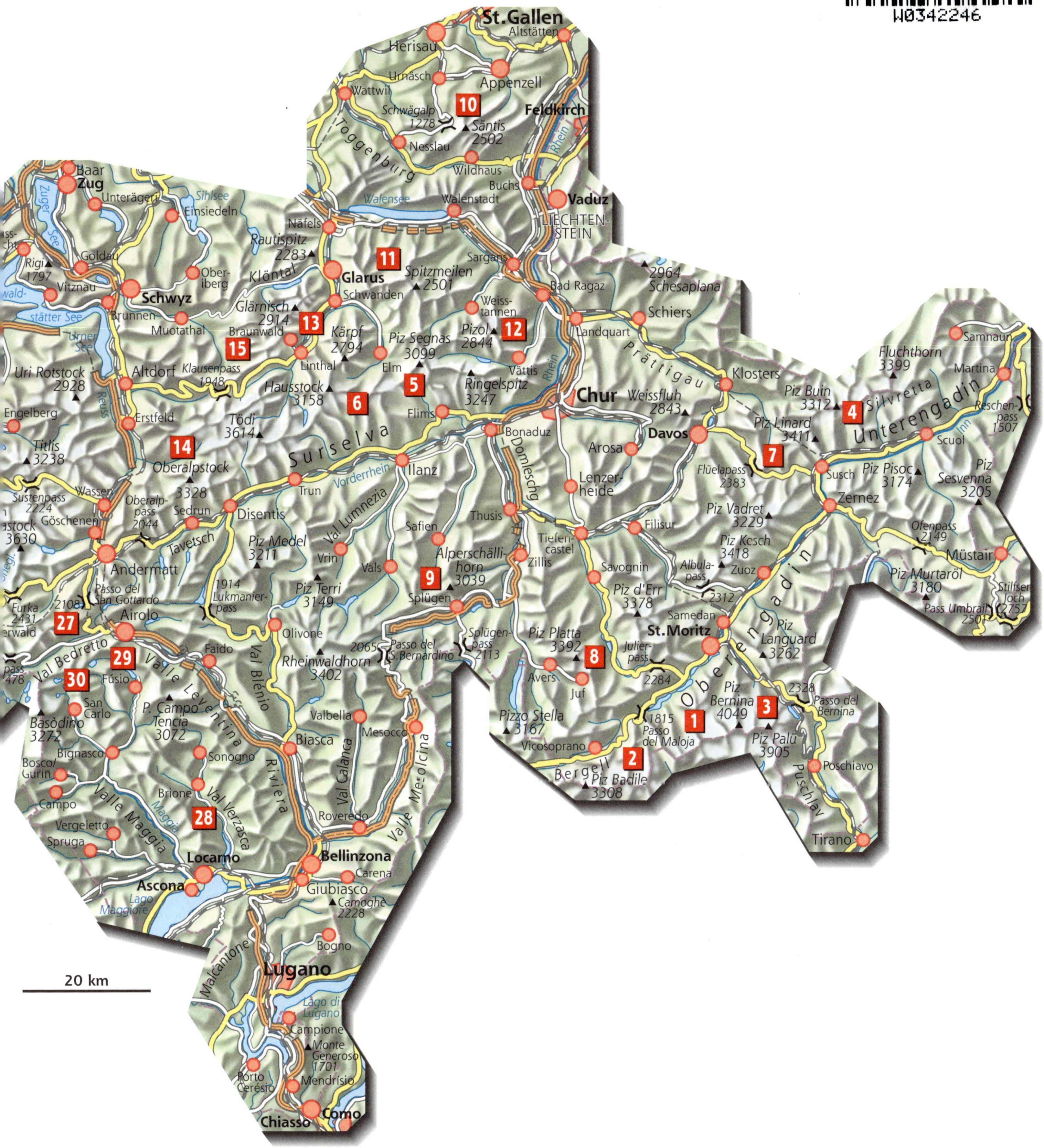
St.Gallen
Altstätten
Herisau
Urnäsch
Appenzell
Wattwil
10
Schwägalp
1278
Säntis
2502
Feldkirch
Toggenburg
Nesslau
Wildhaus
Buchs
Vaduz
Walensee
Walenstadt
LIECHTEN-
STEIN
Rhein
Baar
Zug
Zuger See
Unterägeri
Sihlsee
Einsiedeln
Näfels
Rautispitz
2283
11
Sargans
Rigi
1797
Goldau
Ober-
iberg
Klöntal
Glarus
Spitzmeilen
2501
Vitznau
Schwyz
Schwanden
Bad Ragaz
2964
Schesaplana
Weiss-
tannen
Glärnisch
2914
Brunnen
Muotathal
Braunwald
13
Kärpf
2794
Piz Segnas
3099
Pizol
2844
12
Landquart
Schiers
Samnaun
Urner See
15
Fluchthorn
3399
Uri Rotstock
2928
Altdorf
Linthal
Elm
Vättis
Prättigau
Klosters
Martina
Klausenpass
1948
Hausstock
3158
6
5
Ringelspitz
3247
Chur
Weissfluh
2843
Piz Buin
3312
Silvretta
4
Reschen-
pass
1507
Engelberg
Reuss
Erstfeld
Tödi
3614
Flims
Bonaduz
Davos
Piz Linard
3411
Unterengadin
Titlis
3238
14
Surselva
Arosa
7
Scuol
Oberalpstock
3328
Ilanz
Domleschg
Flüelapass
2383
Susch
Piz Pisoc
3174
Piz
Sesvenna
3205
Sustenpass
2224
Wassen
Oberalp-
pass
2044
Trun
Vorderrhein
Lenzer-
heide
Zernez
Göschenen
Sedrun
Disentis
Val Lumnezia
Safien
Thusis
Filisur
Piz Vadret
3229
Ofenpass
2149
Tavetsch
Piz Medel
3211
Tiefen-
castel
Piz Kesch
3418
Müstair
Andermatt
Vrin
Alperschälli-
horn
3039
Zillis
Savognin
Albula-
pass
Zuoz
Piz Murtaröl
3180
Furka
2431
2108
Passo del
San Gottardo
1914
Lukmanier-
pass
Vals
9
Piz Terri
3149
Splügen
Piz d'Err
3378
2312
Stilfser
Joch
2757
Pass Umbrail
2501
27
Airolo
Olivone
Samedan
St.Moritz
Piz
Languard
3262
29
Faido
Val Blenio
2065
Passo del
S.Bernardino
Splügen-
pass
2113
Piz Platta
3392
8
Julier-
pass
2284
Val Bedretto
30
Fusio
Valle Leventina
Rheinwaldhorn
3402
Avers
Juf
Oberengadin
2328
Passo del
Bernina
Piz
Bernina
4049
3
San
Carlo
P. Campo
Tencia
3072
Basòdino
3272
Valbella
Pizzo Stella
3167
1815
Passo
del Maloja
1
Mesocco
Biasca
Vicosoprano
Piz Palü
3905
Bignasco
Sonogno
Riviera
Val Calanca
2
Poschiavo
Bosco/
Gurin
Bergell
Piz Badile
3308
Brione
Val Verzasca
Valle Maggia
Campo
Valle Mesolcina
Puschlav
28
Vergeletto
Roveredo
Spruga
Tirano
Locarno
Bellinzona
Carena
Ascona
Giubiasco
Camoghè
2228
Lago
Maggiore
Bogno
Malcantone
20 km
Lugano
Lago di
Lugano
Campione
Monte
Generoso
1701
Porto
Ceresio
Mendrisio
Chiasso
Como

DIE SCHÖNSTEN BERGWANDERUNGEN IN DER SCHWEIZ

Rose Marie und Gerhard Bleyer

DIE SCHÖNSTEN BERGWANDERUNGEN IN DER SCHWEIZ

Panoramaplätze
Höhenwege
Gipfelziele

BRUCKMANN

Inhalt

Auf dem Weg zum Oberhornsee: Tschingelhorn (mit Breithorngletscher) und Lauterbrunner Wetterhorn

Ortsbild von Les Haudères (Val d' Hérens)

Vorwort

*»Jeder Berg hat seine Stunde, wo er ganz besonders schön ist:
Es ist nicht der Mittag, denn dann sind die Berge ganz erdrückt vom Licht.
Es ist die Zeit der Morgen- und Abenddämmerung,
wenn die Sonne die Berge zum Leben erweckt oder sie flieht.«*

Gaston Rébuffat

Rechts:
Auf dem Gipfel des Gällihorns: Als imposante Berggestalten stehen im Süden Rinderhorn (Firnschneide) und Chli-Rinderhorn (Felsgipfel) über der Spittelmatte am Gemmiweg, der Anstiegsroute zur Lämmerenhütte und zum Wildstrubel.

Das Jahr 2002 wurde von der UNO zum internationalen Jahr der Berge ausgerufen. Mit ihren über vierzig Viertausendern überragt die Schweiz in dieser Hinsicht jedes andere europäische Land – mit ein Grund dafür, dem Land, dessen Bergwelt wir in vielen Jahren kennen und lieben gelernt haben, ein weiteres Buch zu widmen.

Aus der Fülle an Unternehmungen in Graubünden mit dem zauberhaften Engadin und dem Bergell, in der Ost- und Zentralschweiz, im Berner Oberland, Wallis und Tessin haben wir für Sie unsere schönsten Touren herausgesucht. Was verbirgt sich hinter den auf den ersten Blick vermessen klingenden Worten »die schönsten«? Es ist das Resultat langjährig erlebter Landschaft und der kulturhistorischen Eigenheiten einer Region, beeinflusst von Begegnungen mit Menschen am Wege, aber auch von der eigenen Verfassung. All dies ist weder an jedem Tag noch bei allen Menschen gleich. Nachhaltig geprägt werden die Empfindungen schließlich von der persönlichen Einstellung zur Bergwelt, der Kenntnis über Fauna und Flora und dem Verständnis für die Bewohner der Bergtäler. Objektiv betrachtet kann weder diese noch jene Wanderung als die schönste bezeichnet werden. So muss unsere Auswahl also rein subjektiv bleiben.

Seit mehr als zwei Jahrzehnten sind wir jedes Jahr einige Wochen im Land der Eidgenossen unterwegs – nicht nur wandernd, sondern auch, um ganz allgemein Land und Leute kennen zu lernen. Zwangsläufig hat sich daraus eine enge Bindung zu diesem großartigen Bergland ergeben, fast könnte man sagen, eine stille Liebe, die uns nicht mehr loslässt. Wir würden uns freuen, wenn ein Funke zu Ihnen überspringt, während Sie unseren Spuren in der wunderschönen Schweizer Bergwelt folgen.

In diesem Auswahlband ist für jeden etwas dabei. Das breit gestreute Spektrum reicht von leichten Spaziergängen und Hüttenanstiegen über aussichtsreiche Höhenwege bis hin zu anspruchsvollen Touren. Es geht über liebliche Almen und an steilen Felswänden entlang, auf Pässe und Bergspitzen. Über allem das Leuchten naher oder ferner Firngipfel mit ihren wild zerrissenen Gletschern. Manche Wanderung lässt sich durch Benutzung einer Bergbahn abkürzen, aber es gibt auch Regionen, wo die Technik noch keinen Einzug gehalten hat (und gerade da ist es manchmal am schönsten). Jedes Kapitel enthält am Ende zahlreiche weitere Tourenvorschläge. Mögen unsere ausgewählten Touren auch zu Ihren schönsten Wanderungen werden.

»Für mich sind Berge Quellen großer Kraft«, sagte Kofi Annan, UNO-Generalsekretär und Friedensnobelpreisträger 2001 anlässlich eines Interviews, das er »Schweiz Tourismus« gab. Wir können seine Worte sehr gut nachempfinden und wünschen Ihnen, dass auch Sie stets Kraft aus der Begegnung mit der Bergwelt heimbringen.

Rose Marie und Gerhard Bleyer

Über dem kleinen tiefblauen Seeauge (südl. kurz unterhalb des Passo di Cristallina) leuchtet der Basòdino mit dem Gh. del Basòdino.

Schon in frühen Zeiten ist die Schweiz ein Schmelztiegel sehr unterschiedlicher eingewanderter Kulturen gewesen. Für die Römer war die Schweiz eine befestigte Grenzprovinz gegen die Germanenstämme im Norden und gleichzeitig ein wichtiges Durchgangsland für den Nord-Süd-Handelsverkehr. Der Große St. Bernhard und der Julierpass mit den römischen Säulen (auf der Passhöhe) erinnern an jene Zeit. Zu Beginn des 5. Jahrhunderts mussten sich die letzten römischen Legionen zurückziehen. Von Norden drangen die Alemannen in das Schweizer Mittelland vor. Die heutige Viersprachigkeit erinnert an die damalige Aufteilung: Alemannen im Norden, Burgunder im Westen, Langobarden im Süden und die Rätoromanen in den östlichen Alpentälern. In der Westschweiz wird französisch, im Norden und Nordosten werden verschiedene, unter dem Begriff »Schweizerdeutsch« zusammengefasste alemannische Dialekte, im südlich gelegenen Tessin italienisch und in einigen Tälern des im Osten liegenden Graubünden noch das als vierte Landessprache anerkannte Rätoromanisch gesprochen.

Die Schweiz ist die älteste Demokratie der Welt. 1291 schlossen sich die drei Talschaften Uri, Schwyz und Unterwalden zum »Bund der drei Waldstätten« gegen die Tyrannei zusammen. Der Nationalfeiertag am 1. August mit vielen Ansprachen, Festlichkeiten und Freudenfeuern kündet vom legendären »Rütlischwur« und den Befreiungskämpfen gegen die Habsburger Fremdherren. Bis 1353 schlossen sich Luzern, Zug, Glarus, Zürich und Bern diesem »Ewigen Bund« an, wenig später Freiburg, Solothurn, Basel, Schaffhausen sowie Appenzell. In folgenden Jahr-

Nahe Station Bort der First-Bahn ab Grindelwald: Von der Sonne dunkelbraun gebrannt ist der Holzstadel – darüber Eiger Nordwand und Mittellegigrat.

Ab Schynige Platte gibt es zwei zauberhafte Panorama-Rundwege: der 1 1/4-stündige Weg führt am Gummihorn (rechts) vorbei zum Aussichtspunkt Daube (etwas oberhalb der Bildmitte, links vom Gummihorn), die 2 1/2-stündige Route verläuft über das Oberberghorn (nicht im Bild).

hunderten kamen weitere Kantone hinzu. Die heutige Eidgenossenschaft besteht aus zwanzig Kantonen und sechs Halbkantonen. Die junge Schweiz musste in der Zwischenzeit ihre Freiheit in einer Reihe siegreicher Schlachten – auch gegen zahlenmäßig überlegene Heere – verteidigen. Diese Erfolge durch den Kampfgeist der Schweizer veranlasste viele Heerführer, besonders gern eidgenössische Söldner in ihre Dienste zu nehmen. So machten bis ins 18. Jahrhundert zahlreiche Schweizer militärische Karrieren in fremden Diensten. Diese Tatsache steht sicher in Zusammenhang mit der Weltoffenheit und der Exportorientiertheit. Das 16. Jahrhundert stürzte Europa und auch die Eidgenossen mit der Reformation in die erbitterten Religionskriege, von dem Grauen des Dreißigjährigen Krieges (1618–1648) blieb die Schweiz dagegen weitgehend verschont.

Die Zeit zwischen 1798 und 1848 war geprägt von Kriegen als Folge der französischen Revolution, die an der Schweiz nicht spurlos vorübergingen. 1848 einigten sich die Kantone auf eine neue Bundesverfassung. Die 1874 überarbeitete Fassung hat das Gesicht der Schweiz als eine föderative, demokratische Republik geprägt. Die konsequente Verfolgung des Ziels der »bewaffneten Neutralität« bewahrte die Schweiz davor, in die großen Auseinandersetzungen (Deutsch-Französischer Krieg 1870/71 und die beiden Weltkriege) mit hineingezogen zu werden.

Trotz der Armut an Bodenschätzen gehört die Schweiz heute zu den wohlhabendsten Ländern der Erde und erwirtschaftet eines der höchsten Bruttosozialprodukte pro Kopf in der Welt. Fast die Hälfte der Schweizer wohnen auf dem Lande, hieraus ergibt sich die konservative Grundhaltung und die bedeutende Rolle der vom Staat stark subventionierten Landwirtschaft in der ansonsten hochindustrialisierten Schweiz. Die Eidgenossen haben sich zu einem Bund zusammengefunden, wie er in dieser rein föderativen Form in Europa einmalig ist.

Wichtiges auf einen Blick

Tourenauswahl
Bei den vorgestellten Wandertouren handelt es sich zumeist um unschwierige Bergwanderungen, die von jedem berggewohnten Geher zu bewältigen sind. Einige Gipfel- und Gletschertouren erfordern Berg- und Gletschererfahrung sowie entsprechende Ausrüstung, sonst nur mit Bergführer (siehe Tourensteckbrief).

Führer
Die im Tourensteckbrief genannten Führer sind im weiterführenden Sinne zu verstehen und dienen u. a. auch zur Tourenplanung.

Karten
Die empfohlenen SAW-Wanderkarten, die neben der Karten-Nummer den Zusatz »T« tragen (z. B. 263 T Wildstrubel), sind identisch mit den Landeskarten der Schweiz, jedoch zusätzlich mit rot eingezeichneten Routen versehen. In den Karten, die von den Verkehrsvereinen der jeweiligen Regionen herausgegeben werden, sind die wichtigsten Routen ebenfalls rot nachgeführt. Diese Karten kauft man sich am besten am Urlaubsort.

Ausrüstung
Zweckmäßige Kleidung und Ausrüstung sind bei jeder Wanderung in den Bergen obligatorisch, auch bei hochsommerlichen Temperaturen. Hierzu gehören: Bergstiefel mit griffiger Profilsohle, Sonnen-, Wind-, Regen- und Kälteschutz (regendichter und atmungsaktiver Anorak und Regenschutz), Kopfbedeckung, evtl. Ersatzunterwäsche, Rucksackapotheke (inkl. elastischer Binde und Verbandszeug), Rettungsfolie, Sonnenbrille mit 100%-igem UV-Schutz, Haut- und Lippencreme mit hohem Schutzfaktor, Taschenmesser, Trillerpfeife für Notzeichen, Kompass, gutes Kartenmaterial; ggf. Höhenmesser, Kamera, leichtes Fernglas, ausreichend Getränke, Jausenpaket (Obst, Müsliriegel). Teleskopstöcke haben sich in den letzten Jahren besonders im Abstieg zur Entlastung der Knie und Gelenke bewährt. Je nach Schwierigkeit der Tour empfiehlt sich für Kinder die Mitnahme einer längeren Reepschnur sowie eines Brustgurtes zur evtl. Sicherung. Hoch- bzw. Gletschertouren erfordern zusätzliche Ausrüstung, worauf im Tourensteckbrief hingewiesen wird (u. a. sind auch Gletscherbrille, warme Handschuhe und warme Kopfbedeckung nötig).

Gefahren im Gebirge
Eine Wetterverschlechterung mit Regen, Gewitter, Wind, Nebel, Kälte, Schnee und Eis kann rasch zu extrem ungünstigen Bedingungen am Berg führen, vor allem im Gipfelbereich. Nässe und Neuschnee erfordern doppelte Vorsicht, vor allem an Grashängen, auf bemoosten Felsen und in steilem Gelände – hier drohen Rutsch- und Absturzgefahr sowie Gefährdung durch Steinschlag. Durch Schneefall können Markierungen verdeckt sein, sodass die Wegfindung problematisch wird. Man sollte den Mut aufbringen, umzukehren, wenn auf einer Tour ein Wettersturz droht oder die Verhältnisse das persönliche Leistungsvermögen oder das von Begleitern übersteigt. Auf alle Fälle beginnt die Vorbereitung auf einen Bergurlaub bereits zu Hause, u. a. durch Ausdauertraining (Laufen, Schwimmen, Radeln). Umso größer und nachhaltiger ist das Erlebnis.

Gehzeit
Die Gehzeit hängt beim Bergwandern von verschiedenen Faktoren ab: persönliches Leistungsvermögen, Alter der Teilnehmer, Kinder, Berggewohnheit, Gewicht des Rucksacks, Fotografieren u.v.m. Halten Sie ein gleichmäßiges Wandertempo, ohne sich abzuhetzen und ohne Leistungsdruck, können Sie sich in etwa an den im Buch angegebenen Zeiten orientieren. Sie stellen ein gutes Mittelmaß dar und basieren auf einer Anstiegsleistung von 300 bis 400 Höhenmetern (und etwa 500 Höhenmeter im Abstieg) bei einer Horizontalentfernung von 4 Kilometern je Stunde.

Verhalten im Gebirge
- Planen Sie Ihre Tour, je anspruchsvoller sie ist, umso sorgfältiger und berücksichtigen Sie Kondition und Wetterverhältnisse.
- Starten Sie frühmorgens zu einer Gebirgswanderung und kommen Sie zeitig zurück.
- Begeben Sie sich nicht allein auf schwierige Wanderungen.
- Hinterlassen Sie bei Ihren Wirtsleuten oder Drittpersonen eine Nachricht, welche Tour Sie unternehmen wollen und ob Sie voraussichtlich mehrere Tage fortbleiben. Geben Sie bei unvorhergesehener Verlängerung unbedingt Nachricht, da sonst die Bergwacht u. U. umsonst bemüht wird. Ihrer Sicherheit dient auch eine Eintragung ins Hüttenbuch, sofern ein Hüttenbesuch eingeplant ist.
- Der Schwächste einer Gruppe bestimmt das Wandertempo.
- Erholungspausen sind empfehlenswert nach einer Gehzeit von etwa 2 Stunden. Bei Kindern gelten kürzere Zeiten. Trinken Sie bei Gelegenheit öfter kleine Schlucke.
- Kinder wandern spielend, sie akzeptieren ein Ziel nicht unbedingt: Für sie ist der Weg das Abenteuer.
- Den markierten Wegen folgen. Keine Abkürzungen benutzen.
- Keine Abfälle liegenlassen.
- Keine Steine vom Hang rollen, denn schnell sind Mensch und Tier gefährdet.
- Freuen Sie sich über die Blumen und Tiere am Wege, doch schützen Sie sie. Nehmen Sie Blüten nur mit der Kamera mit nach Hause.
- Lassen Sie sich vom Anblick der Tiere in der Bergwelt beglücken, doch halten Sie stets den nötigen Abstand und schrecken Sie sie nicht auf.
- Verlassen Sie eine Landschaft, als hätten Sie sie nie betreten. Nur in der Stille lässt sich das Wunder der Natur erleben!

Wie ein Schiffsbug schwingen sich die bizarren Felstürme von Säglssa über dem Sägistal gegen den Himmel.

Alpines Notsignal

Innerhalb einer Minute sechsmal in regelmäßigen Abständen ein Zeichen geben, hierauf eine Minute warten und den Notruf um Hilfe wiederholen und so fort, bis irgendwoher eine Antwort erfolgt. Die Antwort der Rettungsmanschaft wird erteilt, indem in einer Minute dreimal in regelmäßigen Zwischenräumen ein Zeichen gegeben wird. Notruf bis zum Sichtkontakt wiederholen. Die Zeichen können hörbar (Pfeifen, Rufen etc.) oder sichtbar sein. Wenn man auf seine Signale keine Antwort bekommt, dann muss um Hilfe geschickt werden. Sind andere Personen in der Nähe, bittet man um Hilfe. Den Verletzten nicht allein lassen. Unfallmeldung: Möglichst jemanden mit schriftlicher Unfallmeldung um Hilfe schicken, wenn Bergwacht oder Rettungsflugwacht alarmiert werden müssen. Beachtung der fünf W's: Was, Wo, Wann, Wie, Wer.

Wenn man sich nicht im Funkschatten befindet, ist ein Mobiltelefon natürlich auch hervorragend geeignet, um den Zeitraum für das Alarmieren der Bergwacht von einigen Stunden auf Minuten zu verkürzen.

Notrufnummer in den Alpen

Die europäische Notrufnummer 112 ist außerhalb Deutschlands nur über Mobiltelefon erreichbar und wird auf die landesüblichen Rufnummern weitergeleitet.

Ein paar Adressen und Telefonnummern

Außer den Verkehrsvereinen im Tourensteckbrief (siehe »Tourismusinformationen«) können auch die nachstehenden Institutionen von Nutzen sein:

- Schweiz Tourismus
  (Hauptsitz in der Schweiz)
  Postfach 695, CH – 8027 Zürich
  Tel.: 0041(0)1/288 11 11
- Schweiz Tourismus
  (Landesvertretung für Deutschland)
  Postfach 16 07 54
  60070 Frankfurt/M.
  Info-Tel.: 0800/100 200 30 (gebührenfrei)
- Graubünden Ferien
  Alexanderstr. 24, CH – 7001 Chur
  Tel.: 0041(0)81/ 25424 24

Wichtiges auf einen Blick

Rechts:
Nur 55 Höhenmeter trennen die Wildseeluggen (2493 m) vom Wildsee (2438 m) – darüber Pizol mit Pizolgletscher und rechts daneben Graue Hörner.

- Ostschweiz Tourismus Regio-Info-Center
  Bahnhofplatz 1 a, CH – 9001 St. Gallen
  Tel.: 0041(0)71/227 37 37
- Zentralschweiz Tourist Information
  Zentralstr. 5, CH – 6002 Luzern
  Tel.: 0041(0)41/227 17 17
- Berner Oberland Tourismus
  CH – 3800 Interlaken
  Tel.: 0041(0)33/823 03 03
- Wallis Tourismus (Valais Tourisme)
  Rue Pré-Fleuri 6, CH – 1951 Sion (Rhonetal)
  Tel.: 0041(0)7/322 31 61
- Ticino Tourismo
  Postfach 1441, Villa Lugano 12,
  CH – 6501 Bellinzona
  Tel.: 0041(0)91/ 825 70 56

Weiterführende Literatur

Der Grüne Reiseführer Schweiz, Michelin Reise-Verlag
Baedeker Reiseführer Schweiz, Verlag Karl Baedeker
Rossberg, R.-R., Die Jungfrau-Region, Hallwag Verlag Bern und Stuttgart
Dumler/Burkhardt, Viertausender der Alpen, Bergverlag Rother, Ottobrunn
Höfler, Horst, Die Traumgipfel der Schweiz, Bruckmann Verlag, München
Höfler/Witt, Die schönsten Bergwanderungen in den Alpen, Bruckmann, München
Clubhüttenverzeichnis des Schweizer Alpenclubs, SAC-Verlag, Bern
Bleyer, R.M.+G., Die schönsten Höhenwege im Wallis, Bruckmann, München
Der Große Walserweg, Schweiz Tourismus, Zürich (Hrsg.), Benteli, Bern

Im übrigen gibt es einschlägige Literatur (u.a. bei Bruckmann und Rother) für die alpine Ausbildung mit Themen wie Sicherheit am Berg, Bergmedizin, Gletscherkunde, Seilkunde, Wetterkunde, Bergsteigen mit Kindern u.v.m.

Empfehlenswerte Videokassetten

Herausforderung Eiger – Der Mittellegigrat
Im Bann von Eiger, Mönch und Jungfrau
Wandertouren in der Schweiz
Hochgebirgstouren in der Schweiz
Gletschertouren in der Schweiz

Alle bei Bruckmann Verlag, München

Bezugsquellen

Karten, Führer, Videos und sonstige Bergliteratur sind in Buchhandlungen erhältlich oder über diese zu besorgen. Gute Bezugsquellen sind außerdem (am besten Lieferkatalog anfordern):

- Der Weitwanderer, Führer- und Kartendienst, Postfach 1364, 26183 Edewecht
- Alpina (J. Neumann), Spezialhaus für Führer/ Karten, Friedenstr.4, 85609 Aschheim
- Bruckmann Verlag GmbH (Titel aus dem eigenen Verlag) Postfach 80 02 40, 81602 München
- Bergverlag Rother GmbH (Titel aus dem eigenen Verlag) Haidgraben 3, 85521 Ottobrunn
- Schweizer Wanderwege SAW (sämtliche SAW-Wanderkarten und Landeskarten der Schweiz), Im Hirshalm 49, CH-4125 Riehen

Nördlich des Pizolgebietes liegt das Weisstannental (zu erreichen von Mels/Sargans), das einen Besuch Wert ist. In Weisstannen-Oberdorf steht das 1577 erbaute „Schopfhaus“, das zu den ältesten Bauten des Dorfes zählt. Das Besondere an dem Haus ist der „Seelenbalken“ (ganz links am Haus), der auf den Totenkult der Walser zurückzuführen ist.

1 Il Chapütchin

Tourensteckbrief

LAGE: *Berninagruppe / Corvatschkamm (Bündner Alpen), über der Oberengadiner Seenplatte und dem Val Roseg.*
CHARAKTER: *Zweitägige kombinierte Bergwander-/Hochgebirgstour mit Gletscherbegehung und Gipfelbesteigung; leichte Kletterei. Tour nicht bei Nebel machen. Ungeübte nur mit Bergführer. Komplette Berg- und Gletscherausrüstung (u. a. Seil, Pickel, Steigeisen).*
GEHZEIT: *1. Tag: 2 3/4 Std. (bei Seilbahnbenutzung von Surlej nach Murtèl), 2. Tag: 6 1/2 Std.*
HÖHENDIFFERENZ: *1. Tag: 200 m Anstieg (bei Seilbahnbenutzung von Surlej nach Murtèl), 300 m Abstieg. 2. Tag: 800 m Anstieg, 1600 m Abstieg.*
TALORT: *Surlej (1876 m), Talstation der Corvatsch-Seilbahn, zu erreichen mit dem Auto (bzw. Gratis-Shuttle-Bus) von St. Moritz oder Silvaplana (Oberengadin). Für die Rückkehr von Sils-Maria nach Surlej besteht Busverbindung.*
AUSGANGSPUNKT: *Murtèl (2702 m), Mittelstation der Corvatschbahn von Surlej (1876 m).*
EINKEHR: *Siehe Unterkunft sowie Mittelstation Murtèl (2702 m), SB-Restaurant.*
UNTERKUNFT: *Berghaus Fuorcla Surlej (2755 m), Coazhütte (2610 m).
Tel.: 0041(0)81/842 62 78 und 0041(0)81/828 87 77.*
FÜHRER: *SAC-Clubführer Bündner Alpen Band 5 (Bernina-Gruppe), SAC-Verlag; SAC-Wanderführer Wandern Alpin und Alpinwandern Graubünden, SAC-Verlag; Rother Wanderführer Oberengadin, Bergverlag Rother; Gebietsführer Berninagruppe, Bergverlag Rother; Wanderwelt Graubünden, Kümmerly + Frey.*
KARTE: *SAW-Wanderkarte 1:50 000, 268 T (Julierpass).*
TOURISMUSINFORMATIONEN:
*CH – 7500 St. Moritz,
Tel.: 0041(0)81/837 33 33;
CH – 7513 Silvaplana,
Tel.: 0041(0)81/838 60 00.*

Fuorcla Surlej – Chamanna Coaz – Il Chapütchin – Lej Sgrischus

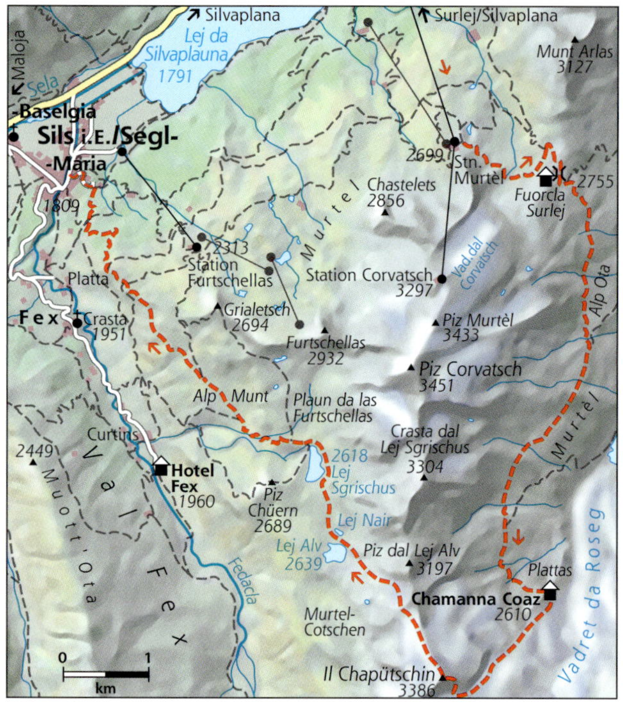

Mit einer Länge von knapp einhundert Kilometern (von Maloja bis Martina) ist das Engadin das längste besiedelte Alpental in dieser Höhenlage und, obgleich zu Graubünden gehörend, eine völlig eigenständige Region. Dort, wo der Inn = En (rätoromanisch), der am Piz Lunghin entspringt und dem Engadin seinen Namen gab, ein weites Hochtal durchfließt, das nirgends von den Bergen erdrückt wird, ist so gar nichts von der Strenge und Herbheit der Hochregion zu spüren. Dazu muss man ins Val Bernina, Val Morteratsch oder Val Roseg gehen, auf Tuchfühlung mit der Gipfelwelt aus Firn und Eis.

Der deutsche Philosoph Friedrich Nietzsche verbrachte die Sommermonate der Jahre 1881 bis 1888 in Sils (zwischen Silser und Silvaplaner See). Er liebte das Engadin sehr und nannte es »den lieblichsten Winkel der Erde«. In seinem ehemaligen Wohnhaus befindet sich heute das Nietzsche-Museum. Mit zu den weltbekanntesten Orten dürften St. Moritz und Pontresina zählen.

Im Val Roseg, in das wir bei der folgenden Wanderung tief hinabblicken werden, treffen wir auf zwei große Gletscherbecken, getrennt durch den langgezogenen Schieferrücken des Piz Aguagliouls (verlängerter NW-Grat des Piz Roseg). Die vom Bernina-Hauptkamm herabfließenden Vadrets da Tschierva, da la Sella und da Roseg prägen dieses großartige Tal. Im letzten Jahrhundert zeigten sich die Gletscher von Tschierva und Roseg im unteren Teil noch als eine zusammenhängende geschlossene Eismasse, die am Fuße des Piz Aguagliouls zu einer gewaltigen Gletscherzunge zusammenflossen, die weit ins Val Roseg

hineinstieß. Der Rückgang der Gletscher trennte beide Zungen, die sich seit 1934 nicht mehr berühren. Moränen und Gletscherschliffe sind stille Zeugen der sich zurückziehenden Gletscher, den großen Gestaltern der Landschaft.

Prächtige Ausblicke in die Gletscherwelt über dem Rosegtal bieten die Gipfel und Übergänge der Rosatsch- und Corvatschkette. Der Piz Corvatsch zählt mit zu den schönsten Panoramabergen der Alpen. Schon die Fahrt mit der Luftseilbahn von Surlej am Silvaplaner See auf den Murtèlgrat (3295 m) ist ein Erlebnis. Wer entsprechend ausgerüstet und erfahren ist, wird unschwierig den Piz Murtèl (Vorgipfel des Piz Corvatsch) sowie den Piz Corvatsch »mitnehmen«.

Allerdings kann bei ungünstigen Verhältnissen sogar dieses kurze Wegstück problematisch sein. Die Zwischenstation Murtèl ist Ausgangspunkt für Touren über die Fuorcla Surlej ins Val Roseg sowie zu den SAC-Hütten Tschierva und Coaz. Auch jenen, die keine längere Wanderung machen wollen oder können, sei die Fahrt bis Murtèl und der knapp 30-minütige Anstieg zur Fuorcla Surlej, einem der großartigsten Schau- und Rastplätze der Alpen, sehr empfohlen. Eine beliebte Wanderung führt von St. Moritz-Bad in knapp drei Stunden vorbei am idyllischen Lej dals Chöds (Hahnensee) hoch zur Fuorcla Surlej. Während sich auf der einen Seite die tiefblauen Seen im Talgrund des Oberengadins aneinanderreihen, recken auf der anderen Seite Piz

Ein Künstler hat seine Staffelei vor malerischer Kulisse aufgestellt: Zuoz (Oberengadin) mit der romanisch-gotischen Pfarrkirche. Darüber Piz Virula und Botta Cuom.

Links:
Blick über Sela (Verbreiterung des Inn zwischen Silser und Silvaplaner See) auf Sils-Maria und Piz da la Margna (Ausläufer des Piz Salacina)

Blumen schmücken das schießschartenförmige Fenster an einem alten Engadiner Haus in Zuoz (Oberengadin).

Bernina, Piz Scerscen und Piz Roseg ihre kühnen Eisflanken gegen den Himmel. Lohnend ist der Weiterweg zur Coazhütte mit anschließendem Abstieg ins Val Roseg nach Pontresina, noch schöner die Überschreitung des Chapütchin und Abstieg nach Sils-Maria.

Der Wegverlauf

Wir fahren mit der Corvatsch-Bergbahn von Surlej (1876 m) zur Mittelstation Murtèl (2699 m) und wandern leicht zur Fuorcla Surlej hinauf (2755 m / 3/4 Std.). Zur Chamanna Coaz folgen wir dem sanft abfallenden, später immer auf einer Höhe von etwa 2500 m verlaufenden Panoramaweg ins Innere dieser gewaltigen Hochgebirgswelt. Der NW-Gipfel des Piz Roseg, auch Schneekuppe genannt, glitzert wie eine Eiskalotte in der Sonne. Die Coazhütte (2610 m / +2 Std.) steht unmittelbar über den wildzerrissenen Gletschern von Tschierva, Sella und Roseg, die sich hier vereinigen. Gerne sitzt man bis zum Dunkelwerden auf den Felsen bei der Hütte.

Mit dem Morgenruf »Tagwache, Tagwache« weckt der Hüttenwirt Gipfelaspiranten für den Roseg um vier Uhr, jene für Glüschaint und Chapütchin um fünf Uhr früh. Als üblicher Anstieg auf den Chapütchin wird in der Führerliteratur empfohlen: »Vom Hüttenweg (ein kurzes Stück den Weg vom Vortag zurück, dann links) nach Nordwesten zu einem ausgeprägten Moränenkamm, später über den Vadret dal Chapütchin zum befirnten Sattel zwischen Piz dal Lej Alv und Il Chapütchin. Von dort dem Nordgrat folgend auf den Gipfel.« Mindestens so schön und abwechslungsreicher ist die Route über den Südwestgrat. Auf meine Frage, ob es klettertechnische Schwierigkeiten gibt, sagt der Hüttenwirt: »Keine. Ihr könnt die Hände in den Hosentaschen behalten.« So steigen wir bei Tagesanbruch direkt hinter der Hütte in südlicher Richtung über Blockwerk und plattige Steilschrofen längs des westlichen Gletscherufers bis zum Punkt 2821 hoch (+3/4 Std.). Hier wird der Vadret (Gletscher) da Roseg betreten (anseilen). Unter den Felswänden des Chapütchin dann ein kurzes Steilstück. Anschließend ziehen wir unsere Spur auf dem schwach geneigten Rosegfirn nach Südwesten und betreten etwas oberhalb der Fuorcla dal Chapütchin (rechts davon) den von Chapütchin Pitschen herabkommenden felsigen Grat (P. 3250 / + 1 Std.). Unangeseilt turnt es sich nun über leichten Fels herrlich höher. Ein zum Teil überwechteter Grat leitet uns auf einen breiten Firnrücken, nach dessen kurzer Querung wir den Südwestgrat erreichen. Hier müssen wir die Hände schon aus den Hosentaschen nehmen und denken schmun-

Weitere Tourenvorschläge

- St. Moritz – Piz Nair (Kabinenbahn) – Suvrettasee – Val Suvretta – St. Moritz (4 Std.)
- Sils-Maria – Marmorè – Lej Sgrischus – Piz Chüern – Val Fex – Curtins – Fex Crasta – Sils-Maria (6 Std.)
- Sils-Maria – Fuorcla Surlej – Hahnensee – St. Moritz (5 1/2 Std.)
- Sils-Maria – Val und Vadret Fex – Sils-Maria (7 Std.)
- Sils-Maria – Val Fedoz – Isola – Maloja (5 Std.)
- Sils-Maria – Val Fedoz – Alp Ca d'Starnam – Piz da la Margna und zurück (6 1/2 Std.; nur für trittsichere Berggänger)
- Julierpass – Leg Grevasalvas – Fuorcla Lagrev – Piz Lagrev – Fuorcla Grevasalvas – Silser See (7 Std.)

zelnd an die Worte des Hüttenwirtes (Achtung: z. T. lockere Felsplatten). Unschwierig schließlich auf den höchsten Punkt des Chapütchin (Steinmanderl / 3386 m / + 3/4 Std.). Die Aussicht ist hervorragend. Wie eine Fata Morgana hebt sich der Piz Roseg aus den Gletschermassen heraus. Eindrucksvoll wirkt jetzt auch der Piz Tremoggia im Süden.

Als Abstiegsroute wählen wir den Nordgrat (Fels und z. T. steiler Firn; Pickel erforderlich, Steigeisen können angenehm sein) und gelangen auf den westseitigen Hochfirn des Vadrettin dal Chapütchin (auf alle Fälle anseilen, auch wenn der Gletscher harmlos erscheint). Der befirnte Sattel (rechts) zwischen Piz dal Lej Alv und Il Chapütchin ist der Übergang zurück zur Coazhütte, falls die Rundtour geplant ist. Während wir über den fast ebenen Vadrettin, später über seine vereiste Zunge und steile Fimfelder in nördlicher Richtung absteigen, leuchten drei dunkelblaue Seeaugen zu uns herauf. Vom Lej Alv »kämpfen« wir uns durch ein Labyrinth mächtiger Felsblöcke zum Lej Sgrischus, dem »schaurigen See«, durch (2618 m / + 2 Std.). Bei gutem Wetter ist er ausgesprochen lieblich und romantisch. Als wir ihn jedoch auf unserer Chapütchintour erreichten, brach genau hier ein böses Gewitter über uns herein. Es hatte sich ziemlich plötzlich am Himmel zusammengebraut – Hagelschauer prasselten herab und Donnerschläge hallten in den nahen Felswänden wider. Uns verging Hören und Sehen, während wir im schützenden Biwaksack kauerten. In dieser Situation machte der See seinem Namen alle Ehre und wirkte echt schaurig. Aber so schnell, wie sich das Wetter aufgebaut hatte, verzog es sich auch wieder. So ist der Abstieg nach Sils-Maria über der herrlichen Oberengadiner Seenplatte schließlich ein Schauvergnügen ersten Ranges (1809 m / + 2 Std.).

Dieses Haus in Zuoz (Oberengadin) ließ ein Oberst Planta, der in holländischen Diensten stand, erbauen. Zuoz war seit 1295 Sitz des einst mächtigen Plantageschlechts. Das Haus wird noch heute von Nachkommen der Planta-Familie bewohnt.

2 Pass da Casnil Sud

Tourensteckbrief

LAGE: *Schweizerisches Bergell (Bündner Alpen), südwestlich der Berninagruppe und des Malojapasses.*
CHARAKTER: *Zweitägige kombinierte Bergwander-/Hochtour. Ausdauer, Trittsicherheit und Bergerfahrung erforderlich. Nicht bei Nebel. Pickel zweckmäßig. Steigeisen bei Vereisung des (in dem zu begehenden Bereich normalerweise harmlosen) Forno-Gletschers nützlich. Fahrzeiten der Luftseilbahn nur viermal am Tag (Info beim Verkehrsverein Maloja).*
GEHZEIT: *1. Tag 1 Std. (bei Seilbahn-Benutzung), 2. Tag 8 Std.*
HÖHENDIFFERENZ: *1. Tag 250 m Anstieg (bei Seilbahn-Benutzung), 2. Tag 800 m Anstieg, 1350 m Abstieg (mit Fornohütte).*
TALORT: *Pranzaira (ca. 1200 m), Talstation der Seilbahn an der Malojapassstraße (zwischen Maloja und Vicosoprano). Anfahrt mit Pkw ober Postbus aus dem Oberengadin (z.B. von St. Moritz oder Maloja).*
AUSGANGSPUNKT: *Bergstation (ca. 2100 m) der Seilbahn von Pranzaira.*
EINKEHR: *Siehe Unterkunft sowie Gasthaus am Cavlocsee.*
UNTERKUNFT: *Capanna da l'Albigna (2336 m), Tel.: 0041(0)81/822 14 05 und 0041(0)81/822 14 30; Capanna del Forno (2574 m), Tel.: 0041(0)81/824 31 82 und 0041(0)81/842 61 30.*
FÜHRER: *SAC-Clubführer Bündner Alpen Band 4 (Südliches Bergell-Disgrazia), SAC-Verlag; SAC-Wanderführer Wandern Alpin, SAC-Verlag; Rother Wanderführer Oberengadin, Bergverlag Rother, Gebietsführer Bergell, Bergverlag Rother; Wanderwelt Graubünden, Kümmerly + Frey.*
KARTEN: *SAW-Wanderkarte 1:50 000, 268 T (Julierpass) und Landeskarte der Schweiz 278 (M. Disgrazia).*
TOURISMUSINFORMATIONEN: *CH – 7516 Maloja, Tel.: 0041(0)81/824 31 88.*

Capanna da l'Albigna – Pass da Casnil Sud – Capanna del Forno

Das Oberengadin, rätoromanisch »Engiadin'Ota«, wird das »Dach Europas« genannt und gilt als eine der schönsten Landschaften der Welt. Mächtige Bergketten rahmen das Hochplateau zu beiden Seiten ein. Tiefblaue Seen reihen sich wie die Perlen einer Kette aneinander – jeder für sich ein Juwel: Lej da Segl, Lej da Silvaplauna und Lej da San Murezzan – sie sind ein Paradies für Segler und Surfer. Zum Baden eignen sie sich weniger, denn selbst im Hochsommer erwärmt sich das Wasser nicht ausreichend. Aber das Betrachten ist bereits Geschenk genug. Ein faszinierendes Spiel der Farben beginnt, wenn die Sonne hinter dem Horizont versinkt. Es herrschen bald nur noch zwei Kontraste vor: das Schwarz der Berge und das Silber des Wassers. Dichter, Maler, Philosophen und Fotografen verfielen dem Zauber dieser Landschaft und haben ihre Eindrücke in Wort und Bild wiedergegeben.

Historisch und geographisch mit dem Engadin eng verbunden ist das Bergell, kleinstes der nach Italien hin abfallenden Südtäler Graubündens. Von der Malojapasshöhe senkt sich die Straße nach Südwesten in das v-förmige grüne Val Bregaglia hin ab. Auf den 22 Kilometern bis Castasegna, der Grenze nach Italien, mit einem Höhenunterschied von mehr als 1000 Metern, erlebt man alle Vegetationsstufen. Das Tal wird von der Maira (»Die Mächtige«), deren Ursprung am Piz Lunghin ist, durchflossen. Oberhalb von Promontogno hat sie sich ihren Weg zum Comersee durch einen Felsriegel gebahnt. La Porta heißt die Stelle. Südlich davon (sotto porta) empfängt uns das feuchtschwüle Klima der Alpensüdseite mit Kastanienbäumen und Weinanbau, nördlich davon (sopra porta) bestimmen Lärchen und Fichten das Landschaftsbild.

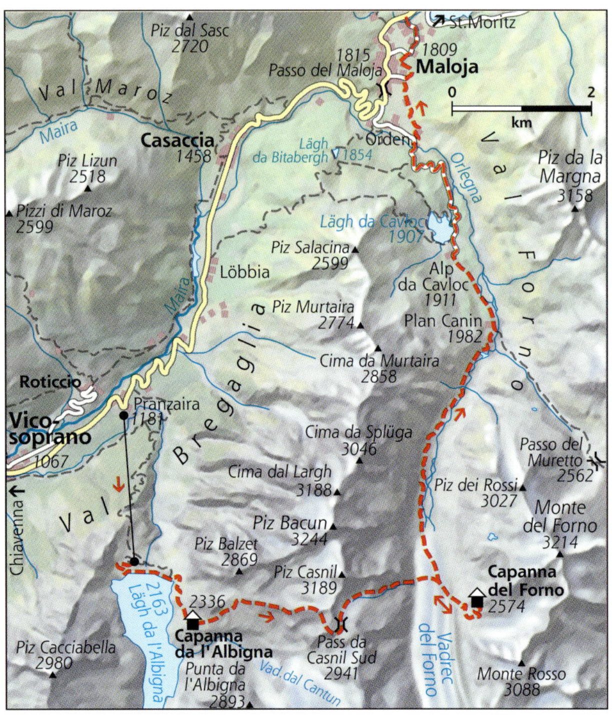

Soglio ist Endstation bei der Wanderung von Casaccia (südl. von Maloja) durchs Val da Cam. Giovanni Segantini nannte Soglio „la soglia del Paradiso" (deutsch: die Schwelle zum Paradies). Nirgends hat man einen schöneren Blick auf die Sciora- und Bondascagruppe als vom Friedhof. Mehr als 2000 Meter erheben sich die bizarren blaugrauen Granitfelsen aus dem lieblichen Bergell empor.

Seite 18/19:
Auf dem Grat zum Pass da Casnil Sud sollte in etwa 2900 Metern Höhe eine lange Schaurast eingelegt werden. Von hier blickt man unmittelbar in die 500 Meter hohe, von Eisrinnen durchzogene Nordwand der Cima dal Cantun (3354 m). Rechts im Bild beginnt die Scioragruppe.

Großartiger, wilder und klarer in den Linien kann granitene Bergwelt nicht sein als im Bergell. Zwar sind diese Berge vorwiegend guten Kletterern vorbehalten, doch auch Bergwanderer können sich dieses bizarre Gebirge erschließen. So führen unter anderem drei wunderschöne Höhenwege am Sonnenhang (orografisch rechte Talseite) über dem Val Bregaglia nach Soglio. Aber auch hochalpine Überschreitungen zählen für uns zu den besonders lohnenden Unternehmungen, ein wenig alpine Erfahrung gehört allerdings dazu. Dabei denken wir an eine Tour im Bergell, die von Ost nach West mitten ins Herz der wilden Bondasca führt und vier SAC-Hütten miteinander verbindet. Der »harmloseste« Übergang auf dieser Route ist der Casnilepass von der Albigna- zur Fornoseite (von West nach Ost). Mit Recht heißt es in einem Bergell-Gebietsführer »landschaftlich großartig und sehr lohnend«. Lassen Sie uns dieses Teilstück gemeinsam gehen.

Der Wegverlauf

Südlich von Casaccia, kurz vor Vicosoprano, ist die Talstation der Luftseilbahn Pranzaira-Albigna (ca. 1200 m). Elf Minuten schwebt die Kabine über Wäldern, steilen Hängen und finsteren Schluchten von Pranzaira bis knapp unter die Staumauer (ca. 2100 m). Von der Krone der Staumauer wandert es sich beschaulich auf felsigem Steig über dem Ostufer des Stausees zur Capanna da l'Albigna (2336 m / 1 Std.). Die Rundsicht von dieser großartig gelegenen und gut geführten Hütte ist so fantastisch, dass es sich allein schon lohnt, nur die Hütte zum Ziel eines Tagesausfluges zu wählen. Am Morgen geht es auf der Hütte ruhig zu. Nichts ist zu spüren von jener Hektik auf Hütten, von denen Gipfeltouren en gros mit Bergführern gemacht werden. Hier trifft man Bergsteiger, denen der Weg das Ziel ist, die viel unterwegs sind und sich auskennen, alte Hasen also. Sieben Uhr ist für den Aufbruch eine gute Zeit. Erst geht es den Hang rechts des Piz dal Päl ziemlich steil hinauf. Das schafft Höhenmeter. Schon bald gelangen wir in felsiges Gelände. Gute Markierung leitet uns durch griffigen Granit. Ein Spaziergang ist der Aufstieg nicht. Doch mit ein wenig Trittsicherheit empfindet man die vereinzelten unschwierigen Kletterpassagen als ausgesprochen genussvoll. Wir halten auf dem leichten Grat gegen den Gratgipfel (namenlos) zwischen Pass da Casnil Nord (Dafora) und Sud (Dadent) zu.

In etwa 2900 m Höhe (noch auf dem Grat / + 2¼ Std.) empfiehlt sich eine ausgiebige Schaurast, um die schönste Aussicht des Tages zu genießen. Wir blicken jetzt unmittelbar in die steile, von Eisrinnen durchzogene Nordwand der Cima dal Cantun. Der Berg gilt als schönster Eisgipfel im Bergell. Im Südwesten ragen die grauen Granitgipfel der Sciora- und Bondascagruppe in den klaren tiefblauen Himmel: Cima della Bondasca – Sciora Dadent – Punta Pioda – Sciora Dafora – Pizzo Cengalo – Pizzo Badile … Wenig später entdecken wir an einem Felsen unterhalb des Gratgipfels den Hinweis »Casnile Sud«. Ein Pfeil zeigt nach rechts (auf keinen Fall nach links zum Casnile Nord, da als Übergang nach Osten nicht zu empfehlen!). Über schneedurchsetztes grobes Blockwerk erreichen wir einen flachen Sattel. Weiter gut sichtbaren Markierungen folgend, gelangen wir schließlich zum Pass da Casnil Sud (2941 m / + ¾ Std.). Ein Firnfeld eilen wir hinab, lesen auf einem Felsblock in großen Buchstaben »FORNO – ALBIGNA« (Pfeile in entsprechende Richtung) und steuern als nächsten Hinweis eine Markierungsstange an. Der anschließende Abstieg – gemeinsam mit jenem vom Casnile Nord – ist weniger angenehm und kann bei Regen oder Vereisung sogar problematisch werden. Über Schutt und loses Geröll geht es durch eine breite Rinne steil bergab. Kaum Farbmarkierungen, nur schwache Pfadspuren und ab und zu zwei aufeinandergelegte Steinchen als Wegzeichen. Doch im Vergleich zu den vielen Herrlichkeiten dieser Überschreitung ist der Abstieg vom Pass zum Forngletscher letzten Endes doch nur ein kleines Übel und nach Erreichen des aperen Vadrec del Forno (etwa bei P. 2400 / + 1¼ Std.) schnell vergessen.

Über der Ostseite des Gletschers liegt aussichtsreich am Fuße des Westgrates des Monte del Forno die Capanna del Forno. Sie dient unter anderem als Stützpunkt für die Besteigung der Cima di Rosso mit großartigem Blick in die vergletscherte Nordwand des Monte Disgrazia. Alpine Erfahrung und Ausrüstung sind für diese Hochtour Voraussetzung. Ein Besuch der Fornohütte lohnt sich – allein schon deshalb, um den abenteuerlichen Abstieg vom Casnilepass zum

Weitere Tourenvorschläge

- Maloja – Lunghinsee – Lunghinpass – Septimerpass – Maroz Dora –Cavril – Malojapass – Maloja (8 Std.)
- Casaccia – Val Maroz – Val da Cam – Passo di Cam – Cadrin – Plan Vest – Tombal – Soglio (6 3/4 Std.)
- Historischer Wanderweg von Maloja nach Castasegna; in mehreren Orten Übernachtung möglich (10 Std.; 2–3 Tage)
- Panoramaweg Bergell: Casaccia – Roticcio – Durbegia – Soglio (5 Std.)
- Stampa – Coltura – Soglio – Castasegna – Bondo – Promontogno (4 1/2 Std.)
- Auf dem »Sentiero Storico« von Vicosoprano auf der linken Talseite nach Borgonovo, dann die Römerbrücke querend zur rechten Seite und weiter über Stampa und Coltura nach Soglio (3 Std.)

Gletscher noch einmal »unter die Lupe« nehmen zu können. Nach Queren des Fornogletschers ist ein kurzer Gegenanstieg nötig (2574 m/+3/4 Std.). Der harmlose Abstieg über den Fornogletscher nach Maloja ist durch Stangen markiert und leitet vom orografisch rechten zum linken Ufer hinüber. Gut sichtbare Farbflecken zeigen dann den Weg durch eine Steinwüste, die der Gletscher in Jahrtausenden vor sich hergeschoben und bei seinem Rückgang liegengelassen hat. Ab Plan Canin mit der Wasserfassung Forno-Löbbia gelangen wir in den lieblichen Teil des Val Forno. Lärchen, Arven und Alpenrosen säumen den Weg. Ein weiterer Höhepunkt dieser Wanderung ist der Lägh da Cavloc (1907 m / + 2 Std.), ein Juwel inmitten einer verträumten Berglandschaft. Am Tage zieht er viele Besucher an (nur 1 Std. von Maloja). Doch am Abend, wenn das letzte Sonnenlicht in seinen Wellen versinkt, ist es hier einsam und still. Auf bequemem, breitem Weg, ab und zu eine Abkürzung nutzend, wandern wir fast eben hin nach Maloja (1815 m / + 1 Std.).

Der Lägh da Cavloc, ein Juwel in verträumter Berglandschaft, zieht am Tage viele Besucher in seinen Bann (nur 1 Std. von Maloja). Doch am Abend, wenn Bergsteiger nach 7-stündiger Wanderung von der Albignahütte über den Casnile Pass herüberkommen, ist es hier einsam und still.

3 Gletschermeer unter Berninagipfeln

Diavolezza – Pers- und Morteratschgletscher – Bovalhütte

Zwischen Oberengadin und Veltlin steigt die Berninagruppe als höchster Gebirgsstock der Ostalpen aus einem imposanten Eismeer empor. Der 4049 m hohe Piz Bernina ist ihr höchster Gipfel und einziger Viertausender der Ostalpen. Obgleich sämtliche Gletscher der Berninagruppe stark zurückgeschmolzen sind, umhüllt noch immer ein gleißender Eismantel von rund 60 Quadratkilometer das westalpin anmutende Gebirge. Die eigentliche Gletscherpracht liegt auf der Nordseite, ganz auf Schweizer Boden und hat das Engadin in aller Welt berühmt gemacht. Ein Kranz prächtiger Gipfel von eisiger Schönheit und Kälte überragt das wildzerfurchte Gletschermeer: Piz Palü, Bellavista, Piz Bernina (mit dem Biancograt, der Himmelsleiter) und Piz Morteratsch. Walther Flaig, der große Kenner und Bewunderer der Berninagruppe, bezeichnete die wilde Gletscherwelt über dem Val Morteratsch als den »Festsaal der Alpen«. Niemand kann sich dieser Faszination entziehen. Die in ihrem oberen Teil durch Fortezza und Isla Persa getrennten Vadrets Pers (von Piz Cambrena und Piz Palü) und da Morteratsch (von Piz Argient) vereinen sich unterhalb Isla Persa und speisen den aus dem Gletschertor des Vadret da Morteratsch austretenden Gletscherbach. Der Morteratschgletscher gehört auch heute noch zu den größten Naturschönheiten der alpinen Gletscherwelt.

Eines unserer nachhaltigsten Erlebnisse im Engadin war die Überschreitung des Piz Palü – zählt sie doch zu den Traumtouren mit großem Stellenwert. Aber auch den Vorabend zu dieser Bergtour in Fels und Eis werden wir nie vergessen. Damals fuhren wir mit der letzten Seilbahn aus dem Val Bernina zur Diavolezza hoch. Wir hatten uns vorher telefonisch angemeldet und Schlafplätze reservieren lassen. Die erste Berghütte auf der Diavolezza stammt aus dem Jahr 1872. Sie ist mit dem heutigen komfortablen Berggasthaus, der höchstgelegenen Hütte im Bernina auf Schweizer Boden, allerdings nicht mehr zu vergleichen. Die 1956 erbaute Diavolezzabahn machte vielen Menschen die gleißende Gletscherwelt der Palü- und Berninagruppe überhaupt erst zugänglich. Auf der Diavolezza befindet man sich in ungewöhnlich schöner Lage.

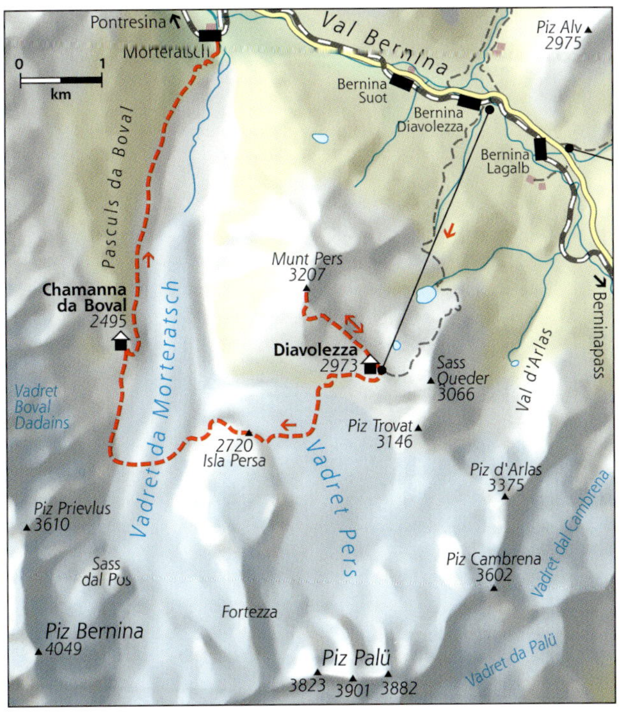

Als der Abend hereinbrach, lag über den Gipfeln und Gletscherströmen eine unbeschreibliche Stimmung. Silhouetten gleich standen Bergsteiger auf der Terrasse des Berggasthauses und blickten wie wir gebannt zum Palü. Das warme Abendlicht nahm den Hängegletschern in der Nordwand etwas von ihrer Bedrohlichkeit. Glutrot war der Himmel im Nordwesten. Immer schemenhafter zeichneten sich die Konturen der Berge ab. Sie schienen plötzlich viel weiter entfernt zu stehen. Dann verschwanden ihre Umrisse in der Dunkelheit.

Der Wegverlauf

Das Berggasthaus auf der Diavolezza ist nicht nur Ausgangspunkt für anspruchsvolle Hochtouren, sondern auch für die beliebte Gletscherüberschreitung Vadret Pers, Isla Persa und Vadret da Morteratsch zur Bovalhütte auf dem linken Gletscherufer (oder weiter auf dem Gletscher hinab nach Morteratsch), unserem heutigen Tourenvorschlag. Es ist sehr lohnend, dieser »Wanderung über das ewige Eis« eine Besteigung des leicht erreichbaren Munt Pers voranzustellen. Pfadspuren und gute Markierungen führen von der Bergstation auf dem Südostgrat, zum Teil auch in der südseitigen Flanke des Berges, zum höchsten Punkt (3207 m / 1 Std.). Schon während des Anstieges präsentieren sich die Gipfel der Berninagruppe in einmaliger Schönheit. Faszinierend der Anblick des Biancogrates – kühn schwingt sich die Firnschneide gegen den felsigen Piz Bernina empor. Nach einer angemessenen Schaurast kehren wir zur Diavolezza zurück und folgen anschließend einem schmalen Pfad in westlicher Richtung zum Südfuß des Munt Pers. Etwas rechts hinausquerend geht es einen Moränenhang hinauf, darüber hinweg und steil auf den Persgletscher hinab (2746 m / + 1 1/4 Std.). Nur Gletschererfahrene sollten die Diavolezzatour ohne Führer machen, je nach Verhältnissen anseilen (auf dem im Sommer meistens aperen Gletscher). Mit geringem Höhenverlust wird der Eisstrom nach Südwesten überschritten. Unzählige Schmelzbächlein, Felsblöcke und Gletschertische erwecken den Gletscher zum Leben. Weithin ist das Steiglein am jenseitigen Hang zu erkennen. Etwa bei 2600 m verlassen wir den Vadret Pers, um auf Isla Persa, der »verlorenen Insel«, erneut hundert Höhenmeter anzusteigen (2720 m / + 3/4 Std.).

Nun zieht sich ein Serpentinenweg über Geröll und Platten steil hinab zum kleinen Perssee unter der Moräne des Vadret da Morteratsch, den wir bei Punkt

Tourensteckbrief

LAGE: *Berninagruppe (Bündner Alpen), südlich des Val Bernina, nördlich von Piz Bernina und Piz Palü.*

CHARAKTER: *Bergwanderung mit Gipfelbesteigung, leicht. Die anschließende Überschreitung von Pers- und Morteratschgletscher erfordert unbedingt Gletschererfahrung und Trittsicherheit. Ungeübte nur mit Bergführer.*

GEHZEIT: *6 1/4 Std. (bei Seilbahn-Benutzung, sonst 9 Std.).*

HÖHENDIFFERENZ: *350 m Anstieg (bei Seilbahn-Benutzung, sonst 1250 m), 1400 m Abstieg.*

TALORTE: *Bernina-Diavolezza (2093 m), Talstation der Seilbahn im Val Bernina und RhB-Station Morteratsch (1896 m) im Val Bernina. Anfahrt von Pontresina mit der Rhätischen Bahn oder Pkw.*

AUSGANGSPUNKT: *Berggasthaus Diavolezza (2973 m), per Seilbahn von Bernina-Diavolezza (Val Bernina) zu erreichen.*

EINKEHR: *Siehe Unterkunft sowie Bernina-Diavolezza (Talstation der Seilbahn).*

UNTERKUNFT: *Berggasthaus Diavolezza (2973 m), telefonische Voranmeldung für Übernachtung obligatorisch, Tel.: 0041(0)81/842 62 05. Chamanna da Boval (2495 m), telefonische Voranmeldung für Übernachtung obligatorisch, Tel.: 0041(0)81/842 64 03 und 0041(0) 81/852 10 32. Hotel Morteratsch (1896 m).*

FÜHRER: *SAC-Clubführer Bündner Alpen Band 5 (Bernina-Gruppe), SAC-Verlag; SAC-Wanderführer Wandern Alpin, SAC-Verlag; Rother Wanderführer Oberengadin, Bergverlag Rother, Gebietsführer Berninagruppe, Bergverlag Rother, Wanderwelt Graubünden, Kümmerly + Frey.*

KARTE: *SAW-Wanderkarte 1:50 000, 268 T (Julierpass).*

TOURISMUSINFORMATIONEN: *CH – 7504 Pontresina, Tel.: 0041(0)81/838 83 00.*

3 Gletschermeer unter Berninagipfeln

Äußerst lohnend ist die Besichtigung der Kirche San Gian (mit bedeutenden Fresken) bei Celerina, unweit von Samedan. Der vom Blitzschlag zerstörte Turm wird als Ruine erhalten.

Seite 22: Von der Segantini Hütte (nicht im Bild), hat man einen wunderbaren Blick auf die Gipfel der Bernina- und Sellagruppe. In der Talsohle liegt Pontresina. Das langgezogene Val Roseg (am rechten Bildrand) führt auf die Sellagruppe zu.

Weitere Tourenvorschläge

- Aussichtskanzel des Oberengadins: Muottas Muragl – Segantinihütte – Piz Languard – Georgyhütte – Alp Languard – Pontresina (7 Std. bei Seil- und Sesselbahnbenutzung)
- Station Morteratsch – Bovalhütte – Fuorcla da Boval – Tschiervahütte – Piz Tschierva – Hotel Roseg – Val Roseg – Pontresina (hochalpine 2-Tages-Tour, ca. 10 Std.; Berg- und Gletschererfahrung sowie komplette Ausrüstung erforderlich; Ungeübte nur mit Bergführer)
- Station Morteratsch – Bovalhütte – Fuorcla da Boval – Piz Morteratsch – Tschiervahütte – Val Roseg – Fuorcla Surlej – Crap Alv – Lej dal Chöds – St. Moritz (hochalpine 3-Tages-Tour, ca. 17 Std.; Berg- und Gletschererfahrung sowie kompl. Ausrüstung erforderlich; Ungeübte nur mit Bergführer)
- Diavolezza – Fuorcla d'Arlas – Persfirn – Piz Palü – Spinasgrat – Fortezzagrat – Diavolezza (hochalpine 2-Tages-Tour; ca. 8 Std.; Berg- und Gletschererfahrung sowie komplette Ausrüstung erforderlich; Ungeübte nur mit Bergführer)
- Curtinatsch – Fuorcl'Alv – Piz Alv – Fuorcl'Alv – Val da Fain – Val Bernina – Curtinatsch (5 ½ Std.)
- Diavolezza – Munt Pers – Lej d'Arlas – Bernina Suot (5 Std.)
- Höhenweg »Alp Grüm – Poschiavo«: Alp Grüm – Cavaglia – Varuna – Braita – Val da Guli – Selva – Urgnasch – Agüzzon – Val Pednal – Poschiavo (6 Std.).

2473 (+ 1/2 Std.) betreten. Er gleicht hier einer einzigen Spalten- und Eishügellandschaft. Der Gletscher ist fast eben nach Westen gegen Piz Morteratsch (auf keinen Fall nach NW, Richtung Bovalhütte, da gefährliche Spaltenzone!) zu queren. Oft sind die Spalten so breit, dass man sie nicht mehr überspringen kann und an anderer Stelle einen Übergang suchen muss. Ein wilder Anblick ist das »Labyrinth« im Süden. Walther Flaig, der 1972 verstorbene große Berninakenner, rät den von der Marco-e-Rosa-Hütte kommenden Hochalpinisten dringend von einer direkten Durchsteigung ab und empfiehlt statt dessen, über den Fortezzagrat abzusteigen.

Über dem westlichen Gletscherufer zieht sich ein Moränenpfad nach Norden. Dabei ist ein Abstecher zur Bovalhütte, einer der meist besuchten SAC-Hütten, möglich (2495 m / + 1 Std.). Bei entsprechender Bergerfahrung und Ausrüstung kann am nächsten Tag der Piz Morteratsch gemacht und über die Fuorcla da Boval zur Tschiervahütte und ins Val Roseg abgestiegen werden. Wenige Meter unterhalb der Bovalhütte zweigt der Weg ins Tal ab und führt zunächst unter Felsstufen, dann auf der Moräne, später in dem Moränental zwischen Bergfuß und Moräne talaus. Kurz vor Morteratsch geht es nach links zur Chünetta, einem beliebten und viel besuchten Aussichtsplateau (2083 m, nur 30 Minuten von Morteratsch). Wir steigen die wenigen Schritte hinauf, denn der Blick zwischen den Felskuppen und mächtigen alten Arven hindurch auf die leuchtenden Gipfel der Bernina und den wildzerrissenen Morteratschgletscher ist immer wieder schön und nirgends so eindrucksvoll wie von hier. Von Station Morteratsch (1896 m / + 1 3/4 Std.) kehren wir mit der Rhätischen Bahn nach Bernina-Diavolezza zurück.

Piz Palü – das Silberschloss (Walther Flaig): Unzählige Touristen erleben diesen Anblick von der Diavolezza aus. Die Palü-Überschreitung von Ost nach West zählt zu den Traumtouren mit besonderem Stellenwert. Sie setzt Bergerfahrung und Gletscherkenntnis voraus.

4 Val Tuoi und Val Tasna

Tourensteckbrief

LAGE: *Südsilvretta (am Fuße der Buin-Gruppe) / Piz-Cotschen-Gruppe (Bündner Alpen), Unterengadin.*

CHARAKTER: *Äußerst lohnende Bergwanderung. Die Wegstrecke Chamanna Tuoi-Furcletta-Marangun d'Urezzas erfordert Bergerfahrung und Trittsicherheit, da teils über schneedurchsetztes grobes Blockwerk und Geröllfelder führend sowie größtenteils weglos.*

GEHZEIT: *8–9 Std. (je nach Verhältnissen).*

HÖHENDIFFERENZ: *je 1200 m An- und Abstieg.*

TALORTE: *Guarda (1653 m) und Ardez (1464 m).*

AUSGANGSORT: *Guarda (1653 m), zu erreichen von Zernez oder Scuol (Unterengadin) mit Pkw oder Bus.*

EINKEHR / UNTERKUNFT: *Chamanna Tuoi (2250 m), Tel.: 0041(0)81/862 23 22 und 0041(0)81/862 24 08 und 0041(0)81/864 16 43.*

FÜHRER: *SAC-Clubführer Bündner Alpen Band 8 (Silvretta-Samnaun), SAC-Verlag; SAC-Wanderführer Wandern Alpin, SAC-Verlag; Rother Wanderführer Unterengadin, Bergverlag Rother; Wanderwelt Graubünden, Kümmerly + Frey.*

KARTE: *SAW-Wanderkarte 1:50 000, 249 T (Tarasp).*

TOURISMUSINFORMATIONEN: *CH – 7546 Ardez, Tel.: 0041(0)81/862 23 30; CH – 7545 Guarda, Tel.: 0041(0)81/862 23 42; CH – 7550 Scuol, Tel.: 0041(0)81/861 22 22.*

Auch im Sommer kann es im Engadin einen Wintereinbruch geben, wie dieses Bild zeigt. Rast auf Alp Buffalora am Pass dal Fuorn (Ofenpass), Wolken umschmeicheln Piz Nair.

Von der Tuoihütte auf die Furcletta

Durchfließt der Inn im Oberengadin – Engiadin'Ota – sanft eine weite Tallandschaft, so zeigt er sich im Unterengadin – Engiadina Bassa – als wilder Gesell, an dem die Wildwasserfahrer ihre Freude haben. La Punt Ota, die »Hohe Brücke« an der alten Straße zwischen Brail und Cinuos-chel südwestlich von Zernez, ist die Grenze zwischen Ober- und Unterengadin, diesen zwei ungleichen Schwestern. Eines allerdings haben beide gemeinsam: eine traumhaft schöne Landschaft mit himmelwärts sich auftürmenden Bergen, dunklen Wäldern und unzähligen Hochgebirgsseen, in denen sich nicht selten einer der imposanten Gipfel spiegelt. Den Bekanntheitsgrad des berühmteren Oberengadin mit dem mondänen Ort St. Moritz hat das Unterengadin bis heute nicht erreicht. So sind seine Dörfer ursprünglicher und die Wege hier meist einsamer geblieben.

Die Linie »Inntal – Malojapass – Bergell« wird von den Zugvögeln auf ihrem Flug nach Süden als eine der wichtigsten Flugschneisen benutzt. Sie durchfliegen das Tal Ende August bis Anfang September und kehren im Frühjahr auf der gleichen Route zu ihren Brutplätzen im Norden zurück.

Obgleich das gesamte Engadin zur inneralpinen Trockenzone gehört, unterscheiden sich die klimatischen Verhältnisse zwischen Ober- und Unterengadin, und so auch die Niederschlagsmengen. Wenige Zahlen, im Jahresdurchschnitt ermittelt, mögen dies verdeutlichen: Maloja 136 cm, Sils 103 cm, Scuol 70 cm. Und wenn täglich fast pünktlich um elf Uhr der Malojawind über die Oberengadiner Seenplatte streicht, bleibt es bis zu 85 % im Jahresdurchschnitt im Unterengadin, windstill, da die Talengen von Zernez und Susch den Einfluss des oft heftigen Malojawindes abriegeln. Man sagt, das Gebiet »Martina –

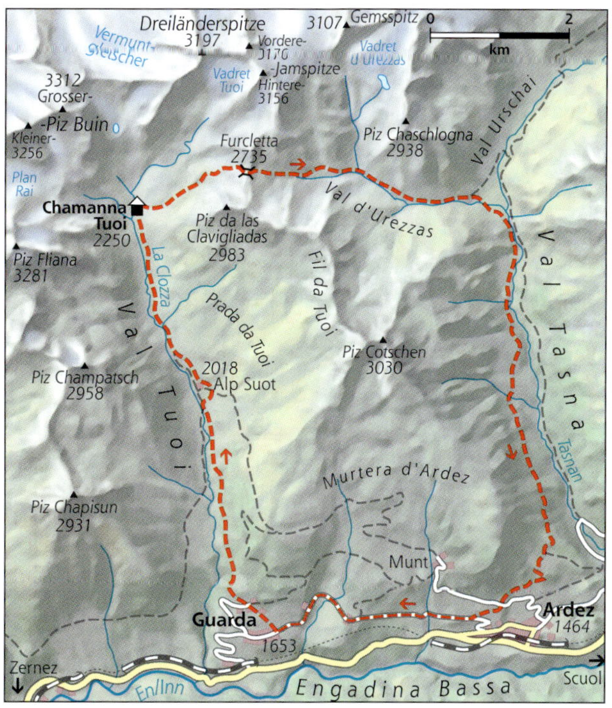

Scuol – Susch – Ofenpass« habe die längste Sonnenscheindauer der Schweiz, wenn nicht sogar der Alpen. Im Wetterbericht schlägt sich diese Tatsache kaum nieder. Da heißt es ganz einfach: »Alpensüdseite und Engadin schön« – mag es zur gleichen Zeit in St. Moritz regnen und in Scuol die Sonne scheinen. Doch ungeachtet aller Lobeshymnen auf ein »sonniges Engadin« ist es als Regel anzusehen, dass auch der schönste Engadiner Hochsommer von einem Kälteeinbruch mit Schneefall bis ins Tal hinab unterbrochen werden kann. Danach wird aber das Wetter umso klarer und beständiger.

Guarda ist Beginn und Ende einer der beglückendsten Wanderungen unter den Gipfeln der Südsilvretta. Urkundlich wurde Guarda bereits im 12. Jahrhundert erwähnt, und zwar als »Warda« = Warte, das heißt: Ort, von dem man Ausschau hält. Der Name »Guarda« tauchte erstmals 1365 auf. Die günstige Lage sowohl an der alten Engadiner Straße als auch am Eingang des breiten Val Tuoi, das – reich an Alp- und Magerwiesen – eine gute Versorgung mit Heu und Weideland sichert, dürfte von entscheidender Bedeutung gewesen sein für die Entstehung und Entwicklung Guardas in frühen Jahren.

Der Wegverlauf

Vom oberen Dorfteil Guardas (nahe dem östlichen Ortsausgang) steigen wir auf bequemem Alpweg gemächlich an. Das Val Tuoi wird im Westen begrenzt von Piz Chapisun, Piz Champatsch, Piz d'Anschatscha und Piz Fliana, im Osten von Piz Cotschen und Piz da las Clavigliadas. Über dem Bergbach La Clozza taucht eine mächtige doppelgipflige Berggestalt auf: Piz Buin Pitschen und Piz Buin Grond. Die Alp Suot (2018 m) lassen wir links liegen. Bis zum Erreichen eines Felsabsatzes nimmt der Hüttenweg an Steigung zu, um sich dann fast eben zur Chamanna Tuoi hinzuziehen (2250 m / 2 ½ Std.). Die Tuoihütte liegt im hintersten, sich hier weitenden Teil des Val Tuoi am Steilhang der östlichen Moräne über dem Talboden und ist Stützpunkt für eine Reihe von Gipfeln sowie für hochalpine Übergänge nach Norden. Überwältigend ist der Anblick der Buin-Gipfel, deren Süd- und Ostwände jäh auf die riesigen Geröllhalden herabstürzen. Hinter der Hütte führen Steigspuren und einzelne Markierungen gegen den rasigen Hang in östlicher Richtung steiler als bisher empor auf eine feuchte Hochfläche. Tagesausflügler bleiben bei der Tuoihütte zurück, und das ist gut so, denn spätestens ab dem kleinen Seelein, das wir bald erreichen, wird das Gelände unwegsam, und Trittsicherheit ist unerlässlich. Über grobes Blockwerk (je nach Verhältnissen schneedurchsetzt) geht es schließlich den Schutt- und Geröllhang zur Furcletta hinauf (2735 m / + 1 ½ Std.). Eine lange Rast ist der Lohn für die Mühen. Für den von Osten aus dem Val d'Urezzas Heraufkommenden muss der Anblick geradezu erschlagend sein. Großartig ist das Gipfelpanorama im Westen: Linard, Fliana, Chapütchin und Verstanclahorn – dann die Buine sowie Jeramias und die Zacken und Türme um die Dreiländerspitze.

Von der Furcletta abwärts ins wilde, urtümliche Val d'Urezzas: Über Schnee, Geröll und Felsblöcke, anschließend Rasenhänge, suchen wir uns weglos die beste Abstiegsmöglichkeit, bis sich die ersten Steigspuren zeigen. Oberhalb des nördlichen Ufers der Aua (= Bach) da d'Urezzas führt der schmale Pfad über eine 120 Meter hohe Steilstufe hinab ins eigentliche Val d'Urezzas. Den ungestümen breiten Gletscherbach unbedingt vor der aufgelassenen Alp Marangun d'Urezzas queren (2273 m / + 1 Std.). Leicht wandert es sich am Hang des Piz Chaschlogna hinaus zur Alp Urezzas (2111 m) und weiter nach Süden ins Val Tasna zur Alp Valmala (1979 m / + ¾ Std.). Das Val Tasna eignet sich sehr für einen Tagesausflug von

Panorama Engiadina Bassa

Auf diesem mehrtägigen Panorama-Höhenweg durchquert man das Unterengadin von Lavin nach Vinadi, wandert auf einsamen Wegen (oder wenig befahrenen Nebenstraßen), berührt Dörfer mit ihren sgraffitigeschmückten Häusern, genießt fantastische Tiefblicke sowie imposante Aussichten zu den Gipfeln über der anderen Talseite. Die Tour kann in Tagesetappen durchgeführt werden, da von vielen Orten aus eine Rückkehrmöglichkeit per Rhätischer Bahn oder Postbus besteht – oder man nimmt in einem der am Wege liegenden Dörfer Quartier. Informationen erhältlich beim Verkehrsverein Scuol (Unterengadin), CH – 7550 Scuol, Tel.: 0041(0)81/861 22 22.

Alphütte von Marangun im Val Lavinuoz (unterhalb la Maisas). Blick talein: Chapütchin (auch Schwarzkopf genannt), Verstanclahorn und Vadret de la Maisas.

Ardez aus. Der Weg ist unschwierig und kann unbedenklich von Familien mit Kindern eingeplant werden, entweder bis Alp Valmala oder ein Stückchen weiter nordwärts ins Val Urschai nach Marangun d'Urschai. Gehzeit Ardez-Valmala und zurück 3 ½–4 Stunden.

Wir könnten jetzt auf der orografisch linken Seite des wilden Tasnan auf bequemem Sträßchen in 1 ½ Stunden nach Ardez hinabspazieren und per Bahn oder Bus nach Guarda zurückkehren. Lohnender ist es allerdings, rechts des Tasnan zu bleiben und auf einem besonders reizvollen Teilabschnitt des Panorama Engiadina Bassa aus dem Tasnatal hinauszuwandern. Unser Weg hält sich noch lange in einer Höhe um 1900 Meter, mit ständigem Blick auf die himmelwärts ragenden Gipfel der Pisoc- und Plavnagruppe im Süden: Pisoc, Mingèr, Zuort, Plavna Dadora, Plavna Dadaint, Plattas, Nair. Hier stand schon mancher ratlos vor der Gipfelparade und konnte die einzelnen Gipfel nicht einordnen, vor allem, weil sich der Piz Plavna Dadora von hier aus gesehen in ganz ungewöhnlicher und imponierender Form zeigt. Von Plan Chamuera (1 Std.) senkt sich der Weg gegen Clüs und das Inntal hin ab. Doch Ardez mit der Burg Steinfels liegt noch fast 300 Meter unter uns.

Bald bietet sich eine letzte Abstiegsmöglichkeit nach Ardez. Dann gelangen wir an eine Weggabelung: Rechts steigt der Panorama Engiadina Bassa erneut in höhere Regionen empor, nämlich zur Alp Murtera – links geht die alte Talstraße nach Bos-cha. Folgen Sie uns auf der mittleren Route, dem Höhenweg Ardez – Bos-cha. Der Tag hat uns bereits eine Reihe von Gehstunden abverlangt, und neben Anstrengungen brachte er auch unbeschreibliche Höhepunkte, sodass wir mehr als einmal rasteten – entweder, um uns auszuruhen oder einfach nur zu schauen. So ist es Abend geworden, und die untergehende Sonne malt eine zauberhafte Stimmung in die friedliche Landschaft. Ein in Kaskaden laut herabstürzender Bergbach durchbricht die Ruhe für Minuten. Eine Brücke führt hinüber. Dann ist es wieder still. Nach einer knappen Stunde durchstreifen wir Bos-cha. Bei der zu einem Rastplatz hergerichteten alten Mühle (1853 erbaut, 1951 von einer Lawine zerstört) nehmen wir eine Stärkung zu uns und ziehen warme Sachen an, denn die Kühle des Abends wird spürbar. Wir beobachten, wie die Gipfel der Lischana- und Pisocgruppe im Abenddunst versinken. Über die Bergwiesen ziehen Nebelschwaden hinweg. Stille, unendliche Stille umgibt uns. Bis Guarda (1653 m / + 1 ¼ Std.) sind es nur noch zehn Minuten. Die ersten Lichter aus den Häusern leuchten herüber. Uns erscheint die Zeit wie eine köstliche Ewigkeit.

Im Val Tuoi, kurz vor der Alpe Suot. Blick nach Norden auf Piz Buin Pitschen und Piz Buin Grond, zwischen beiden Gipfeln die Fuorcla Buin.

Links:
Von der Furcletta Blick nach Westen auf Ausläufer des Piz Fliana (ganz links), anschließend Chapütchin und Verstanclahorn. Rechts im Bild Piz Buin Pitschen und Piz Buin Grond.

Weitere Tourenvorschläge

- Lavin – Val Lavinuoz / Alp Dadoura – Marangun – Las Maisas – zurück zur Alp Dadoura – Höhenweg Charnadüras – Lavin (6 ½ Std.)
- Susch – Alp Zeznina Dadaint – Macunseen – Fuorcla da Barcli – Munt Baselgia – Zernez (8 Std.)
- Scuol – Mingèrbrücke – Val Mingèr – Sur Il Foss – Val Plavna – Alp Plavna – Tarasp Fontana – Vulpera – Scuol (6 ½ Std.)
- S-charl – Fuorcla Funtauna da S-charl – Ofenpass (5 Std.).
- S-charl – Fuorcla Sesvenna – Rifugio Sesvenna – Val d'Uina – Sur En (2-Tages-Tour; 10 Std.)
- Zernez – Ova Spin – Il Fuorn – Süsom Givè (Ofenpass) – Tschierv (6 ½ Std.)
- Zernez – Val Cluozza – Blockhaus/Chamanna Cluozza – Prasparöl – Ova Spin (8 Std.)

5 Vom Cassonsgrat zum Segnaspass

Fil de Cassons und Pass dil Segnas

Graubünden ist mit 7106 Quadratkilometern der größte der 26 Schweizer Kantone. Nach einer Erhebung von 1989 gilt etwa ein Drittel davon als völlig unproduktives Gelände, das aus Bergen, Schutthängen, Gletschern, Firnen und Wasserfällen besteht. Niemand hätte für eine derart wertlose Landschaft früher auch nur einen Pfennig gegeben. Doch gerade sie ist heute durch den Tourismus (u. a. Skifahren, Wandern, Bergsteigen) die bedeutendste Einnahmequelle für den Kanton. Dank des günstigen Klimas, der alpinen Schönheit und Vielfalt seiner verschiedenen Regionen sowie der guten Erreichbarkeit wurde Graubünden zum größten Winter- und Sommerferiengebiet und wird daher auch als die »Ferienecke der Schweiz« bezeichnet.

Bei Reichenau, nur wenige Kilometer westlich von Chur, der Hauptstadt des Kantons, geht es nach Westen ins Bündner Oberland, von den Einheimischen »Surselva« genannt. Der rätoromanische Name dieser eigenwilligen Region bedeutet »ob dem Wald«, womit der Wald von Flims (Uaul Grond = Großer Wald) gemeint ist. Auf einer Gesamtfläche von knapp 150 000 Hektar erstreckt sich die Surselva von der Quelle des Vorderrheins am Piz Badus bis hin zu seiner Mündung in den Hinterrhein bei Reichenau. Im Norden, Westen und Süden begrenzen Gebirgsmassive das Bündner Oberland – im Osten stellt der prähistorische Bergsturz südlich von Flims ein natürliches Hindernis dar. Hier hat der Rhein in vielen Jahrtausenden einen Durchbruch herausgewaschen, die »Ruinaulta« (= hoher Abbruch). Seit jeher

Das romantische weiße Kirchlein von Versam (Rheinschlucht). Dahinter (zurückliegend) Berge über Bargis und Trin: Piz da Sterls, Tschep Sura und Sut sowie Crap Mats.

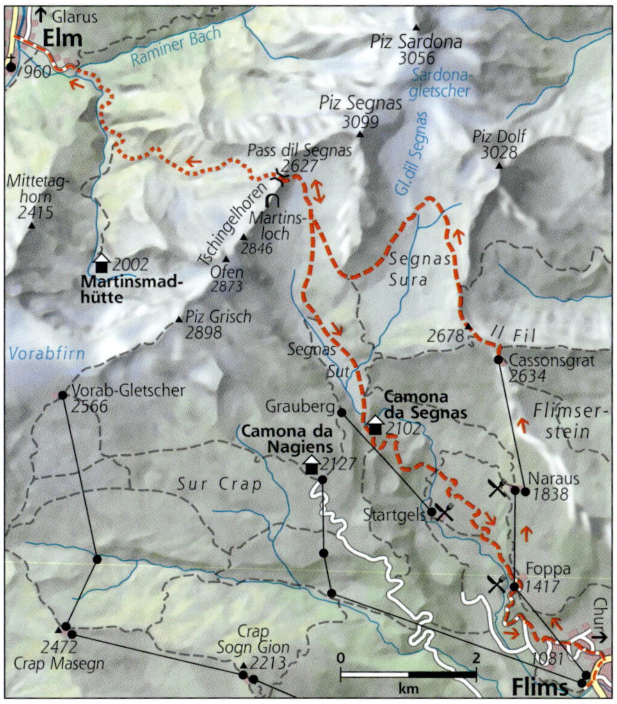

war die Schlucht unbegehbar, nur Jäger und Fischer trauten sich in das unwirtliche Gebiet. Erst um die Jahrhundertwende wurde die Rheinschlucht mit dem Bau eines Schienentrassées für die Rhätische Bahn erschlossen und die Strecke Reichenau-Ilanz im Jahre 1903 eröffnet. Die Fahrt mit der Eisenbahn durch die wilde Flusslandschaft ist ein Erlebnis. Die über Flims in die Surselva führende Hauptstraße muss zur Umgehung der Rheinschlucht eine Differenz von 500 Höhenmetern überwinden.

Wie die Bergbevölkerung heute ganz allgemein, so sind auch die in der Surselva lebenden Menschen auf den Tourismus angewiesen, der ihnen im Winter zu großer Zahl ins Haus steht. Im Sommer ist es noch ruhiger im Bündner Oberland geblieben und nicht überlaufen. Daher darf ein Urlaub in der Surselva fast noch als Geheimtipp gelten. Die mit ihren kunstvoll ausgestatteten Kirchen auf sanften Hangschultern ruhenden Dörfer werden Sie ebenso in ihren Bann ziehen wie die einsamen Wanderwege, die den schon zu Urzeiten begangenen Saumpfaden folgen und über Pässe die Seitentäler miteinander verbinden.

Der Wegverlauf

Der von Flims per Seilbahn leicht erreichbare Cassonsgrat ist idealer Ausgangspunkt für eine Reihe von Wanderungen, so auch jene zum Pass dil Segnas. Ein Einheimischer hatte uns geraten: »Wenn Ihr diese Tour machen wollt, dann nutzt das beste Wetter dafür aus!« Heute scheint der Tag X zu sein, und wir nehmen die erste Bahn nach oben. Von der Bergstation geht es in wenigen Minuten zum Kulminationspunkt des Grates (2674 m). Hier ist der Boden übersät von Rotem Steinbrech (Saxifraga oppositifolia = gegenblättriger Steinbrech). Diese Steinbrechart, die sich gleich nach der Schneeschmelze entfaltet und häufigster Bestandteil der Gipfelflora ist, zeigt sich als locker ausgebreiteter Rasen mit seinen niederliegenden, stark verzweigt wurzelnden Stämmchen und prächtig weinroten Blüten, die später violett bis blau erscheinen.

Vom Cassonsgrat etwas hinab zur Fuorcla Raschaglius und weiter nordwärts auf den weiten Talkessel unter Piz Segnas und Piz Sardona zu. Bei einer Weggabelung dem Hinweis »Segnaspass« nach links folgen und den Geröllhang unter Piz Dolf queren (markiert), dabei Plaun Segnas-Sura (= Obere Segnasebene) in großem Bogen umgehend. Bald macht der Weg eine scharfe Biegung talaus und zieht sich (jetzt orografisch rechts über Plaun Segnas-Sura) unter dem von Piz Segnas zum Atlas verlaufenden Grat zwischen mächtigen Felstrümmern hindurch nach Süden. Ist die kleine Terrasse am felsigen Fuß von Atlas erreicht (ca. 2470 m / 1 ½ Std.), bleibt man sprachlos stehen beim Anblick der wildgezackten Tschingelhoren mit dem berühmten Martinsloch.

Für das Dorf Elm im Sernftal jenseits der Tschingelhoren (Glarnerland) hat das Martinsloch eine ganz besondere Bedeutung. In jedem Jahr am 12. oder 13. März (acht Tage vor dem astronomischen Frühlingsanfang) um 8:53 Uhr und im Herbst am 1. oder 2. Oktober (acht Tage nach der Tag- und Nachtgleiche) um 8:33 Uhr lässt ein Sonnenstrahl durch das Martinsloch die Kirchturmspitze der Elmer Kirche zehn Minuten vor dem Sonnenaufgang über den Tschingelhoren aufleuchten. Und alle neunzehn Jahre tritt an den oben genannten Tagen ein unglaubliches Ereignis ein: um 8:53 Uhr scheint die Sonne durch das Loch auf die Kirche. Zwölf Stunden später ist es der Vollmond. Zuletzt am 11. März 1990 konnte man dieses faszinierende Naturgeschehen beobachten. Es wird sich bei entsprechender Witterung im Jahr 2009 wiederholen. Der 19-Jahres-Rhythmus entspricht genau dem vorjulianischen Lunisolar-Kalender. Noch eindrucksvoller als die Sonne zeigt der Mond den Jahresverlauf des natürlichen Kalenders. So liegt die Vermutung nahe, dass sich vor rund 3000 Jahren am Standort der Kirche einmal ein prähistorisches »Observatorium« befunden hat.

Senda Sursilvana

Diese durchgehend markierte Höhenroute zwischen Oberalppass und Chur gibt jedermann – vom beschaulichen bis zum anspruchsvollen Wanderer – die Möglichkeit, den ständigen Wechsel eines großartigen Gebirgsszenariums in Verbindung mit dem Besuch von Talorten in der Surselva erleben zu können. Es empfiehlt sich, die 80 km lange Strecke in sieben Tagesetappen einzuteilen (Übernachtungsmöglichkeit in allen Orten). Ein Spezialprospekt (mit Landeskarte und eingezeichneter Route) ist bei den örtlichen Verkehrsvereinen erhältlich. Stellvertretend an dieser Stelle: CH – 7002 Chur, Tel.: 0041(0)41/ 252 18 18 sowie CH–7180 Disentis, Tel.: 0041(0)41/920 40 30.

Tourensteckbrief

LAGE: *Bündner Alpen / Sardonamassiv, nördlich von Flims im Vorderrheintal.*

CHARAKTER: *Bergwanderung in einmaliger Hochgebirgsszenerie auf typischen Bergpfaden; Ausdauer und Trittsicherheit erforderlich. Die letzten 100 m zum Segnaspass können unangenehm sein, da rutschiger Geröllhang (in der Rinne zum Schluss Kettensicherung).*

GEHZEIT: *6 ¾ Std. (bei Fahrt mit Sessellift zur Alp Foppa und Alp Naraus, weiter per Luftseilbahn zum Cassonsgrat.) Der Rückweg ist durch Seilbahn von Grauberg und Gondel von Startgels um 2 ½ Std., oder durch Sesselbahn von Alp Foppa um 1 Std. abzukürzen.*

HÖHENDIFFERENZ: *300 m Anstieg (bei Bergfahrt bis Cassonsgrat), 1770 m Abstieg.*

TALORT: *Flims (1081 m). Anfahrt: Von Chur (o. a. Ausgangspunkt) bis Reichenau, hier westwärts ins Vorderrheintal nach Flims; oder mit der Rhätischen Bahn nach Ilanz und per Bus nach Flims.*

AUSGANGSPUNKT: *Bergstation Cassonsgrat (2634 m): mit Sessel- und Seilbahn von Flims über Alp Foppa und Alp Naraus nach Fil de Cassons (Cassonsgrat).*

EINKEHR: *Bergrestaurants Foppa, Naraus, Cassonsgrat und Startgels sowie Camona da Segnes.*

FÜHRER: *SAC-Clubführer Bündner Alpen Band 2 (Tamina und Plessurgebirge) und SAC-Clubführer Glarner Alpen, SAC-Verlag; SAC-Wanderführer Wandern Alpin, SAC-Verlag; Wanderwelt Graubünden, Kümmerly + Frey.*

KARTE: *SAW-Wanderkarte 1:50 000 Blatt 247 T (Sardona).*

TOURISMUSINFORMATIONEN: *CH – 7017 Flims, Tel.: 0041(0)81/920 92 00.*

Variante: Übergang vom Pass dil Segnas nach Elm/Sernftal

Die auf der Glarnerseite sehr steile Route mit den abschüssigen Steigspuren erfordert Vorsicht! Ein felsiger Ausläufer wird umgangen. Nach Überschreiten eines Baches kommt man an den Südfuß (P. 2239) des Mörders (2396 m). Nun westwärts haltend über steile Gras- und Geröllhalden (Spur nicht immer gut zu finden) nach Biflen und zur Alp Nideren. Der teils in die Felsen gehauene Weg durch die wilde Tschinglenschlucht (markiert) führt hinab zum Lauiboden und bald nach Elm (977 m / 3 Std. ab Segnaspass; Rückkehr in die Surselva per Bus und Bahn).

Weitere Tourenvorschläge

- Flims – Cassonsgrat – Fuorcla Raschaglius – Flimserstein – Bargis – Fidaz – Flims (4 1/4 Std.)
- Flims – Conn – Rheinschlucht (»Grand Canyon der Schweiz«) – Versam-Station – Valendas-Station – Flims (6 Std.)
- Höhenweg zwischen Vals und Zervreila-Stausee: Valé – Gadenstatt – Moos – Frunt – Zervreilasee – Valé (2 Std.; zurück per Bus)
- Breil / Brigels – Alp Quader – Kistenpass unter dem Kistenstöckli – Bifertenhütte – Alp Quader – Breil/Brigels (8 Std.)
- Variante ab Kistenpass: Abstieg zur Muttseehütte und nach Linthal / Glarnerland (3 3/4 Std.)

Unser Steiglein quert anschließend kurz die Hänge des Atlas steil abwärts (z. T. Kettensicherung), bis ein guter Weg erreicht wird. Tief wandern wir in den Schuttkessel von Muletg da Sterls hinein. Nach Überschreiten eines Firnfeldes in etwa 2530 m Höhe beginnt der direkte Anstieg zum Segnaspass: er führt steil einen rutschigen Geröllhang empor. Trittsicherheit ist erforderlich, da es ein paar unangenehme Stellen gibt. Zum Schluss in einer Rinne mit Kettensicherung hoch zum Pass dil Segnas (2627 m/ +1 1/4 Std.). Es ist ein überwältigender Moment, wenn man die schmale, felsige Grathöhe betritt und weit ins Glarnerland hinausblickt. Erfahrene Berggänger können nach Elm im Sernftal absteigen (Variante links oben).

Wir kehren vom Pass wieder auf das Schneefeld zurück. In den Felswänden der Tschingelhoren hängen jetzt schräge Schatten. Leicht wandert es sich nach Las Palas hinaus. Mäandernd sucht sich der milchige Gletscherbach seinen Weg durch die Schwemmebene Segnas-Sut. Bei einer Weggabelung (+ 1 Std.) weiter geht es entweder

- nach rechts und kurz darauf über eine Brücke (2125 m); dann in den Felsen von Crap Grisch in

Vor etwa 12 000 Jahren ereignete sich eine ungeheure Naturkatastrophe, der »Flimser Bergsturz«. 15 Milliarden Kubikmeter Felstrümmer füllten das Vorderrheintal zwischen Ilanz bis gegen Chur hin. Die dadurch entstandenen, teilweise scharfen Konturen der Landschaft wurden durch ein erneutes Vordringen des Eises umgewandelt in die sanft gewellten Landschaftsformen, wie wir sie heute sehen.

30 Minuten empor zur Bergstation Grauberg (2235 m); von hier mit Seilbahn und Gondel nach Flims oder

- vor der Brücke links haltend Richtung Camona da Segnas. Über blanke Felswände stürzt ein Wasserfall herab, gespeist von Plaun Segnas-Sura. Sonnenstrahlen brechen sich in dem gischtenden Nass. Von Camona da Segnas (2102 m / + 1/2 Std.) auf steilem Pfad durch knorrigen Bergwald und leuchtende Alpenrosenfelder zur Brücke Punt Desch. Diese überquerend, gelangen wir zur Station Foppa der Sesselbahn (1417 m / + 1 1/2 Std.), die zurück nach Flims führt. Wer gut zu Fuß ist, wandert wie wir durch die romantische Flemschlucht über Runcs hinab ins Tal nach Flims, dem Ausgangsort dieser herrlichen Bergwanderung (1081 m / + 1 Std.).

Altes Walserhaus in Vals (Valsertal im Süden der Surselva) – darüber das zweigipflige Höreli, die Wissflue und die Peiler Berge.

6 Der »Panixer«

Tourensteckbrief

LAGE: *Bündner Alpen / südlich der Hausstock-Gruppe (Grenze zwischen Glarnerland und Surselva) / nördlich über dem Vorderrheintal.*
CHARAKTER: *Großartige Gebirgswanderung auf geschichtsträchtigen Bergpfaden zur einsamen Hochebene Mer Sura; unschwierig. Die Überschreitung des Panixerpasses nach Elm bei Schneefall oder Nebel meiden.*
GEHZEIT: *6 ¼ Std. (ab und bis Bushalt am Ortsbeginn von Pigniu + ½ Std.).*
HÖHENDIFFERENZ: *Je 1160 m An- und Abstieg.*
TALORT/AUSGANGSORT: *Pigniu (1301 m). Anfahrt: Mit der Rhätischen Bahn oder Pkw nach Rueun (Bahn- und Bushalt). Weiter per Bus oder Auto ins Val da Pigniu bis zum Dorf Pigniu.*
EINKEHR: *Unterwegs keine.*
UNTERKUNFT: *Die (offene) Selbstversorgerhütte auf dem Panixerpass (unterhalten vom Kanton Glarus) hat 14 Lager; Schlafsack mitbringen.*
FÜHRER: *SAC-Clubführer Bündner Alpen Band 2 (Tamina und Plessurgebirge) und SAC-Clubführer Glarner Alpen, SAC-Verlag; SAC-Wanderführer Wandern Alpin, SAC-Verlag; Wanderwelt Graubünden, Kümmerly + Frey.*
KARTE: *SAW-Wanderkarte 1:50 000 Blatt 247 T (Sardona).*
TOURISMUSINFORMATIONEN:
CH – 7017 Flims, Tel.: 0041(0)81/920 92 00.
CH – 7130 Ilanz, Tel.: 0041(0)81/925 20 70.

Rechts: Dominierend ragt aus der Ansammlung großer alter Bauernhäuser in Vrin (Lugnez) die 1694 erbaute katholische Pfarrkirche St. Mariae Geburt empor.

Aus dem Bündner Oberland auf den Panixerpass

Seit Jahrhunderten leben in der Surselva zwei Volksgruppen nebeneinander: die Rätoromanen (ihre Vorfahren, die Ureinwohner, wurden einst von den Römern romanisiert) und die im 13./14. Jahrhundert von Süden und Westen über die Berge gekommenen deutschsprachigen Walser. Sie rodeten und besiedelten das Tujetsch und das Medelsertal, Obersaxen, Valser- und Safiental. Während sich im Tujetsch und im Val Medel später die Romanen durchsetzten, blieb im Valser- und Safiental sowie in Obersaxen und den angrenzenden Gemeinden Versam und Valendas das Walserdeutsch erhalten. Die Walser sind jedoch eine deutschsprachige Minderheit im Bündner Oberland, wo noch zwei Drittel der Bevölkerung romanisch sprechen, denn die sich in den letzten Jahrzehnten durch Massenmedien, Abwanderung und zunehmenden Tourismus verstärkte Alemannisierung konnte gestoppt werden. So wird hier in den ersten vier Schulklassen ausschließlich in rätoromanischer Sprache unterrichtet. Erst im 5. und 6. Schuljahr kommt täglich eine Stunde Deutsch hinzu.

Der Panixerpass war früher eine rege benutzte Verbindung zwischen Glarnerland und Bündner Oberland. Mehrfach findet man in alten Chroniken Hinweise auf seine Bedeutung. So trieben unter anderem die Glarner ihr Vieh (bis zu 2000 Stück jährlich) über den Pass ins Vorderrheintal und weiter via Lukmanier nach Lugano. Doch nicht nur Viehhändler, auch bewaffnete Söldner benutzten den Panixer. In die Geschichte eingegangen ist die Passüberschreitung des russischen Heeres im Jahre 1799 unter General Suworow. Die Soldaten waren, auf dem Rückzug vor den Franzosen, am 29./30. September über den Pragelpass ins Glarnerland gelangt. Ein Ausbruch nach Osten über den Kerenzerberg (südl. des Walensees) erschien Suworow bei dem desolaten Zustand seiner Armee aussichtslos. Daher fasste er den Entschluss zur Überquerung des Panixerpasses ins Vorderrheintal und marschierte mit seinem Heer am 5. Oktober von Glarus nach Elm im Sernftal, wo er im heutigen Suworow-Haus Quartier bezog. Am 6. Oktober um zwei Uhr früh brachen die bergungewohnten und mangelhaft bekleideten Männer von Elm zu dem legendären Gebirgsmarsch auf. Suworow überquerte den Pass mit seiner Vorhut unversehrt nach Pigniu. Der nachfolgende Heerzug, der hungrig und geschwächt, durchnässt und teils barfuß war, geriet in einen Schneesturm. Die Soldaten schleppten sich qualvoll über die tiefverschneite Passhöhe und biwakierten schließlich in der unwirtlichen Einöde unter dem Hausstock. Viele brachen zusammen oder stürzten beim Weitermarsch in schreckliche Abgründe …

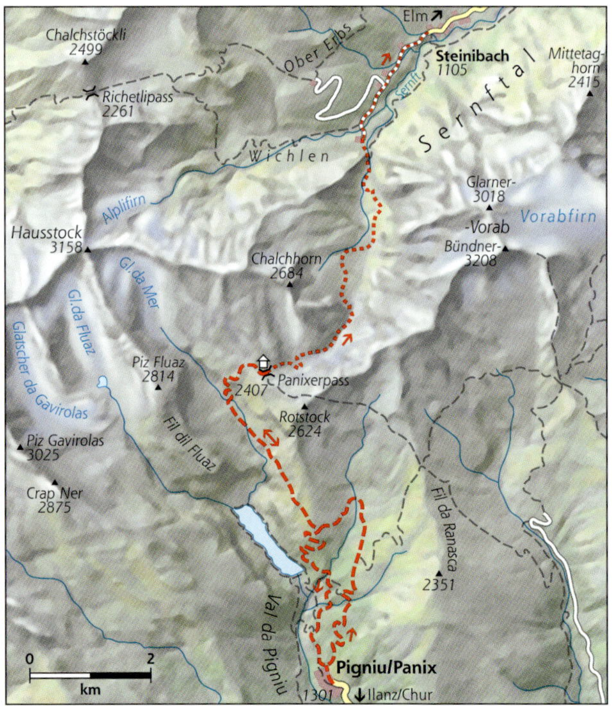

Längst hat dieser Pass seine einstige Bedeutung verloren – und auch die von ihm ausgehende Horrorvorstellung gehört der Vergangenheit an. Doch für den Bergwanderer ist der Gang zum Panixer (oder seine Überschreitung) in außergewöhnlich schöner Landschaft von großer Eindrücklichkeit.

Der Wegverlauf

Der kleine Postbus hält am Ortsbeginn von Pigniu. Für Autos gibt es einen Kilometer hinter dem Dorf Parkmöglichkeit (1336 m). Die Straße führt weiter zum Panix-Stausee, dessen Bau 1992 fertiggestellt war. Wir wählen den rechts abzweigenden Feldweg, der rasch an Höhe gewinnt. Dann durch lockeren Wald und vorbei an der Lichtung Stavel da Maner (= Kälberweide). Kurz nimmt uns ein idyllischer kleiner Pfad auf, der in einen breiten Weg mündet. Bei der Gabelung (etwa Höhe 1625) nach rechts wenden (links zweigt der »Touristenweg« ab, unser Rückweg). Wir wandern sanft ansteigend über die Alpweiden von Ranasca Dado hin. Nach Queren des Ual da Ranasca wendet sich der Alpweg nach Südwesten zu den Ställen von Ranasca Dadens (1830 m / 1 ½ Std.). Den Gebäudekomplex links liegenlassend, zieht sich ein Pfad steiler empor. Nach gut 15 Minuten stößt in 1930 Metern Höhe der »Touristenweg« auf unsere Route. Über die Magerweiden von Ranasca Dadens steigt der Weg nun mäßig, aber ständig an. Auf einer aussichtsreichen Kanzel (P. 2031 / + ½ Std.) machen wir Rast. Fesselnd ist der Blick auf die steilen Felswände von Tschengel da Tschuts (= Lämmerweide). Darüber Fil da Fluaz, Piz Fluaz und Hausstock-Südgrat: das ist – von Pigniu und Alp Mer kommend – die Route auf den 3158 Meter hohen Hausstock (Bergerfahrung nötig!).

Im Gebiet Ranasca-Dadens – Muladera – Crap Tigliau – Plaun da Cavals ist der Weg entlang dem Rotstock-Westhang einst aus den Felsen geschlagen worden und führt unmittelbar an den steilen Wänden entlang, manchmal auch unter Überhängen hindurch oder absteigend um Felsnasen herum. Im Volksmund hieß der Panixerweg daher der »gehauene

Aus dem Gebiet »Cavorgia da Breil« (etwa Höhe 2540), einer eigentümlichen stillen Landschaft mit Trichtern und Mulden unterm Kistenstöckli, Blick auf Bifertenstock (mit Griessfirn) und Tödi.

Variante: Übergang vom Panixerpass nach Elm/Sernftal

Die ständig wechselnden landschaftlichen Reize, wie diese nur in so unberührter Natur wie hier anzutreffen sind, beglücken beim Abstieg ins Glarnerland. Beim Häxenseeli können wir friedlich äsendes Steinwild beobachten. Durch die schluchtähnliche Gurglen (Achtung: z. T. Schneefelder!) geht es abwärts zu den obersten Alphütten unter hohen Felswänden: Ober Stafel – Jetzloch – Unter Stafel. Dann wandert man den guten Alpweg hinaus nach Wichlenberg und am rechten Ufer des Sernft entlang zum Dorf Elm mit seinen alten Holzhäusern. Die Bauernhöfe liegen verstreut im Talgrund, nur bei dem spätgotischen Kirchlein schließen sie sich dichter zusammen (960 m / 3 ¹/₄ Std. ab Panixerpass; Rückkehr per Bus und Bahn).

Weg«. Erinnern wir uns noch einmal an jenen Oktober im Jahre 1799: Schrecklich muss gerade diese Passage bei den herrschenden Wetterverhältnissen für die völlig entkräfteten Soldaten gewesen sein. Die russische Armee verlor hier mehr als 200 Leute – auch zahlreiche Lasttiere stürzten über die steilen Felswände 600 Meter in die Tiefe. Der zum Teil schmale Felsenweg ist heute praktisch unverändert wie damals (außer, dass die Natur ihre Spuren eingegraben hat), aber bei gutem Wetter von trittsicheren Gehern problemlos zu machen. Auf Alp Mer führt ein Betonsteg über den Gebirgsbach, der sich eine tiefe Schlucht in die Felsen gefressen hat. Leicht ansteigend durchschreitet man Plaun da Cavals (zu deutsch = Rossebene/-boden), eine vom Gletscherbach gebildete steinige Schwemmebene. Am Ende der Ebene überqueren wir bei Punkt 2130 (+ 1 Std.) einen Arm des vom Glatscher da Mer gespeisten Bergbaches über ein Holzsteglein ans andere Ufer. Danach über eine Schutt- und Geröllhalde in Serpentinen steil empor, erst in langen Kehren, bis sie immer kürzer werden.

Nach 20 Minuten Punkt 2317. Der Weg wendet sich ebener nach Osten und traversiert Mer Sura, eine grüne Hochfläche. Dies ist eine sehr idyllische Wegstrecke im Anblick des Hausstocks und einer immer wilder werdenden Landschaft bis hin zum kleinen Holzhüttchen auf dem Panixer (2407 m/ + 3/4 Std.). Die einfache Unterkunft wird gerne zum Übernachten benützt, wenn die Hausstocktour aus dem Sernftal gemacht wird (Aufstieg von Elm 4 1/2 Std.). An die windgeschützte Hüttentür gelehnt, machen wir Brotzeit. Im Osten stehen Glarner und Bündner Vorab über der Passhöhe, im Süden der Rotstock. Im Norden liegt hinter einem Grat das Chalchhorn, weiter nach Westen folgen die Horen, dann der Hausstock, eine imposante Berggestalt. Wild zerrissen ist die Landschaft beim Panixerpass: einer Mondkraterlandschaft gleich zeigt sich dieses Hochtal von einmaliger Schönheit.

Als wir nach langer Rast wieder aufbrechen, ist es bereits später Nachmittag. Die Schatten werden länger, das Licht weicher. Traumverloren ziehen wir unsere Spur über Hügel und kleine Tälchen, merken, wie faszinierend die Wanderung auch in umgekehrter Richtung ist und jetzt Einblicke bietet, die man während des Aufstieges gar nicht wahrgenommen hat. Bei Punkt 2317 beginnt das Steilstück. Wir eilen hinab, im Schotter manchmal mehr rutschend, als uns lieb ist. Schon dringt das Rauschen des Gletscherbaches herauf. Das kleine Brücklein bringt uns ans andere Ufer (2130 m/+ 1/2 Std.). Hinter Plaun da Cavals wieder über die Schlucht zum Felsenweg. Bei Höhe 1930 (+ 3/4 Std.) zweigt der bald 70 Jahre alte Touristenweg nach Pigniu ab. Anfangs recht steil, führt er abwechselnd über Alpwiesen und durch schönen Bergwald. Es ist ein zauberhafter Abstieg, jedoch empfiehlt sich für den Aufstieg die morgendliche Route, da sie mehr Aussicht ins Berginnere bietet. Bald nach Überqueren der Schlucht, die der Ual da Ranasca gebildet hat, mündet der Touristenweg in einen breiten Fahrweg, dem wir bis zum Parkplatz von Pigniu folgen (1336 m/+ 1 1/4 Std.).

Weitere Tourenvorschläge

- Disentis – Caischavedra – Lag Serein – Lag Brit – Alp Lumpegna – Disentis (6 1/4 Std.).
- Disentis – Camona da Medel – Tennigerbad – Somvix (7 Std.)
- Oberalppass – Pazola Stock – Badus Hütte – Lai da Tuma (Quelle des Rheins) – Oberalppass (4 1/2 Std.)
- Oberalppass – Cadlimohütte – Lukmanierpass (8 Std.).
- Vrin – Pass Diesrut– Plaun la Greina – Camona da Terri – Tennigerbad – Rabius (9 Std.).

Gerne nächtigen Bergsteiger in der kleinen unbewirtschafteten Schutzhütte auf dem Panixerpass (2407 m), wenn sie die Hausstocktour von Elm aus (Sernftal/Glarnerland) machen. Eindrucksvoll steht der Hausstock (3158 m) über Mer Sura, dieser stillen »Mondlandschaft« am Panixer.

7 Jöriseen

Tourensteckbrief

LAGE: *Bündner Alpen / Flüelagruppe (zwischen Vereina- und Flüelatal), nördlich des Flüela Wisshorn.*
CHARAKTER: *Idyllische Wanderung auf guten Pfaden zu einsam gelegenen Bergseen; unschwierig.*
GEHZEIT: *4 3/4 Std.*
HÖHENDIFFERENZ: *600 m Anstieg, 950 m Abstieg.*
TALORT: *Davos (1558 m), Anfahrt mit der Rhätischen Bahn oder Pkw.*
AUSGANGSORT/-PUNKT: *Mit Pkw oder Bus von Davos (oder anderem Talort, z.B. aus dem Engadin über den Flüelapass) bis Wägerhus/ Flüelastraße. Abzweig zu den Jöriseen bei Punkt 2207. Rückkehr von Röven zum Ausgangspunkt per Bus (oder Anhalter).*
EINKEHR / UNTERKUNFT: *Unterwegs keine.*
FÜHRER: *SAC-Clubführer Bündner Alpen Band 8 (Silvretta und Samnaun), SAC-Verlag; SAC-Wanderführer Wandern Alpin, SAC-Verlag; Wanderwelt Graubünden, Kümmerly + Frey.*
KARTE: *SAW-Wanderkarte 1:50 000 Blatt 248 T (Prättigau).*
TOURISMUSINFORMATIONEN: *CH – 7270 Davos, Tel.: 0041(0)81/415 21 21.*

Seenplateau unter dem Flüela Wisshorn

Davos – einst Walsersiedlung, heute weltbekannter Kur- und Kongressort – hat nichts mehr von einem romantisch-verträumten Bergdorf, sondern gleicht einem Hochgebirgsstädtchen. Allerdings ist Davos mehr als nur ein Ort, es ist eine ganze Landschaft, die fünf Gemeinden umfasst. Die ideale Höhenlage, der Sonnenreichtum, sanfte Höhenzüge über grünen Hochwiesen, der schützende Kranz hoher Berge sowie drei idyllische Seitentäler »vor der Haustür« (Flüela, Dischma und Sertig) machen den Zauber dieser liebenswerten Berglandschaft aus. Viele verbinden mit Davos in erster Linie den Gedanken an Wintersport. Doch auch als Wanderparadies im Sommer hat die Region von Jahr zu Jahr mehr an Bedeutung gewonnen. Die zentrale Lage und gute Verkehrsanbindung ermöglichen es zudem, von hier aus sternförmig in alle Himmelsrichtungen aufzubrechen, um Graubünden mit dem eigenen Wagen, per Bus oder mit der Rhätischen Bahn zu erkunden.

Der Flüelapass stellt die kürzeste Verbindung von Davos ins Unterengadin auf einer 1867 eröffneten, 27 Kilometer langen Straße dar (Steigungen bis zu 10 %). Häufig sind wir diese reizvolle Strecke im Sommer gefahren, um ins Engadin zu gelangen oder vom Flüelatal aus eine Wanderung zu machen. Allerdings gibt es Tourenwünsche, die einem immer wieder in den Sinn kommen, von denen man vielleicht sogar träumt – und doch braucht es oft lange, bis man sie sich erfüllt. Dazu zählten bei uns die Jöriseen. Entweder wurde das Wetter schlecht, andere Pläne erhielten den Vorzug oder der Urlaub ging zu Ende. Jetzt ist es Mitte August, und wir haben vor, von Davos aus einen »Sprung« über den Flüela ins Unterengadin zu tun. »Flüela« ist das Stichwort, bei dem uns sofort wieder die Jöriseen einfallen, denn beim Wägerhus im Flüelatal beginnt der Aufstieg. Und diesmal gibt es kein Entrinnen: Wir müssen endlich wissen, ob es bei diesen Bergseen wirklich so schön ist, wie man hört und liest.

Der Wegverlauf

Beim Wägerhus an der Flüelastraße verlassen wir den Bus und entdecken gleich hinter der ehemaligen Schutzhütte (heute privat) den Bergweg. Bei der Weggabelung nach einer halben Stunde geht es rechts zur Winterlücke. Unsere Richtung ist die Jöriflüelafurgga im Norden. Das kleine Seeauge bei Punkt 2549 bleibt links liegen. Ein Petrijünger überholt uns keuchend. Sein nackter Oberkörper glänzt vom herabperlenden Schweiß. Als die Sonne über das Flüela Wisshorn steigt, sind wir schon in 2600 m Höhe. Das Steiglein zieht sich in einen Bergkessel hinein und an den Überresten einer alten Sennhütte vorbei in scharfem Bogen zur Jöriflüelafurgga, der tiefsten Einsenkung im Grat zwischen Isentälli

Variante: Klosters – Vereina – Jöriseen

Es ist empfehlenswert, am 1. Tag über Monbiel und Alp Novai in vier Stunden (oder per Bus, Anmeldung im Verkehrsbüro in Klosters) zum Berghaus Vereina zu wandern (Übernachtung) und die Tour am 2. Tag fortzusetzen. Orografisch rechtsufrig vom Vereinabach, bis eine Brücke den Süserbach quert. Über die Böden von Frömdvereina geht es weiter. Auf der Ostseite des Jöribaches über Sumpfgelände und zwei Talstufen in eine grüne Mulde empor. Durch ein Töbelchen, dann in Kehren zur Terrasse der Jöriseen (6 Std.; + 2 1/4 Std. nach Röven oder + 1 3/4 Std. zum Wägerhus).

Spitz und Flüela Wisshorn (2725 m / + 1 3/4 Std.). 200 Meter tiefer liegen die Jöriseen auf einem Plateau – sie wirken fast ein wenig melancholisch. Darüber dunkel und schwer: Plattenhörner, Verstanclahorn und Piz Linard.

Vom Pass steil einen Geröllhang hinab (Seilsicherungen), bald sanfter über Blockwerk und Grashalden zur Seenplatte hin. Nur ein paar Angler sind da – einen von ihnen kennen wir bereits vom Aufstieg. Ein wenig beneiden wir sie schon. Sie kommen daher, bleiben stundenlang am Wasser sitzen, mit sich selbst und der Welt zufrieden. Es scheint ihnen nicht einmal wichtig zu sein, ob ein Fisch anbeißt oder nicht. Wir schlendern am nordufrigen Hang entlang, gefangen von der Stimmung, die über der Landschaft liegt. Der größte See ist milchiggrün. Er wird unterirdisch vom Schmelzwasser des Jörigletschers gespeist. Sein Abfluss stürzt bei Punkt 2489 (+ 3/4 Std.; Wegweiser) als Jöribach ins Jörital und nach Vereina. Auch von Klosters sind die Jöriseen ein beliebtes Ziel (Variante linke Seite unten). Lange sitzen wir am Ufer des zweitgrößten der Seen. Tiefblau und klar ist das Wasser bis auf den Grund – er ist der schönste, der leuchtendste. Das Flüela Wisshorn steht im Süden als Wächter über diesem Paradies. Wir blicken hinauf und wissen schon jetzt, dass wir wiederkommen, und zwar dann über die Winterlücke und das Wisshorn.

Das Wisshorn ist die höchste Erhebung der Flüelagruppe, ein Berg mit edel geformten Graten, die sich von verschiedenen Seiten zum Gipfelgrat emporschwingen. Nordwest- und Nordgrat treffen sich im firnigen Vorgipfel. Von Vereina aus zeigt sich der Berg als schöne Spitze im Hintergrund des Jöritales – von der Flüelapassstraße aus sieht man ihn als imposante, steil aufstrebende Mauer mit gezacktem, horizontalen Gipfelkamm.

Schweren Herzens schließlich wieder Aufbruch. Vom See führt der Weg zu einer weiteren Stufe mit mehreren kleinen Seeaugen. Jenseits des Jöriflesspasses (2561 m / + 1/2 Std.) erwarten uns neue Eindrücke und ein völlig anderes Landschaftsbild. Es geht

Weitere Tourenvorschläge

- Dörfji / Flüelastraße (Talstation der Pischabahn) – Mitteltälli – Pischahorn – Mönchalptal – Drussatscha – Davos (6 Std.)
- Davos – Weissfluhjoch – Strelapass – Panoramaweg – Gotschnagrat – Klosters (5 Std.)
- Davos – Strelapass – Latschüelfurgga – Tritt – Medergen – Furggenalp – Arosa (4 1/2 Std.)
- Prättigauer Höhenweg: Klosters – Saaser Alp – Mässplatten – Fürggli – St. Antönien-Platz (4 3/4 Std.)
- Klosters / Gotschnagrat – Seewis – Usser Ascharina – St. Antönien – Stelser See – Schiers (5 Std.).

Stürmisch eilt das Wasser des größten Jörisees nach Norden hinab ins Vereinatal. Darüber bauen sich Wisshorn, Unghürhörner und Plattenhörner auf (getrennt durch das Vernelatal).

hinab in ein tief eingeschnittenes Tälchen. »Tantermozza« heißt das Gebiet hier – das bedeutet soviel wie »Talkessel zwischen den Bergen«. Rechts ragen die Grate und Flanken des Champatsch auf. Eine Zeit lang dem Lauf der Aua da Jörifless folgen, dann über einen Bergrücken zur Alp Fless Dadaint am Zusammenfluss der Bäche aus dem Val Torta und vom Jöriflesspass (2119 m / + 1 Std.). Nun als Aua da Fless zwängt sich der Bergbach nach einer flachen Geländestufe zwischen Felsblöcken hindurch. Wie eine Mauer stehen Piz dal Ras und Piz Murtaröl über dem Val Susasca. Hinter den Alpgebäuden von Fless Dadoura zweigt links der zweistündige Höhenweg über Ils Fops nach Susch im Unterengadin ab. Über uns braut sich ein Gewitter zusammen, erste Blitze zucken am Himmel. So ziehen wir den kürzeren Abstieg zur Flüelastraße vor, verlassen kurz hinter Fless Dadoura den Wirtschaftsweg nach rechts und eilen auf einem Waldpfad zum PTT-Halt in Röven an der Füelastraße (zwischen Susch und Flüelapass) hinab (1848 m / + 3/4 Std.).

Gegenüber:
So präsentiert sich dem Wanderer das Flüela Wisshorn (über der Flüelastraße) auf dem »Höhenweg Flüela – Tiergarten«.

8 Stallerberg

Tourensteckbrief

LAGE: *Bündner Alpen / Oberhalbstein, nordwestlich des Julierpasses (Übergang ins Oberengadin).*
CHARAKTER: *Passwanderung auf alten Walserpfaden. Trittsicherheit und Ausdauer erforderlich, für Berggewohnte unschwierig.*
GEHZEIT: *6 1/2 Std.*
HÖHENDIFFERENZ: *1100 m Anstieg, 1350 m Abstieg.*
TALORT / AUSGANGSORT: *Bivio (1769 m). Anfahrt mit Bus oder Pkw von Tiefencastel (am Eingang ins Oberhalbstein) oder über den Julierpass aus dem Oberengadin. Parkplatz am Ortseingang. Rückkehr von Mulegns nach Bivio per Bus (oder Anhalter).*
EINKEHR / UNTERKUNFT: *Unterwegs keine.*
FÜHRER: *SAC-Clubführer Bündner Alpen Band 3 (Avers), SAC-Verlag; SAC-Wanderführer Wandern Alpin, SAC-Verlag; Wanderwelt Graubünden, Kümmerly + Frey.*
KARTE: *SAW-Wanderkarte 1:50 000 Blatt 268 T (Julierpass).*
TOURISMUSINFORMATIONEN: *CH – 7457 Bivio, Tel.: 0041(0)81/684 53 23.*

Alter Übergang zwischen Avers und Oberhalbstein

Die einstigen rätischen Alpenübergänge erlangten unter den Römern ihren hohen militärischen und verkehrspolitischen Stellenwert nach dem Sieg über die Räter im Jahre 15 v. Chr. und der Gründung der »Rätia prima« unter Kaiser Augustus. Sie bauten ein ausgedehntes Straßennetz und legten selbst über unwegsame Pässe Straßen an, die ihre fünf Jahrhunderte währende Herrschaft überdauerten. Auch Julier-, Septimer-, Splügen- und Lukmanierpass gehen auf die Römer zurück. Bivio (von lat. »bivium« = Wegteilung), wichtiger Umschlagplatz an der Gabelung zu zwei der bedeutendsten Pässe (Julier und Septimer), lebte während Jahrhunderten nur vom Säumerverkehr über die Alpen. Der spätere bischöfliche Feudalstaat übernahm das römische Erbe. Das Bistum Chur beherrschte alle Bündner Pässe (mit Ausnahme von Lukmanier und Oberalp, die der Abt von Disentis überwachte) und ließ Ende des 14. Jahrhunderts eine zweieinhalb Meter breite, gepflasterte Straße über den Septimer bauen. Sie zählte mit zu den ersten befahrbaren Straßen in den gesamten Alpen.

An der Julierroute befinden wir uns in einem Schmelztiegel der Kulturen: Im Aversertal, durch den Stallerberg mit Bivio verbunden, leben deutschsprechende Walser-Nachfahren, Sur (nördlich des Lai da Marmorera) liegt ganz im rätoromanischen Kulturbereich, Casaccia (auf Bergeller Seite des Septimers) gehört bereits zur italienischsprachigen Schweiz, während Bivio und auch Maloja am Schnittpunkt der italienischen und rätoromanischen Sprachgebiete liegen. In Bivio spricht man italienisch, deutsch und (vor allem ältere Dorfbewohner) rätoromanisch. Die Gemeindeversammlungen werden heute vorwiegend in deutscher Sprache geführt, aber das amtliche Protokoll auf Italienisch abgefasst.

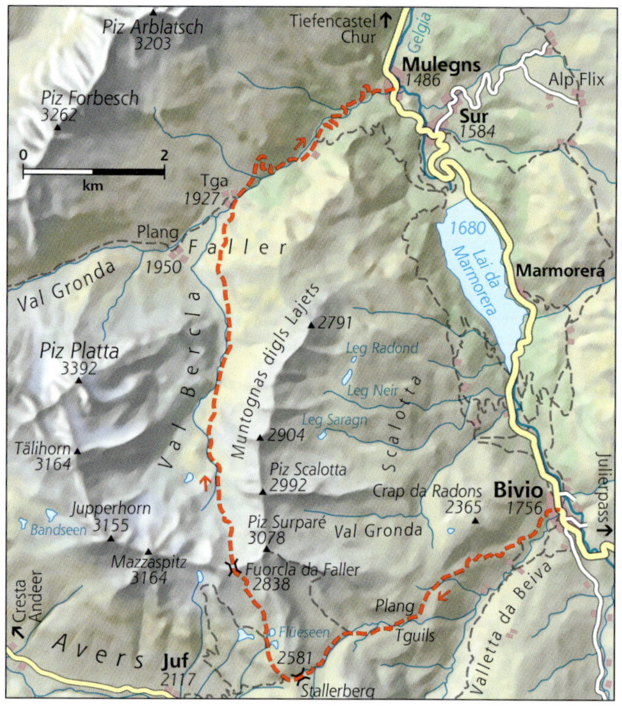

Der Wegverlauf

Die folgende Wanderung führt uns von Bivio (1769 m) auf den Stallerberg, diesen uralten Übergang zwischen Avers und Oberhalbstein. Einst bildete er für die Walser im Avers die beste Verbindung zur Außenwelt, war doch der Weg nach Andeer (südlich der Viamalaschlucht) länger, beschwerlicher und gefährlicher. So orientierten sich die Bewohner des entlegenen Tales zur Abwicklung ihrer Geschäfte ganz nach Bivio.

Beim Hotel Grischuna in der Ortsmitte von Bivio rechts ab dem Hinweis Stallerberg-Juf folgen. Bei der Weggabelung geht es links ins Valetta da Beiva (zugleich Rundweg zurück ins Dorf), geradeaus durch ein Nebentälchen zum Stallerberg. Es ist ein sanftes Gehen über felsdurchsetzte Weiden und Magerwiesen. Rasch entfernen wir uns von der Julia (Gelgia), die wie ein silbern schimmerndes Band das Tal durchzieht. In 2400 Meter Höhe Traversieren der sumpfigen Ebene »Plang Tguils« (wörtlich übersetzt = Schweine-Ebene) nach Süden. Auf dem von Wollgras umsäumten kleinen Tümpel schwimmt eine Ente. Ihre Anwesenheit in dieser Höhe ist schon irgendwie erstaunlich. Eine Zeit lang auf der orografisch linken Seite eines Gebirgsbaches weiter, bis ein guter Steg ans andere Ufer leitet und sich der Weg fast eben über Hochweiden in ein Moränentälchen hineinzieht. Aus kargen Felsnischen blicken tiefblaue Schusternägel hervor, bisweilen von violetten Blumenpolstern eingerahmt. Beglückend ist der Anblick des punktierten Enzians, der hier in großen Mengen gedeiht. Ein Singvogel begleitet uns die letzten Meter zur Passhöhe, wo er

sich, seiner Freiheit bewusst, schwerelos in die Lüfte schwingt (2579 m / 2½ Std.).

Eindrucksvoll zeigt sich die von Gletschern und Erosion geformte Hochgebirgslandschaft im Südosten. Im Süden baut sich wuchtig der Piz Piot über dem Jufertal auf. Von Rinnen durchzogen sind die Berghänge im Westen. Vom Stallerberg kann in einer knappen Stunde nach Juf, dem höchstgelegenen, ganzjährig bewohnten Dorf, abgestiegen werden. Unser nächstes Ziel ist die Fallerfurgga. Ein Pfad schraubt sich nordwärts höher hinauf und taucht alsbald in ein urtümliches Hochtal ein. Nach 20 Minuten links einen kurzen Abstecher zu den traumhaft schönen Flüeseen machen. Danach den Hang zur Aufstiegsroute zurückqueren. Aus Geröll wachsen Hornveilchen und Schusternägel dem Licht entgegen. Mächtige Felswände türmen sich im Osten direkt über uns auf. Die Markierung leitet zwischen unnahbar wirkenden Felstürmen hindurch. Schließlich stehen wir auf der Fuorcla da Faller, einem breiten Schutt- und Geröllsattel (2838 m / + 1 Std.). Es ist sehr rau hier oben, kein Ort zum langen Rasten. Aber die prächtige Aussicht lässt uns für kurz alle Mühen vergessen. Da reihen sich im Südosten am Horizont die Engadiner Firngipfel aneinander – Piz Palü, Piz Bernina, Monte della Disgrazia und die wilden Bergeller Felsberge.

Auf der Nordseite der Fuorcla da Faller treffen wir auf gewaltige Geröllhalden. Da muss man sich im Abstieg selber den besten »Weg« suchen. Hier und da leuchten auf Steinen Farbflecken. Dann geht es ein steiles, zum Teil vereistes Firnfeld abwärts. Unter dem Geröll hören wir das Wasser gurgeln und plätschern. Etwas tiefer in grobem Blockwerk ist die Route leichter zu finden, da springt man auch mal von Fels zu Fels. Wie ein Wächter steht im Westen die imposante Pyramide des Piz Platta über dem Tal. Unterhalb des Lai Neir erreichen wir eine eindrucksvolle Ebene (Flussniederung oder Auslauf eines ehemaligen Sees) mit riesigen Felsblöcken aus hellgelbem Dolomitgestein. Ohne merklichen Höhenverlust durchschreiten wir das von Wasserläufen durchzogene lange Val Bercla nach Norden. Bei Höhe 2450 stürzt die wasserreiche Bercla, die das stille Tal in einmaliger Weise geprägt hat, über eine Felsstufe in die Tiefe. Der idyllische Höhenweg zieht sich nun den blumigen Hang unter Muntognas digls Lajets (= Berge ob den Seen) entlang. Manch schöner Rastplatz lockt zum Verweilen. Nach gut 1¾ Stunden ab Fuorcla da Faller mündet das Val Bercla ins Val Faller. Faszinierend ist der Anblick der weiten Ebene mit den Sommerdörfchen Plang und Tga. Darüber Piz Forbesch und Piz Arblatsch. Leicht senkt sich der Pfad hinab zur Ava da Faller, die über eine Brücke zum Fahrweg unweit der letzten Häuser von Tga gequert wird (etwa 1920 m / + 2 Std.). Dann liegt noch der Abstieg durch das romantische Val Faller vor uns. Wer diesen Weg im Herbst geht, taucht spätestens jetzt in den goldenen Farbrausch prächtiger Lärchenwälder ein und wandert leicht hinab zum Dorf Mulegns (1486 m / + 1 Std.).

Im Valetta da Beiva am einsamen Leg Columban; darüber die Bergkette Sur al Cant.

Weitere Tourenvorschläge

- Radons – Fuorcla Stalera – Fuorcla Curtegns – Val Gronda – Val Faller – Mulegns (6 Std.)
- Radons – Pass da Schmorras – Ausserferrera (5¾ Std.)
- Radons – Fuorcla Stalera – Innerferrera (5½ Std.)
- Dreipässewanderung: Bivio – Beiva und Fuorcla da la Valletta – Forcellina – Septimer – Bivio (6¾ Std.)
- Bivio – Alp Natons – Ransung – Alp Flix – Lais Blos – Sur (4½ Std.)
- Somtgant – Mot Laritg – Alp Foppa – Som igls Mellens – Ziteil (höchstgelegener Wallfahrtsort Europas) – Munter – Salouf (5½ Std.)

Gegenüber:
Im Val Bercla Blick auf Tällihorn und Platta. Der Fluss Bercla hat das stille Tal in einmaliger Weise geprägt.

9 Safierberg

Tourensteckbrief

LAGE: *Bündner Alpen / Rheinwaldgebiet (Hinterrheintal), nördlich von Splügen.*

CHARAKTER: *Interessante ausgedehnte Wanderung auf guten Bergwegen zu einsamer Passhöhe zwischen Rheinwald und Bündner Oberland; unschwierig.*

GEHZEIT: *5 1/4 Std.*

HÖHENDIFFERENZ: *Je 1050 m An- und Abstieg.*

TALORT/AUSGANGSORT: *Splügen (1457 m), zu erreichen per Bus oder Auto von Thusis (Norden) auf der N 13 durch die Viamalaschlucht.*

EINKEHR / UNTERKUNFT: *Unterwegs keine.*

FÜHRER: *SAC-Clubführer Bündner Alpen Band 2 (Vom Lukmanier zum Domleschg), SAC-Verlag; SAC-Wanderführer Wandern Alpin, SAC-Verlag; Wanderwelt Graubünden, Kümmerly + Frey.*

KARTE: *SAW-Wanderkarte 1:50 000 Blatt 257 T (Safiental).*

TOURISMUSINFORMATIONEN: *CH – 7435 Splügen/Rheinwald, Tel.: 0041(0)81/650 90 30.*

Von Splügen ins Vorderrheintal

Das Rheinwald ist ein inneralpines Hochtal, das sich von 1620 Meter bei Hinterrhein auf 1400 Meter bei Sufers senkt. Bei den Dörfern Hinterrhein, Nufenen, Medels, Splügen und Sufers, alle auf der Sonnenseite des recht rauen Tales liegend, handelt es sich um ausgesprochene Bauerngemeinden (mit 60 % aller Beschäftigten in der Landwirtschaft). So ist die Landwirtschaft – vor allem Viehhaltung – noch heute in diesem Tal von großer wirtschaftlicher Bedeutung. Zum Glück führt die durch den St.-Bernhard-Tunnel stark frequentierte Nationalstraße (N 13) an den Orten des Tales vorbei, sodass die Dorfstraßen heute ruhig und sicher sind. Vor dem Bau der N 13 war es für jeden ein Alptraum, die Dörfer – egal ob zu Fuß oder mit dem Auto – zu durchqueren. Wer das Rheinwald richtig kennenlernen möchte, sollte mit einer Talwanderung beginnen. Dabei bleibt es jedem überlassen, ob er in Sufers oder Hinterrhein startet. Unermüdliche Geher gönnen sich ein doppeltes »Talvergnügen«: entlang der orografisch linken Seite des Hinterrheins mit Besuch der Dörfer talein und auf der anderen Seite abseits von Straße und Orten zurück.

Die von Süden ins Rheinwald gekommenen Walser besiedelten einst über den Valserberg (2504 m hoher Pass) auch Vals im Bündner Oberland. Und da Vals erst ab 1879 von Norden her auf einer Straße erreicht werden konnte, entwickelte sich über den Pass eine enge Verbindung zwischen Rheinwald und Surselva. Die Valser bezogen auf diesem Wege von Hinterrhein oder direkt aus dem Süden Güter, die sie selbst nicht produzieren konnten. Auch trieben Sie noch bis 1913 ihr Vieh über den Valserberg (und weiter über Bernhardin und Monte Ceneri), um es auf dem Luganer Markt zu verkaufen. Das oberbündnerische Safiental war (neben dem Übergang »Glasberg« nach Thusis) vor allem über den Safierberg mit Splügen verbunden. Das änderte sich erst nach dem Bau der Fahrstraße von Versam nach Safien-Thalkirch (1882–1885). Bauern aus dem Safiental trieben 1872 das letzte Mal ihr Vieh über den Safierberg zum Markt nach Lugano. Trotz regen Säumerverkehrs über Safier- und Valserberg wird angenommen, dass dieser nur dem Handel zwischen den Tälern diente. Da sich die Rheinwalder zu jener Zeit in starkem Maße dem Handel und Transport zugewandt hatten, brauchten sie für die Landwirtschaft Hilfe. Gerne nutzten die Nachbarn aus dem Bündner Oberland die Gelegenheit, während des Sommers als Tagelöhner im Rheinwald zu arbeiten und sich im Winter als Bergträger ihr Zubrot zu verdienen.

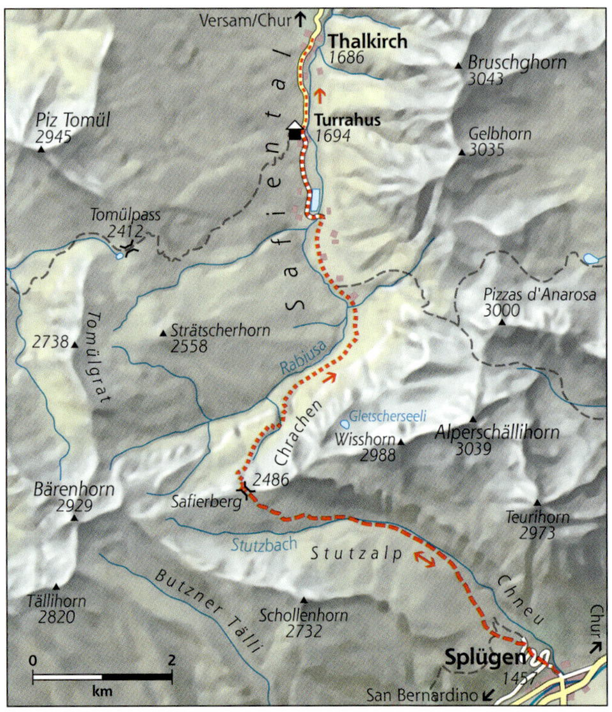

Der Wegverlauf

Der Saumpfad zum Safierberg nimmt seinen Anfang am oberen Ende des alten Dorfkerns in Splügen. Von der Post vorbei am Hotel Piz Tambo die kopfsteingepflasterte Straße hoch und auf das große weiße Haus mit den grünen Fensterläden zu. Dort durchs »Törli«: Hier übernahmen einst Bergträger die zuvor auf dem Rücken der Pferde transportierten Waren. Die Ringe an der Decke erinnern noch an diese Zeit. Nun geht es gleich steil bergan. Der schmale Pfad durchzieht die frisch gemähten Wiesen. Dann ein kurzes Stück auf der sanft ansteigenden Asphaltstraße. Sie endet in 1950 Meter Höhe. Weiter zur Stutzalp (2018 m / 1 1/2 Std.). Es folgt eine ebene Passage über schöne Alpwiesen.

Dreißig Minuten später kommen wir an das geröllgefüllte Bachbett. Im Sommer sucht sich nur ein kleines Rinnsal den Weg, zur Zeit der Schneeschmelze dagegen wird der sonst so zahme Gebirgsbach zum reißenden Fluss. Wir dringen tiefer in den Talkessel vor, wo der Stutzbach eine geologische Grenze bildet. Während die Nordostseite mit Teurihorn und Wisshorn aus Kalk-Dolomit und Marmormassen aufgebaut ist, streben von Schollengrat und Schollenhorn im Südwesten die Schichten des Bündnerschiefers gegen den Bach herab. Die schwarzen Schieferhänge glitzern in der Sonne. Bei Punkt 2146 unter den Felsen vom Lammelen das flache Bachbett zur orografisch linken Seite hin queren. Die Route entfernt sich vom Stutzbach und beginnt über die Bergweiden stärker anzusteigen. Hier oben sind wir nicht mehr ganz allein, denn auch eine Herde Jungvieh genießt den Sommertag unterm Safierberg (2486 m / + 1 3/4 Std.). Auf der Nordseite wenige Meter unter der Passhöhe entdecken wir eine Hütte – gerade der rechte Platz für die Mittagsrast unter dem wildgezackten Grat vom Chrachen. Weit geht der Blick hinab ins Tal der Rabiusa.

Dann liegt ein wunderschöner Rückweg nach Splügen vor uns. Prächtig werden die hellen Felswände der Splügener Kalkberge (unmittelbar über uns) von der Nachmittagssonne angestrahlt. Im Süden überragen die firnumgürteten Surettaberge das

Gegenüber:
Das alte Walserdorf Splügen wird von seiner für diese Höhenlage ungewöhnlich großen Kirche (von 1687) weithin sichtbar überragt. Über Jahrhunderte war Splügen Ausgangspunkt für die kürzeste Verbindung in die Lombardei via Splügenpass.

Die alte »Landbrugg« am Ortsausgang von Hinterrhein (Rheinwald), über die einst der Transitweg Richtung Süden zum Passo del San Bernardino führte (erbaut 1692 von dem Liechtensteiner Baumeister Peter Zurr).

Variante: Über den Safierberg ins Tal der Rabiusa

Der Abstieg auf der Nordseite des Safierberges führt durch eine der reizvollsten Landschaften des Bündner Oberlandes. Der hintere Kessel des Safientales wird von mächtigen Felsmauern umschlossen. Zunächst einen steilen Geröllhang im Zickzack abwärts nach Punkt 2034. Dann folgt der Pfad dem Talfluss Rabiusa, senkt sich über Alphänge auf das Bodenälpli und zur Biggenmad (1802 m) ab. Mehrere hundert Meter stürzt ein prächtiger Wasserfall vom Wisshorn in die Tiefe. Die Aussicht nach Süden reicht bei klarer Sicht bis zu den Grenzbergen zwischen Graubünden und Glarnerland. Weiter am Staubecken Wanne vorbei zum Turrahaus, einem gemütlichen Berggasthaus (Touristenlager) und zum Posthalt Thalkirch (1686 m / 2 ½ Std.; zurück: per Bus nach Versam-Station, mit der RhB nach Thusis, per Bus nach Splügen).

Tal des Hinterrheins. Ganz verändert wirkt jetzt am Nachmittag die Stutzalp – morgens lag sie völlig im Schatten (2018 m / + 1 ¼ Std.). Wenig später ist das Alpsträßchen erreicht, auf dem mühelos ins Tal hinabgewandert werden kann. Wir benutzen lieber die markierten steilen Abkürzer über die Bergwiesen. Öfter als am Morgen bleiben wir stehen, lassen den Blick auf Wisshorn und Teurihorn ruhen oder auf der weiten Talfurche des Rheinwalds. Die Schatten werden länger und die Knie weicher. Das ungestüme Rauschen des Stutzbaches dringt durch die Stille herauf. Schon versinkt die Sonne hinter Einshorn und Guggernüll – vor uns die ersten Häuser von Splügen. Nochmals durchs Törli, dann endet eine der schönsten Wanderungen im Rheinwald (1457 m / + ¾ Std.).

Von Hinterrhein auf den Valserberg

Auch von Hinterrhein (letzter Ort im Rheinwald) auf den Valserberg erfolgte der Warentransport im Sommer mit Pferden (in guten Zeiten sollen in Hinterrhein an die 100 Saumrosse gestanden haben); im Winter kamen jedoch die Valser Bergträger zum Zuge. Wenn es das Wetter erlaubte, stiegen sie bis zu drei Mal pro Wo-

Weitere Tourenvorschläge

- Sufers – Lai da Vons – Promischur – Magnun – Clugin – Andeer (5 Std.)
- Splügenpassstraße – Surettaseen – Göriwald – Sufner See – Sufers – Splügen (6 Std.)
- Berghus Splügenpass – Tanazhöhi – Areuapass – Alp de Rog – Nufenen (5 ½ Std.)

che über den Pass. Da die Route regelmäßig begangen wurde, war sie entsprechend gut gespurt. Von Vals (Vorderrheintal/Surselva) hatten sie Schlitten und »Ritbrett« (ein kurzes skiähnliches Holzgerät) dabei. Auf dem Ritbrett sitzend ging es nach Hinterrhein hinab. Dort nahm jeder ein »Mötsch« (100 Kilo schwerer Sack) in Empfang. Der Inhalt wurde in zwei Hälften geteilt und ein Sack noch am gleichen Tage auf dem Rücken zum Pass getragen; auf dem Ritbrett kehrten sie zurück nach Hinterrhein. Nach einer Nacht im »Rote Hus« schafften sie die zweite Hälfte am nächsten Morgen auf den Valserberg. Dann transportierten sie die Ladungen auf den dort deponierten Schlitten wie folgt weiter: sich selbst vor den Schlitten zwischen die Kufen stellend, sausten sie auf ihren genagelten Schuhsohlen nach Vals hinab.

Man kann sowohl von Nufenen als auch von Hinterrhein auf den Pass steigen: Beide Routen treffen sich auf Piänetsch. Der Weg zum Valserberg zweigt am Dorfeingang von Hinterrhein nordwärts ab. Eine Naturstraße führt durch die grünen Matten oberhalb des Casanna-Waldes empor zur Alp Piänetsch (1 ¾ Std.). Ein schmales Steiglein windet sich der imposanten Wandflue entlang weiter empor. Von der Anhöhe mit den zwei gekreuzten Stangen hat man eine gute Aussicht auf die jenseits des Tales in Serpentinen ansteigende Straße zum Passo del San Bernardino. Die letzten 70 Höhenmeter ebener zur Passhöhe (2504 m / + 1 Std.). Eindrucksvoll ist der Blick nach Norden ins Peiltal, das im Westen begrenzt wird von Guraletschhorn und Ampervreilhorn, im Osten von Valserhorn und Bärenhorn. Rückkehr auf der Anstiegsroute oder bis Glattberg weglos über die Bergweiden wie folgt (nur für berggewohnte Geher): vom Pass auf dem Grat nach Westen bis Punkt 2586, dann sehr steil (die Wenglilücke westlich liegenlassend) südwärts über Schutthalden hinab zum Räppierbach. Ab und zu Hirtenpfade. Achtung! Den Steilabbruch bei Höhe 2243 Meter östlich umgehen. Von der Chilchalp (2082 m) besser nicht weiter weglos, sondern auf Alpsträßchen über den Räppierbach (Brücke) nach Nordosten. Die Hangtraverse führt über Glattberg zur Piänetschalp. Nun dem recht steilen Pfad folgen, der sich zwischen Wandflue und Casanna Wald den Hang hinabzieht. In der Dämmerung kann man hier Wild beobachten (Hirsche, Rehe, Gemsen). Von Nufenen (1569 m / + 1 ½ Std.) per Bus nach Hinterrhein zurück (oder 1 Std. zu Fuß).

Auf dem Rückweg vom Safierberg nach Splügen zeigt die Landschaft im nachmittäglichen Licht ein ganz verändertes Gesicht. Licht und Schatten prägen die jetzt lieblichen Hänge des Teurihorns.

10 Rassige Alpsteinwanderung

Tourensteckbrief

LAGE: *Alpsteinmassiv (Ostschweizer Voralpen); Appenzeller Land, südlich von St. Gallen.*
CHARAKTER: *Luftiger Säntisabstieg (Lisengrat) mit anschließender sehr abwechslungsreicher Wanderung auf Bergpfaden. Der Lisengrat erfordert Trittsicherheit und Schwindelfreiheit, für Berggewohnte unproblematisch.*
GEHZEIT: *5 Std. (bei Fahrt mit Seilbahn von der Schwägalp auf den Säntisgipfel).*
HÖHENDIFFERENZ: *700 m Anstieg (bei Seilbahnbenutzung), 1850 m Abstieg.*
TALORTE: *Urnäsch (832 m) und Appenzell (764 m). Anfahrt per Bus bzw. Pkw von St. Gallen (Norden) oder Wattwil und Neu St. Johann/ Nesslau (Toggenburg/Südwesten).*
AUSGANGSORT: *Schwägalp (1352 m, nahe Passhöhe zwischen Urnäsch und Neu St. Johann), Talstation der Säntisbahn mit großem Parkplatz, zu erreichen von den vorgenannten Talorten.*
AUSGANGSPUNKT: *Säntis-Gipfel (2503 m), zu erreichen mit der Säntis-Seilbahn von der Schwägalp.*
EINKEHR / UNTERKUNFT: *Hotel Schwägalp (1352 m); Berggasthaus Säntisgipfel (2503 m); Berggasthaus Rotsteinpass (2120 m); Berggasthaus Schafboden (1729 m); Berggasthaus Tierwis (2085 m).*
FÜHRER: *SAC-Clubführer Säntis – Churfirsten (Von Appenzell) zum Walensee), SAC-Verlag; SAC-Wanderführer Alpinwandern Zentralschweiz-Glarus-Alpstein, SAC-Verlag; Rother Wanderführer Appenzeller Land, Bergverlag Rother, Wanderwelt Alpen, Kümmerly + Frey.*
KARTE: *SAW-Wanderkarte 1:50 000 Blatt 227 T (Appenzell).*
TOURISMUSINFORMATIONEN:
CH – 9050 Appenzell, Tel.: 0041(0)71/788 96 41.
CH – 9658 Wildhaus, Tel.: 0041(0)71/999 99 11.

Hoch über dem Appenzeller Land

Beeindruckend ist der Blick zum Alpstein von Deutschland über den Bodensee und die Schweizer Voralpenlandschaft hinweg – gigantisch türmt er sich vor der Alpenkette auf. Gewaltig erhebt sich das helle Kalkmassiv des Säntisgebirges (Alpstein) mit seinen Türmen, Graten und Platten wie eine Bastion der nördlichen Alpen in der Ostschweiz und gleitet in Wellen hinab in das hügelige Vorland von Appenzell und Toggenburg. Vor 40 Millionen Jahren lag das Gebiet des heutigen Alpsteins weiter südlich unter dem Meeresspiegel. In den Jahrmillionen während der Kreidezeit hatten sich Kalkschlamm, Ton, Mergel und Sand abgelagert und unter dem Druck zu Ablagerungsgesteinen verfestigt mit einer Höhe von mehr als tausend Metern. Bekanntlich verdanken die Nördlichen Kalkalpen ihre Entstehung einem Schub von Süden. Die Gesteinsmassen mussten die Kuppe des alpinen Zentralmassivs überwinden und glitten gegen das Vorland ab, in welchem sich der Ablagerungsschutt (vorgelagerte Molasse, die sich aufgrund ihrer Zusammensetzung zu einer Nagelfluhkette entwickelt hatte) der jungen Alpen gesammelt hatte. Die Ablagerungsgesteine schoben die Nagelfluhmassen vor sich her, stießen sie zu Platten zusammen, glitten auf die Platten hinauf. Das war (vor etwa 10 Millionen Jahren) die Geburtsstunde des Säntisgebirges. Vergeblich suchen wir hier nach Graniten und Gneisen – er besteht ausschließlich aus Sedimentgesteinen, wobei die Kalke überwiegen. Besonders auffallend zeigt sich der helle Schrattenkalk, der die Wände des Alpsteins leuchten lässt.

Der weitherum sichtbare und höchste Punkt des Alpsteins ist der Gipfel des Säntis. Mit seiner imposanten Aussicht auf den Alpenkranz von sechs Ländern (Schweiz, Deutschland, Österreich, Liechtenstein, Italien und Frankreich) zieht er seit Jahrhunderten die Menschen in seinen Bann. Das Riesenpanorama reicht von der Zugspitze zum Ortler, vom Piz Linard zum Monte della Disgrazia, vom Tödi zum Dreigestirn Jungfrau, Mönch und Eiger – im Westen am fernen Horizont die Gratlinien des Jura, der Vogesen und des Schwarzwaldes. Zu seinen Füßen im Norden liegen das Appenzeller Hügelland, Bodensee und Zürichsee, unmittelbar im Süden das Toggenburg und die Churfirsten. Die klimatisch extremen Verhältnisse am Gipfel entsprechen einem Hochalpengipfel von 3000–3500 Metern. Windgeschwindigkeiten von 150 km/h sind nicht selten, und Windspitzen erreichen sogar 300 km je Stunde. Es ist also nicht ratsam, nur leicht bekleidet mit der Seilbahn zum Gipfel emporfahren.

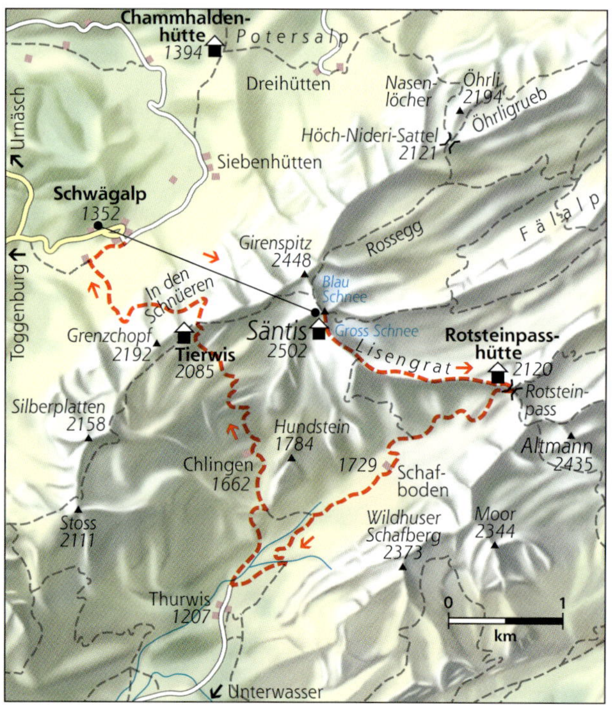

Trotz der großen Strapazen zu Fuß wurde der Säntis schon vor dem Bau der Seilbahn, wie wohl kein anderer Gipfel der Alpen in seiner Höhenlage, von vielen bergbegeisterten Menschen bestiegen. Weder der abrupte Klimawechsel noch der hochalpine

Altes typisches Toggenburger Bauernhaus in der Nähe von Stein mit vorgezogenem Dach und mit Holzschindeln an den Wänden.

Charakter des Berges und die schroff abfallenden Felswände konnten sie daran hindern. Grund dafür war immer wieder die vielgerühmte, einzigartige Aussicht. In einer Chronik ist überliefert, dass der Gipfel bereits am 14. November 1680 von zwei unbekannten Geistlichen aus Zürich mit einem Führer aus Innerrhoden bestiegen wurde, um zwei Kometen besser beobachten zu können. Alle drei blieben über Nacht auf dem Gipfel. 1935 wurde die Säntis-Schwebebahn als eine der ersten großen Luftseilbahnen der Schweiz erstellt. Die heutige Bahn mit ihren Großkabinen bringt den Gast von der Schwägalp in wenigen Minuten auf den Säntisgipfel. Er ist Ziel und Ausgangspunkt für Bergtouren und Wanderungen auf gut ausgebauten Bergwegen.

Der Wegverlauf

Wir wählen die erste Bergfahrt von der Schwägalp (1352 m) auf den 2503 Meter hohen Gipfel. Ein nasskalter Wind bläst über die Höhe hinweg. Nebelschwaden ziehen umher. Das ist nicht selten, dieser Berg hat eben viele Gesichter. Doch plötzlich reißt die Wolkendecke auf, zunächst zaghaft. Über dem Toggenburg steigen schemenhaft die Churfirsten aus dem Dunst empor. Dann wird es ganz klar. Der Blick gleitet über die mächtigen Felskulissen des Alpsteins hinweg zum fernen Alpenkranz. Nun gibt es kein Halten – uns lockt der Lisengrat! Dieser kühnste Höhenweg im Alpstein wurde 1904 von der Sektion Säntis des SAC in die Felsen gehauen und ist an besonders exponierten Stellen drahtseilgesichert. Jedem trittsicheren und schwindelfreien Geher bereitet die Steiganlage viel Freude.

Vom Säntisgasthaus zunächst hinab in den Sattel zwischen Säntis und Chalbersäntis. Die vor uns in die Felsen Eingestiegenen gleichen einem bunten Ameisenheer. Nach zehn Minuten Auf- und Absteigen erreichen wir Punkt 2377 des Chalbersäntis. Nun ein kurzes ebenes Wegstück. Dann folgt die Steiganlage wieder dem Grat. Imposante Felstürme ragen über uns auf. Gesichert geht es nördlich unter der Wisswand hindurch auf und ab über Treppen in die Nähe von Punkt 2310. Da beginnt einem der Puls merklich schneller zu schlagen. Ein rasiger Rücken führt schließlich sanft zum Rotsteinpass hin (2120 m / 3/4 Std.). Hier stehen wir mitten im Alpsteinmassiv und haben aus respektvoller Entfernung Einblick in die Naturgeschichte und Gebirgsfaltung des Säntis. Im Berggasthaus auf der Passhöhe finden vor allem jene eine willkommene Unterkunft, die aus dem Tal hochkommen und am nächsten Morgen einen Gipfel besteigen oder ihre Wanderung fortsetzen wollen. Von hier gibt es unterschiedlich schwierige Übergänge und Gipfelanstiege. Für den Geübten bieten sich vor allem die Lisengrattour, die Abstiege zur Meglisalp und ins Appenzeller Land, über Thurwis ins

Bei der Alpe Wis – zwischen Rotsteinpass, Schafboden und Thurwis – wendet sich unser Weg westwärts Richtung Tierwis. Am linken Bildrand der Hundstein, in der Bildmitte (etwas zurückliegend) die steil nach Süden abfallenden Felswände des Chalbersäntis.

Blick vom Rotsteinpass auf Wisswand mit Lisengrat; rechts (mit Wolke drüber) der Säntisgipfel.

Toggenburg sowie über Tierwis zur Schwägalp (unsere Route) an.

Der über Geröllhalden und Grashänge südwärts führende Bergweg verliert rasch an Höhe. Bei Punkt 1867 Abzweig zu lohnender Rundtour, die imposante Eindrücke vermittelt: Aufstieg zum Chalbersäntis und in 1 3/4 Stunden zurück auf den Gipfel des Säntis. Wir wandern weiter talwärts und kommen zum Berggasthaus auf dem Schafboden (1729 m / + 3/4 Std.). Da man von Unterwasser (Toggenburg) bis Thurwis mit dem Pkw fahren kann, ist es ein beliebtes Ziel für Tagesausflüge (hin und zurück 2 3/4 Std.). Aus karger Felsregion kommend, genießen wir jetzt die lieblicher werdende Berglandschaft. Um uns her das Geläut der Kuhglocken. Mächtig baut sich der Hundstein im Westen über den sanften grünen Hängen auf. Kurz hinter der Alpe Wis (1510 m) der Wegweiser Langenbüel: Geradeaus geht es über Thurwis nach Unterwasser oder in etwas anderer Richtung nach Gamplüt und per Sessellift nach Wildhaus. Wir fol-

Weitere Tourenvorschläge

- Säntis – Wagenlücke – Mesmer (oder Meglisalp) – Seealpsee – Wasserauen (4 Std.)
- Kronberg – Scheidegg – Wasserschaffen – Neuenalp – Chlosterspitz – Chlispitz – Weissbad (3 1/2 Std.)
- Säntis – Tierwis – Schwägalp (2 1/2 Std.)
- Kronberg – Schützenalpli – Chammhalde – Schwägalp – Hochalp – Urnäsch (5 Std.).
- Wasserauen – Ebenalp – Wildkirchli – Schäfler – Mesmer – Ageteplatte – Meglisalp – Seealpsee – Wasserauen (6 Std.)
- Brülisau – Hoher Kasten – Stauberen – Saxer Lücke – Bollenwees – Fälensee – Sämtisersee – Plattenbödeli – Brülisau (5 1/2 Std.)
- Schwägalp – Chräzerenpass – Pfingstboden – Hinterfallenchopf – Chlosteralp – Ennetbühl – Neu St.Johann (4 1/2 Std.)

gen dem Hinweis Tierwis. Das markierte Weglein zieht sich dicht unter der Südkante des Hundsteins entlang (kann auch auf Steigspuren im Osten zwischen Punkt 1903 und Punkt 1893 umgangen werden) und wendet sich in der Chlus (Punkt 1469) nach Nordwesten. Eine einsame Landschaft tut sich vor uns auf. Meter um Meter schraubt sich der Weg, der manchmal nur einem Kuhpfad gleicht, höher und höher. Am sonnigen Hang tummeln sich Murmeltiere. Verträumt liegt Alp Chlingen im Anblick des mächtigen Hundsteins am Wege (1662 m / + 1 Std.). Träge dösen die Schweine in der Mittagshitze vor sich hin – aus der Hüttentür klingt klassische Musik – was für ein Kontrast …

Weiter geht es im Zickzack über ausgewaschenes Kalkgestein und Felsbänder mit kleinen unschwierigen Kletterpassagen. Hoch über uns im Norden, fast unwirklich, die Bergstation auf dem Säntis – im Westen die Grate, Zacken und Türme von Stoss und Silberplatten. Vorbei an Spitzbergli gelangen wir schließlich auf eine urtümliche Hochfläche aus Schrattenkalk. Wir befinden uns am Fuße eines wild zerklüfteten Karrenfeldes, das einem Gletscher mit unzähligen Spalten gleicht. Entsprechend aufpassen muss man beim Hinübergehen oder -springen. Gute Markierungen führen durch das Felsgewirr und bald darauf zum Berggasthaus Tierwis (2085 m / + 1 1/4 Std.).

Wir haben uns eine Rast verdient nach dem etwas anstrengenden Anstieg und genießen dankbar die prächtige Rundsicht. Wer sich gut in Form fühlt oder auf dem Säntis nächtigen will, kann in 1 3/4 Std. auf interessantem Felsweg wieder hochsteigen. Vor uns liegt der Abstieg zur Schwägalp. Der gut angelegte Steig zieht sich zunächst direkt in den Felsen steil abwärts, anschließend in losem Schotter. Vom Ellenbogen Punkt 1939 (in LK nicht namentlich genannt) folgt die Route einem charakteristischen Terrassenband. Der Blick gleitet über die Schwägalp hinweg zur lieblichen Voralpenlandschaft.
Grashänge querend gelangen wir nach »Musfallen«: Der Steig durch diese tief eingefressene, steile Kluft ist mit Drahtseilen gesichert. Dann windet sich das Weglein unschwierig unter dem Nord-Absturz des Grenzchopfes hinab zu den Alphütten Gmeinen Wisen und zur Talstation auf der Schwägalp (1352 m / + 1 1/4 Std.).

Über den Hütten der Alp Chlingen baut sich der Grenzchopf auf (links) – rechts erkennt man bereits die Karrenfelder von Tierwis.

11 Vom Walensee durchs Murgtal

Tourensteckbrief

LAGE: *Glarner Alpen/Schilt-Mürtschengruppe, südlich des Walensees.*

CHARAKTER: *Rundwanderung zu romantischen Bergseen; ab Murgseefurggel erfordern zwei steilere Passagen etwas Vorsicht.*

GEHZEIT: *4¾ Std.*

HÖHENDIFFERENZ: *je 900 m An- und Abstieg.*

TALORT: *Murg (427 m) am Südufer des Walensees. Anfahrt per Bahn bzw. Pkw von Niederurnen (westlich des Walensees) oder Walenstadt (am Ostufer des Walensees).*

AUSGANGSORT/-PUNKT: *Merlen (1089 m), gebührenpflichtiger Parkplatz (Parken am Straßenrand nicht gestattet). ACHTUNG! In Unter Plätz (auf halber Strecke) am Automaten Parkgebühr-Ticket lösen. Zu erreichen: von Murg mit Pkw (oder zu Fuß 2 Std.) nach Süden ins Murgtal.*

EINKEHR / UNTERKUNFT: *Fischerhütte (1817 m), Bergrestaurant am Ober Murgsee.*

FÜHRER: *SAC-Clubführer Glarner Alpen, SAC-Verlag; SAC-Wanderführer Alpinwandern Zentralschweiz-Glarus-Alpstein, SAC-Verlag; Gebietsführer Glarner Alpen, Bergverlag Rother; Wanderwelt Alpen, Kümmerly + Frey.*

KARTE: *SAW-Wanderkarte 1:50 000 Blatt 237 T (Walenstadt).*

TOURISMUSINFORMATIONEN: *CH – 8867 Niederurnen, Tel.: 0041(0)55/610 21 25. CH – 8880 Walenstadt, Tel.: 0041(0)081/735 22 22.*

Murgseen und Mürtschenstock

Churfirsten und Alviergruppe stehen im Norden über dem Sarganserland, das im Osten von der Rheinebene mit den Gemeinden Sargans und Bad Ragaz begrenzt wird, im Süden von Ringelspitz und Surenstock und im Westen von Spitzmeilen und Gufelstock. So ist das Walenseegebiet mit dem Murgtal ebenso in die Region mit eingeschlossen wie das Weisstannental und die Täler von Tamina und Calfeisen. Seine geografische Durchgangslage von Norden nach Süden ließ das Land in früher Vergangenheit sehr unter fremden Kriegszügen leiden und machte es nicht selten sogar zum Kampfgebiet. Dadurch verfiel die Bevölkerung immer wieder in bittere Armut. Erst spät kam die Region zur Eidgenossenschaft, allerdings nicht durch eigene Willensentscheidung, denn zu viele äußere Einflüsse und fremde Interessen mischten sich in die inneren Angelegenheiten des Landes ein. Dabei hatten die Sarganser in den drei rätischen Bünden (Gotteshausbund 1367, Grauer Bund 1424, Zehn Gerichte Bund 1436) beste Beispiele vor Augen, sich aus der Fremdherrschaft zu lösen.

1460 eroberten die Eidgenossen den österreichischen Thurgau und stießen in das Rheintal vor. Die Kantone Schwyz, Uri und Glarus bemächtigten sich der im Sarganserland liegenden österreichischen Besitzungen Walenstadt, Nidberg und Freudenberg. Mit dem Zusammenschluss der eroberten Gebiete zur »gemeineidgenössischen Landvogtei Sarganserland« begann zwar die Zugehörigkeit zur Eidgenossenschaft, jedoch regierte noch der letzte Graf von Sargans über sein Land. Erst durch den Kauf der wirtschaftlich ruinierten Grafschaft im Jahre 1483 fiel das gesamte Sarganserland für immer an die Eidgenossenschaft. Von großer Bedeutung war die von Hall in Tirol durch das Sarganserland führende Salzstraße. Von hier importierten die Eidgenossen das im eigenen Lande fehlende und lebensnotwendige Salz. Mit dem Kauf der Grafschaft Sargans erwarben sie zugleich die Eisenerzvorkommen am Gonzen und sicherten sich damit für Jahrhunderte eine unabhängige Versorgung mit Eisenerzen. Bis 1966 wurde noch Eisenerz abgebaut. Das Bergwerk kann bei Führungen besichtigt werden.

Der Wegverlauf

Unmittelbar über dem stattlichen Dorf Murg am Südufer des Walensees öffnet sich das wildromantische Murgtal, eines der schönsten Flusstäler der Ostschweiz. Eine gute Straße führt talein nach Unter Plätz. Weiter auf schmaler Güterstraße in sechzehn großen Kehren, vorbei an Überresten prähistorischer Bergstürze, nach Merlen (1089 m), dem Ausgangspunkt unserer Tour. Bereits nach einer guten halben Stunde liegen die Gebäude der Alpe Mornen am Wege. Jetzt beginnt die eigentliche Alp- und Bergwanderung. Das im Süden von Goggeien und Rottor abgeschlossene Tal weitet sich und nimmt lieblichere Züge an. Vom Wegweiser kurz darauf dreieinhalbstündige Rundwanderung über Chammseeli möglich oder Übergang ostwärts nach Flumserberg. An dieser Stelle lassen Sie sich nicht von schwachen Wegspuren nach rechts verleiten: Sie führen zum Murgbach hinab und verlieren sich dort bald völlig im Dickicht (wir haben es ausprobiert!). Also links an dem großen plattigen Felsblock vorbei und über eine Brücke; wenig später in den Schwarztonwald. Auf dem alten Alpweg aus Naturfelsen gewinnen wir ganz allmählich eine Geländestufe, die zur Hochfläche von Guflen führt (1600 m/1¼ Std.). Wir verlassen den Weg, für einen Moment nur und gehen zu den Hütten unter Etscherzapfen und Hochmättli. Es sind ja nur fünf Minuten bis dort, und der Anblick des Bergbachs, der als glitzernder Wasserfall über eine helle Felswand herabstürzt, ist diesen kleinen Abstecher allemal wert.

Sehr eindrucksvoll wird die Berglandschaft, während wir uns dem »Alpinen Pflanzenschutzgebiet und Arvenreservat Murgsee« nähern. Der Talkessel des Unter Murgsee ist zum Naturdenkmal erklärt worden. Rechts des Weges, etwa fünfzig Höhenmeter unter uns, liegt der Bergsee wie verzaubert da. Er wird durch einen Wasserfall von den oberen Seen ge-

speist. Sein wildromantischer Anblick fasziniert jeden Wanderer. Über dem südlichen Ufer steigt der Weg zwischen Legföhren und Alpenrosen erneut etwas an und führt zum kleineren der beiden, in einer Gebirgslandschaft von herber Schönheit und beglückender Einsamkeit gelegenen Ober Murgseen. Ein Fischerboot schaukelt mit dem Schlage der Wellen am Ufer hin und her. Kurz darauf haben wir den großen Ober Murgsee (je 500 m lang und breit) erreicht, der nur durch eine wenige Meter hohe Felsbarriere vom kleineren See getrennt wird. Gletscherschliffe weisen auf ihre Entstehung während der letzten Eiszeit hin. Das Bergrestaurant Murgsee, auch Fischerhütte genannt (1817 m / + 1 Std.), lädt zur Jause ein.

Über dem Nordostufer des Sees setzt sich unsere Route fort. Ein schmales Steiglein zieht sich etwas strenger in nordwestlicher Richtung den Hang empor. Auf der Murgseefurggel (1985 m / + ½ Std.) erwartet uns eine fantastische Aussicht bei langer Schaurast. Hier findet ein gewaltiger Szenenwechsel statt: Von der lieblichen Seenlandschaft im Süden, überragt von Bergen, die sich sanft hintereinander aufbauen, gleitet das Auge nun nach Norden und wird gefesselt vom Anblick des Mürtschenstockes. Gamsjäger haben ihn als erste bestiegen und gaben markanten Punkten ihren Namen wie »Schussplatz«, »Jägernase« oder »Schwarze Schnur«. Mit seinen drei Gipfeln Stock, Fulen und Ruchen bietet dieser Gebirgsstock Kletterern landschaftlich großartige Touren, die jedoch häufig steinschlaggefährdet sind und ein hohes Maß an Können erfordern.

Von der Murgseefurggel geht es recht steil »in den Bächen« abwärts Richtung Ober Mürtschen. Mächtige Arven, zerzauste Fichten und üppige Latschen prägen das Landschaftsbild. Etwa bei Höhe 1780 stoßen wir auf die Markierung, der wir bis zur Brücke

Weitere Tourenvorschläge

- Walensee Höhenwanderung: Filzbach – Obstalden – Murg – Quarten – Oberterzen – Mols (5 Std.)
- Sargans – Rieterhütten – Gonzen – Palfris – Walenstadt (11 Std.; anspruchsvoll auf den Gonzen, danach leichter Höhenweg)
- Merlen – Murgseen – Widdersteiner Furggel – Engi (6 Std.)
- Zigerbödeli – Leist – Rainissalts – Gulmen – Alp Mütschel – Chrüzen – Maschgenkamm – Prodkamm – Tannenbodenalp (6 Std.)
- Steinegg – Matells – Madfurggl – Ober Galans – Unter Galans – Ringgaberg – Weisstannen – Höhenweg nach Schwendi (6 Std.)
- Flums – Kleinberg – Chapfensee – Mels (5 Std.)
- Maschgenkamm – Chrüzen – Güslen – Seebenalp – Oberterzen – Quarten – Unterterzen (4 ½ Std.)
- Prodkamm – Spitzmeilenhütte – Spitzmeilen – Schönbüelfurggel – Madfurggel – Vermol – Mels (13 Std.; 2-Tagestour, nur für Geübte)

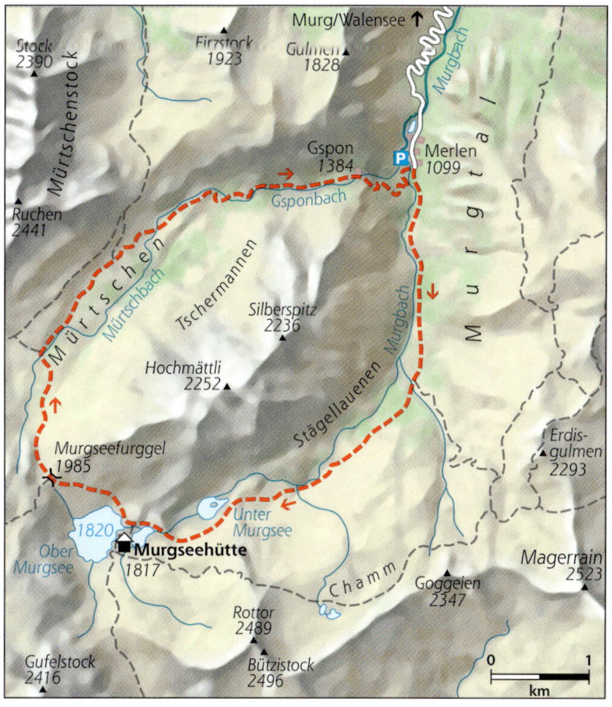

Die Ober-Murgseen (hier der kleinere von zweien) sind eingebettet in eine Gebirgslandschaft von herber Schönheit und beglückender Einsamkeit. Im Nordosten die (nach sommerlichem Wettersturz mit Schneefall) »winterlich gekleideten« Gipfel Leist, Rainisalts und Gulmen.

11 Vom Walensee durchs Murgtal

Schloss Gutenberg in Balzer (Grenzort zwischen Liechtenstein und Sarganserland, ca. 5 km von Sargans entfernt) mit Falknis (Bildmitte).

über den Mürtschbach und kurz darauf zu einem Wegweiser folgen (1720 m / + ½ Std.). Die Hütten von Ober Mürtschen liegen wenige Minuten abseits des Weges, darüber die Mürtschenfurggel, der Übergang ins Glarnerland.

Hier wenden wir uns nach Nordosten (Obstalden, Murgtal, Merlen) und wandern auf schönem Alpweg in die sich breit öffnende Hochebene von Mürtschen hinaus; eindrucksvoll darüber die hellen Kalkfelsen des Mürtschenstockes. Ein weiter Alpboden, durchzogen vom glitzernden Mürtschbach, wird durchquert. Unterhalb der nächsten Geländestufe die Wirtschaftsgebäude von Unter Mürtschen (1494 m) auf einer Ebene mit prächtiger Hochmoor-Vegetation, am Zusammenfluss von Mürtschbach und Gsponbach. Ab Gspon (1383 m / + 1 Std.) wird der Abstieg rasanter, und wer glaubte, diese Tour in Halbschuhen machen zu können, muss nun Lehrgeld bezahlen. Recht steil geht es – teils über Felsplatten, dann auf rutschigem Sandweg – durch den Gsponwald hinunter zum Murgbach, den wir über ein Brücklein queren und nach Merlen zurückkehren (1099 m /+ ½ Std.). Wer keinen Wagen hier stehen hat (weil er z. B. aus einem anderen Tal kommt), muss jetzt noch 1 ½ Std. nach Murg hinabwandern.

Gerne legt man bei den Alpgebäuden und dem einfachen Holzkreuz auf der idyllischen Hochfläche von Guflen unter dem Etscherzapfen eine Rast ein. Der Murgbach stürzt einem Wasserfall gleich über weiße Felsen herab (links unterhalb des Kreuzes).

12 Wildseeluggen

Wangser See – Wildsee – Schottensee – Schwarzsee – Baschalvasee

Der Kurort Bad Ragaz, Ausgangsort unserer Fünf-Seenwanderung, liegt am Eingang der wilden Taminaschlucht, gerade dort, wo einer der nördlichen Ausläufer des Calanda in jähem Steilabsturz in die Rheinebene vorspringt. Darüber thront auf geschützter Bergflanke das ehemalige Benediktinerkloster von Pfäfers mit seiner barocken Klosterkirche. Eng verbunden mit der Geschichte des Klosters ist die Geschichte von Bad Ragaz. Etwa um das Jahr 740 gegründet, sollte Pfäfers ein Gegengewicht bilden zur starken Einflussnahme des Klosters St. Gallen auf Rätien. Mit diesem Stützpunkt gelang es dem Bistum Chur denn auch, seine Politik nachdrücklicher

Walsa-Höhenweg: Bad Ragaz – Flumserberg – Weesen/Näfels

Diese Wanderung führt durch eine der schönsten Landschaften der Ostschweiz: Die Weite des Rheintales, die imposante Reihe der Churfirsten und die große Ebene des Linthales sind nur ein paar der vielen Höhepunkte auf der 112 km langen Strecke, bei Höhendifferenzen von 3700 m Anstieg und 3850 m Abstieg in rund 35 Gehstunden. Ein Spezialprospekt, u. a. mit Hinweisen auf Verkehrsbüros, die Auskunft über Unterkunft usw. erteilen, ist erhältlich bei: Kantonal St.-Gallische Wanderwege, CH – 9030 Abtwil.

Auf der Wildseeluggen befindet man sich in einer sehr einsamen Hochgebirgswelt. Der aufmerksame Wanderer kann in den steilen Flanken Steinwild entdecken. In der Tiefe unter Pizol mit Pizolgletscher und Graue Hörner der Wildsee.

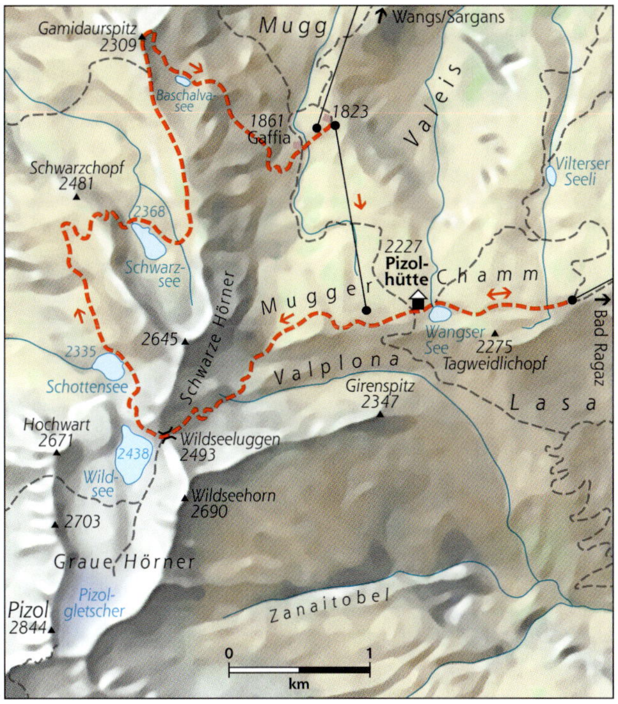

durchzusetzen. Um die Jahrtausendwende galt die Benediktinerabtei von Pfäfers als eines der reichsten Klöster der Schweiz. Seine Blütezeit erlebte das Kloster im frühen Mittelalter durch die geschickte Politik seiner Äbte. Es wurde geistliches und kulturelles Zentrum des Sarganserlandes.

1665 fiel das Kloster einem Großbrand zum Opfer, der Wiederaufbau erfolgte in den Jahren 1672 bis 1693. In dieser Zeit entstand auch die große Klosterkirche (heute Pfarrkirche), deren Innenausstattung aus der Übergangszeit zwischen Renaissance und Barock die Pracht des 17. Jahrhunderts ausstrahlt. 1838 wurde das Kloster säkularisiert. Die alten Anlagen mit modernen Erweiterungsbauten beherbergen heute die kantonale psychiatrische Klinik St. Pirminsberg.

Schon im frühen Mittelalter entdeckten Klosterjäger von Pfäfers in der engen Taminaschlucht warme Quellen, die aus einem tiefen Felsenkeller emporsprudelten, und erkannten deren Heilwirkung. Die Schlucht wurde 1242 mit einer Badeeinrichtung in Felsenlöchern versehen. Um 1465 entstand ein Badehaus am Felsen oberhalb des heutigen Stollens. Die Kranken ließ man an Seilen in die Tiefe. Auch berühmte Persönlichkeiten besuchten das abenteuerliche Bad. Manch einer ließ sich mit verbundenen Augen abseilen und erlitt Augenblicke der Furcht und Angst. Im Jahre 1535 weilte Theophrastus von Hohenheim (Paracelsus), Philosoph, Naturforscher und einer der berühmtesten Ärzte seiner Zeit, als Badearzt in Pfäfers. 100 Jahre später leitete man das Wasser aus der Schlucht heraus an einen leichter zugänglichen Ort und errichtete ein neues Badehaus, das jedoch schon bald dem Ansturm an Besuchern nicht mehr gewachsen war. Zwischen 1704 und 1716 entstanden zwei weitere geräumige barocke Gebäude samt Badeeinrichtungen, Schlaf- und Wohngelegenheiten. Die hospizartigen Häuser boten für etwa 400 Gäste und Bedienstete Platz.

Als Folge der Säkularisation ging das alte Bad Pfäfers 1838 in den Besitz des Kantons St. Gallen über, und zwei Jahre später leitete man das Heilwasser der Quelle aus der Taminaschlucht über hölzerne Teucheln nach Ragaz. Damit begann der Aufstieg des Dorfes Ragaz zu einem der bedeutendsten Bäder der Schweiz. 1858 erhielt Ragaz Bahnanschluss. Bernhard Simon (1816–1900), Bahndirektor und Architekt, ließ 1867 den Quellenhof und Kursaal bauen. Er brachte Badeanlagen und Hotels auf einen Stand, den auch anspruchsvolle Gäste zu schätzen wussten. Das erste Thermalschwimmbad entstand. Im Laufe der Jahre wurde Bad Ragaz als Kurort weiter ausgebaut und wartet heute mit einem vielseitigen, attraktiven Angebot auf – nicht zuletzt mit seinen heilenden, 37° C warmen, mineralhaltigen Quellen inmitten einer wunderschönen Berglandschaft.

Der Wegverlauf

Von Bad Ragaz gelangen wir rasch mit Luftseilbahn und Sessellift zu den Laufböden (2226 m) und schlendern über hügelige Weideböden in knapp 20 Minuten zur Pizolhütte (2227 m) hin. Den rasigen Twärchamm auf seiner Nordseite umgehend, gelangen wir in eine nach Osten offene Mulde, queren eine breite Geröllbahn, bis der Weg an der Südflanke der Schwarzen Hörner in Kehren stärker ansteigt. Schließlich geht es fast eben zur Wildseeluggen zwischen Wildseehorn und Schwarze Hörner (2493 m / 1 1/2 Std.). Hier befinden Sie sich in einer sehr eindrucksvollen Hochgebirgswelt, und aufmerksame Beobachter (Fernglas mitnehmen) werden in den steilen Flanken Steinwild entdecken, das in einer großen Kolonie im Pizolgebiet zu Hause ist. Gipfel spiegeln sich im blaugrün schimmernden Wildsee. Er liegt etwa 50 Meter tiefer und ist oft bis in den Sommer hinein mit Eis bedeckt. Darüber die bizarren Felsen der Grauen Hörner. Links davon über einem Schuttkessel der Pizol (höchste Erhebung im Wildseehorngrat) mit dem gleichnamigen kleinen Gletscherchen.

Rheintal-Höhenweg: Rorschach – Altstätten – Wildhaus – Sargans

Auf der großartigen Route vom Bodensee ins Sarganserland kommen der naturverbundene, geschichtlich interessierte sowie der sportlich ambitionierte Wanderer gleichermaßen auf ihre Kosten. Der aussichtsreiche Höhenweg ist durchgehend markiert. Gesamtlänge: 115 km. Höhendifferenz: 3800 m Anstieg, 3650 m Abstieg. Gehzeit: 32 Std. Eine Informationsschrift mit Hinweisen auf Unterkunft ist erhältlich bei: Kantonal St.-Gallische Wanderwege, CH – 9030 Abtwil; oder auch bei St. Gallen-Bodensee-Tourismus, CH – 9001 St. Gallen, Tel.: 0041(0)71/227 37 37.

Tourensteckbrief

LAGE: *Taminagebirge / Gruppe der Grauen Hörner, südöstlich des Walensees.*

CHARAKTER: *Großartige Höhenwanderung mit einmalig schöner Aussicht. Gute Bergschuhe erforderlich: Im Frühsommer können auf der Tour echte Hochgebirgsverhältnisse herrschen. Empfehlung: Sonderbillet »Fünf-Seen-Wanderung« lösen.*

GEHZEIT: *4 3/4 Std. (bei Berg- und Talfahrt mit Gondel und Sessellift).*

HÖHENDIFFERENZ: *600 m Anstieg, 900 m Abstieg (bei Fahrt mit Gondel und Sessellift .*

TALORTE: *Bad Ragaz (510 m) oder Wangs (501 m). Anfahrt mit Pkw bzw. per Bahn von St. Gallen oder Zürich über Sargans.*

AUSGANGSPUNKT: *Laufböden (2226 m): von Bad Ragaz per Gondel nach Pardiel, weiter per Sessellift zu den Laufböden und in 1/4 Std. zur Pizolhütte; oder von Wangs per Gondel nach Furt, weiter per Sessellift zur Pizolhütte.*

EINKEHR / UNTERKUNFT: *Pizolhütte (2227 m) sowie Gasthäuser bei den Bergstationen Pardiel (1633 m), Furt (1522 m) und Gaffia (1861 m).*

FÜHRER: *SAC-Clubführer Bündner Alpen Band 1 (Tamina- und Plessurgebirge), SAC-Verlag; SAC Wanderführer Wandern Alpin, SAC-Verlag; Gebietsführer Glarner Alpen, Bergverlag Rother; Wanderwelt Alpen, Kümmerly + Frey.*

KARTE: *SAW-Wanderkarte 1:50 000 Blätter 237 T (Walenstadt) und 247 T (Sardona).*

TOURISMUSINFORMATIONEN: *CH – 7310 Bad Ragaz, Tel.: 0041(0)81/302 10 61.*

Der Pizol ist bei guten Verhältnissen von erfahrenen Touristen ohne besondere Ausrüstung in 1 ½ Std. ab Lücke zu besteigen (Pickel empfehlenswert). Achtung! Bei den Seilbahnstationen findet man einen entsprechenden Aushang, wenn von einer Begehung des Pizolgletschers wegen Blankeis und offener Spalten abgeraten wird.

Ein Bergwanderer bleibt stehen, wie wir gefangen vom großartigen Panorama. Dann wendet er sich nach Süden und geht weiter. Nicht der Pizol ist sein Ziel, sondern Elm im Sernftal. Einige Pässe müssen bis dahin überschritten werden: Lavtinasattel, Heitelpass, Heubützlipass und Foopass. Sein Rucksack reicht bis über den Kopf. Zelt und Schlafrolle sind zuoberst befestigt. Noch liegt ein langer Weg vor ihm. Die Nacht will er unter freiem Sternenhimmel verbringen.

Wir folgen dem Steig über dem Ostufer des Wildsees nordwärts und erblicken wenig später tief unter uns den in eine Felsenwanne eingebetteten Schottensee. Er gleicht einem bezaubernden Kleinod in dieser kargen Rundhöckerlandschaft. Am gar nicht fernen Horizont die Parade der Churfirsten. Ein kleines Steiglein zieht sich im Zickzack den steilen Geröllhang hinab zum milchig-grünen, bisweilen auch zart bläulichen Schottensee (2335 m /+ ½ Std.). Der Blick geht am Hochwart vorbei nach Südwesten zum Surenstock (Piz Sardona). Zwei kleine Tümpel inmitten mächtiger Gletscherschliffe. Dann ein Wegweiser, von dem unsere Route einen Hang querend wieder anzusteigen beginnt. Nach dem etwas strengen Aufstieg zum Schwarzplanggrat, den man nördlich seines höchsten Punktes überschreitet (2505 m / + ½ Std.), werden wir mit einer prächtigen Aussicht belohnt. Im Südwesten sehr einprägsam die Glarner Alpen mit Piz Sardona, Vorab, Tödi, Clariden, Ortstock und Glärnisch, sehr nahe im Nordwesten der wildgezackte Mürtschenstock. Murgtal, Schilstal und Weisstannental liegen wie tiefe Längsfurchen davor.

Der Abstieg zum Schwarzsee (2372 m) dauert nur 15 Minuten, und an seinem Ufer lässt es sich gut rasten, auch wenn der See bisweilen ein wenig me-

Weitere Tourenvorschläge

- Laufböden – Wildseeluggen – Pizol – Tersol – Gigerwald (5 Std.; nur für Berggewohnte, da keine Wegmarkierung)
- Garmil-Höhenweg: Furt – Fürggli – Garmil – Gaffia (3 Std.)
- Bad Ragaz –Taminaschlucht – Pfäfers – Bad Ragaz (3 ½ Std.)
- Mettmen – Niderer Oberstafel – Wildmadfurggeli – Wildmad – Chüebodensee – Oberer Chüeboden – Unter Ämpächli – Elm (5 Std.)
- Gigerwald – Malanseralp – Heitelpass – Weißtannen (5 ½ Std.)
- Vättis – Mapragg-Stausee – Alp Findels – Vättner Berg – Vättis (6 ½ Std.)
- Weißtannen – Foo – Foopass – Waldhütten – Elm (7 Std.)

Am Ufer des Schottensees lässt sich gut rasten und schauen.

lancholisch wirkt. Wir umgehen ihn nordseitig und steigen durch ein Felsband empor zum Rossstall (2456 m) im Basegglagrat. Unzählige »Steinmannli« überraschen hier den Wanderer. Mit dem einmalig schönen Panorama bieten sie jedem Fotoamateur lohnende Motive. Im Norden grüßen Churfirsten und Alvier, dahinter der Alpstein. Nicht weniger beeindruckend ist der Blick ins Rheintal mit der Bündner Herrschaft sowie nach Liechtenstein und ins Prättigau. Der Abstieg folgt dem felsigen Basegglagrat nordwärts. Von der Wegkreuzung bei Punkt 2280 steigen wir noch »so nebenbei« auf den Gamidaurspitz (2309 m), kehren zum Wegweiser zurück und wandern leicht hinab zum Baschalvasee (2174 m / + 1 ½ Std.), dem kleinsten der fünf Seen.

Der anschließende Wegverlauf führt durch eine wilde Trümmerlandschaft (tektonisches Einsturzgebiet), hier und da unterbrochen von kargen Weideböden. Von den Alpgebäuden Gaffia kann in einer guten Stunde zur Pizolhütte aufgestiegen werden. Wer jedoch wie wir an diesem Tag viel gebummelt und geschaut hat, wird nicht die letzte Talfahrt der Bergbahnen nach Bad Ragaz versäumen wollen. Wir gehen also noch wenige Minuten weiter abwärts zur Bergstation Gaffia (1861 m / + ½ Std.) und gelangen nach 20-minütiger Sesselliftfahrt zur Pizolhütte (2227 m). Von der einstigen SAC-Hütte (heute privat bewirtschaftet) in 15 Minuten zurück nach Laufböden (2226 m / + ¼ Std.). Im Sessellift nach Pardiel ist es jetzt windig und frisch. Die Talfahrt nach Bad Ragaz in der Gondel ist dagegen ein echtes Vergnügen.

Erfahrene Berggänger können bei guten Verhältnissen von der Wildseeluggen den Übergang ins Calfeisental machen. Rechts das tiefeingeschnittene Bachbett der Tamina – darüber im Westen der Surenstock (Piz Sardona).

13 Sonnenterrasse Braunwald

Ein Hauch von Poesie am Oberblegisee

Braunwald – Gumen – Seblengrat – Oberblegisee

Südlich von Linthal beginnt die Straße merklich nach Westen anzusteigen und passiert in 1310 Metern Höhe die Grenze zwischen den Kantonen Glarus und Uri. Vor uns breitet sich der Urner Boden mit den schönsten Alpen der Schweiz aus. Aus der Ostschweiz kommend, befinden wir uns nun in der Innerschweiz und erreichen nach einigen großen Spitzkehren den Klausenpass. Über Unterschächen, Spiringen und Bürglen geht es hinab nach Altdorf, dem Hauptort des Kantons Uri. Die Innerschweiz ist ein geschichtsträchtiger Raum und gilt als die Wiege der Eidgenossenschaft. Wir hören und lesen »Innerschweiz« und »Zentralschweiz«. Beides ist richtig und umfasst dasselbe Gebiet im Herzen der Schweiz, nämlich die Kantone Uri und Schwyz, die zwei Halbkantone Nidwalden und Obwalden (1350 wurde der Kanton Unterwalden in diese zwei Halbkantone geteilt) sowie Luzern und Zug. Trotz dieses regionalen Überbegriffes unterscheiden sich die Kantone und die hier lebenden Menschen in ihrer Kultur und Wesensart voneinander, ja selbst in der Sprache. Auch die wirtschaftlichen Interessen können differenziert ausgerichtet sein. So stellt die Innerschweiz keine starke Einheit dar. Dennoch gibt es Bestrebungen und Entscheidungen, die von allen gemeinsam getragen werden. Auf alle Fälle ist die Entwicklung vom reinen Agrarland zur Industrielandschaft bei allen Zentralschweizer Kantonen festzustellen; ein bedeutender Wirtschaftsfaktor ist der Tourismus. Der Besucher findet hier noch viele einsame Täler, Dörfer und Alpen, herrliche Wälder und Seen, kurzum: ein attraktives Erholungsgebiet in einer äußerst reizvollen Landschaft mit bedeutenden Kulturdenkmälern.

Das 1200 Seelen zählende autofreie Bergdorf Braunwald (1256 m), Ausgangsort der folgenden Wanderung, ist nur per Standseilbahn von Linthal aus (665 m) zu erreichen (oder zu Fuß auf steilem Bergpfad). Die neun autofreien Schweizer Gemeinden Braunwald (Glarnerland) sowie Saas Fee und Zermatt (Wallis), Bettmeralp und Riederalp (Aletschgebiet), Wengen und Mürren (Berner Oberland), Stoos und Rigi Kaltbad (Vierwaldstätter See) haben sich im April 1989 zur »Gemeinschaft autofreier Schweizer Tourismusorte« (GAST) zusammengeschlossen und werben mit dem Slogan »Autofreiheit – Gewinn oder Verzicht?« als Qualitätsmerkmal für ihre Region. Grundsätzlich dürfen in den GAST-Orten nur Pferdefuhrwerke und Elektro-Fahrzeuge aus gewerblichen Gründen (Hotels, Läden, Handwerker usw.) verkehren. Verbrennungsmotoren sind nur für Fahrzeuge der Feuerwehr, Ambulanz, Müllabfuhr und Berglandwirtschaft erlaubt. GAST-Bergferienorte erfreuen sich bei zunehmender Umweltsensilibität immer größerer Beliebtheit. In der Nähe der Hotels finden Sie sechs wunderschöne alpine Rosengärten. Rosen gedeihen normalerweise nur bis zu einer Höhe von 800 Metern. Wegen der klimatisch günstigen

Tourensteckbrief

LAGE: *Glarnerland / Ortstockgruppe, nordöstlich des Klausenpasses / nördlich des Urnerbodens.*
CHARAKTER: *Großartige Gebirgswanderung in dramatischer Bergszenerie. Für berggewohnte Geher unschwierig.*
GEHZEIT: *5 1/4 Std. (bei Fahrt mit Standseilbahn und Sessellift).*
HÖHENDIFFERENZ: *400 m Anstieg, 800 m Abstieg (bei Bahn- und Sesselliftbenutzung).*
TALORT: *Linthal (662 m; Urnerboden). Anfahrt mit Pkw ab Zürich oder Chur bis Niederurnen, weiter über Glarus nach Linthal (im Sommer auch über den Klausenpass). Parkplatz und Parkhaus bei der Talstation; mit der Standseilbahn nach Braunwald. Per Bahn von Zürich/Chur bis Station Linthal-Braunwaldbahn, hier Direktumstieg auf die Standseilbahn nach Braunwald.*
AUSGANGSORT/-PUNKT: *Braunwald (1300 m), zu erreichen per Standseilbahn von Linthal/Urnerboden. Weiter mit dem Sessellift zum Gumen (1901 m).*
EINKEHR / UNTERKUNFT: *Berghaus Gumen bei der Bergstation der Sesselbahn (1901 m). Ortstockhaus (1772 m), für evtl. alternative Wanderungen.*
FÜHRER: *SAC-Clubführer Glarner Alpen, SAC-Verlag; SAC-Wanderführer Wandern Alpin SAC-Verlag; Gebietsführer Glarner Alpen, Bergverlag Rother, Wanderwelt Alpen, Kümmerly + Frey.*
KARTE: *SAW-Wanderkarte 1:50 000 Blatt 246 T (Klausenpass).*
TOURISMUSINFORMATIONEN: *CH – 8784 Braunwald, Tel. 0041(0)55/653 65 85. CH – 8783 Linthal, Tel.: 0041(0)55/643 39 17.*

Gumen ist Ausgangspunkt der Wanderung. Eindrucksvoll beherrscht der 2716 Meter hohe Ortstock das Landschaftsbild. Rechts daneben der Höch Turm.

13 Sonnenterrasse Braunwald

Gegenüber:
Blick vom Seblengrat über das Bösbächital nach Norden auf das Glärnischmassiv mit Bächistock, Guppenfirn, Glärnisch und Vrenelisgärtli

Rechts:
Alpgebäude von Alpeli. Darüber im Norden der zum Diethelm/Fluebrig hinziehende Grat mit Wänifirst und Gantspitz – vorgelagert Brüschbüchel.

Alp Unter Gampel gegen Berge nordwestlich über dem Klöntal: Mieserenstock und Lauiberg.

Verhältnisse hat man das Bergdorf in den siebziger Jahren zum Standort gewählt, um das Verhalten von Rosen in alpinen Lagen (Höhenlagen von 1200 bis 1600 Metern) zu erforschen. In den Monaten Juli bis September blühen hier an rund 3000 Rosenstöcken etwa 400 verschiedene Sorten – ein unbeschreiblicher Blütenzauber.

Den Besucher erwartet auf der Sonnenterrasse »hoch über dem Alltag« ein vielseitiges Angebot – denken wir allein an die 50 Kilometer markierter und gepflegter Wanderwege (leicht bis anspruchsvoll), an denen es auch einige Familien-Feuerstellen gibt.

Entlang der Strecke »Niederschlacht – Schwettiberg – mittlerer Höhenweg – Hüttenberg« lernt man auf besondere Weise den Liebreiz dieser einzigartigen Berglandschaft kennen: Hier haben Glarner Künstler aus Bergahornstämmen einen Skulpturenzyklus zum Thema »Glarner Sage – Glarner Historie« geschaffen. Dann ist da der Ökologie-Lehrpfad (seit 1998) sowie die diversen geführten Touren: Bergtouren über die interessanten Karrenfelder, Sonnenaufgangswanderungen und Vollmond-Bergtouren auf den Ortstock (am besten Angebots-Info von Braunwald Tourismus anfordern). Die fünf Originalschauplätze des in Braunwald geschriebenen Märchens »Zwäärg-Baartli« laden von Gumen aus (Bergstation der Sesselbahn mit Berggasthaus) abwärts auf beschildertem Weg Klein und Groß ein zum Entdecken und Erleben. Ganz aktuell und im Trend der Zeit sind für Ambitionierte die Alpinen Klettergärten an den Südwänden der Eggstöcke (oberhalb von Gumen).

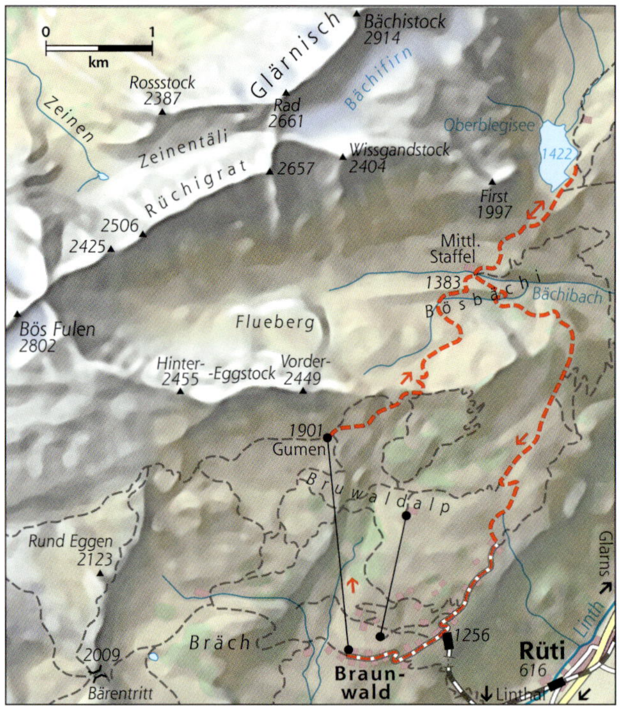

Die zahlreichen Routen bewegen sich in den Schwierigkeitsgraden 3 bis 8. Ein Klettersteig führt vom Gumengrat (stets auf dem Grat) über 4 Gipfel hinweg (Leitereggstock, Vorder-, Mittler- und Hinter-Eggstock). Der Blick ist während des ganzen Aufstieges auf die eindrückliche Berglandschaft nach Norden und Süden gerichtet. Kletterkenntnisse werden nicht vorausgesetzt, jedoch sind Schwindelfreiheit,

Der etwas melancholisch wirkende kleine Tümpel im Hochmoorgebiet von Schattgaden (Hinter Silberen Alp) lädt zum Rasten und Träumen ein. Blick nach Ostnordost auf Inner- und Usser-Fürberg, Ruchen, Vrenelisgärtli und Bächistock mit Bächihorn.

Erfahrung in der Benutzung von Klettergurt mit entsprechender Sicherungsvorrichtung und das Tragen eines Kletterhelmes obligatorisch. Ein beim Verkehrsverein erhältliches spezielles Faltblatt gibt näheren Aufschluss. Recht anspruchsvoll ist die Ortstocktour (8 Std. ab Braunwald bzw. 6 ½ Std. ab Gumen). Aber alles hat seinen Preis und setzt in den Bergen ein hohes Maß an Erfahrung, Ausdauer und Leistungsvermögen voraus. Dagegen ist die folgende beeindruckende Rundtour von jedem trittsicheren Wanderer problemlos zu bewältigen.

Der Wegverlauf

Bei unserer Ankunft ist Braunwald noch von Dunst eingehüllt, und tief unten im Tal kriecht ein graues Nebelgebräu umher. Trotzdem schlendern wir zur Talstation der Sesselbahn zum Gumen (¼ Std.). An der Kasse heißt es, weiter oben sei alles offen und wir sollten ruhig hochfahren. Wir wollen es nicht glauben, denn es ist richtig nasskalt. Lautlos gleiten wir im Sessellift durch die Stille empor. Plötzlich bricht der Dunstschleier auf. Schimmernde Sonnenstrahlen nehmen den Kampf mit dem wässrigen Gewölk auf. Als erster schiebt der Ortstock seine Schulter durch die wattigen Wolkenbänke. Dann zeigt sich ein blauer Himmel und ein unbeschreibliches klares Panorama breitet sich vor unseren Augen aus. Ortstock und Höch Turm beherrschen Braunwald und seine Umgebung in einmaliger Weise. Etwas ferner gleißen im Süden die Firne von Hausstock, Bifertenstock und Tödi. Kurz hinter der Bergstation auf dem Kleinen Gumen (1901 m) machen wir einen Abstecher nach links zum Punkt 2042 im rasigen Grat des Vorder Eggstocks, folgen Steigspuren unschwierig noch etwa einhundert Höhenmeter weiter hinauf. Sehr unmittelbar ragen die steilen Felswände des Vorder Eggstocks über uns auf. Die Eggstöcke (Vorder-, Mittler-, Hinter-Eggstocks) sind bekannte und beliebte Kletterberge mit Routen aller Schwierigkeitsgrate. Der Blick bleibt am gewaltigen Glärnischmassiv hängen, das die Sicht nach Norden völlig abriegelt.

Zurück zum Abzweig nahe der Bergstation (1901 m / + 1 Std.) und weiter in 15 Minuten zum Wegweiser bei Höhe 1845. Jetzt nicht gleich ins Bächital absteigen, sondern noch ein Stückchen auf dem Seblengrat ostwärts zum Chnügrat wandern. Zwischen Punkt 1880

Weitere Tourenvorschläge

- Braunwald / Gumen – Ortstockhaus – Bergetenseeli – Rietstöckli – Friteren – Urnerboden / Klausenstraße (5 Std.)
- Braunwald – Chnügrat – Gumen – Ortstockhaus – Brächalp – Braunwald (5 Std.)
- Braunwald / Gumen – Brunalphöcheli – Chäseren – Vorauen am Klöntaler See. Großartige Gebirgswanderung: Ausdauer und sicheres Wetter unbedingt erforderlich (8 Std.).
- Klausenpass – Chlus – Gemsfairenhüttli – Fisetenpass – Fisetengrat – Chamerstock – Vorder Orthalten – Urner Boden (5 ½ Std.)
- Klausenpass – Unter Balm – Heidmanegg – Mettenen – Rietlig – Untere Gisleralp – Eggbergen / Flüelen oder Biel / Brügg (5 Std.)

und Punkt 1854 trifft man auf ein wunderbares Fleckchen Erde mit prächtiger Aussicht. Gewaltig ist der Anblick von Eggstock, Bös Fulen, Rüchigrat und Glärnisch. Die Panoramawanderung über den Chnügrat nach Braunwald (ab Bergstation ohne unseren Abstecher 2 ½ Std.) ist eine beliebte und lehrreiche Gruppen- und Klassenwanderung. Wir kehren zum Punkt 1845 zurück (+ ½ Std.) und steigen nordwärts hinab zur Hüttengruppe Bösbächi Ober Stafel (1585 m). Der anfangs von Kühen arg zertrampelte Pfad wird bald besser, ja direkt lieblich. Ich beginne zu träumen, lasse die vergangenen Wochen an mir vorüberziehen. Wie viele Wege sind wir gegangen, um das »Schönste« zu sehen, zu erleben und festzuhalten in Wort und Bild. Es ist Spätsommer geworden. Manche Tage lassen schon den nahen Herbst ahnen. Gras und Laub sind nicht mehr so frisch und grün wie noch vor kurzem, ein gelber Farbschimmer hat sich darüber gelegt. Aber es ist auch nicht mehr so heiß wie an Hochsommertagen. Und die Frühnebel liegen oft bis in den Vormittag über dem Tal, während in den Höhen die beste Sicht herrscht.

Von der Station Bächital des Sesselliftes zum Seblengrat (nur Winterbetrieb; lt. Höhenmesser 1470 m) leicht ansteigend auf einen bewaldeten Rücken und jenseits hinunter nach Bösbächi Mittler Stafel, einem großen bewirtschafteten Alpbetrieb (1383 m / + ¾ Std.). Wenige Minuten entfernt lädt eine Sommerwirtschaft zur Einkehr. In wechselndem Auf und Ab weiter durch eine eigenwillige Moränenlandschaft zum Oberblegisee (1440 m / + ½ Std.). Wie verzaubert liegt er da, der von sanften Alpböden umgebene tiefblaue See. Er wird durch einen Moränenwall gestaut und von Gletscherbächen gespeist, einen sichtbaren Abfluss hat er jedoch nicht. Über mächtigen Schutthalden steigen schroff die imposanten Felswände des Glärnisch empor, ihr Spiegelbild in die stille Wasseroberfläche eintauchend. Zwei Frauen sitzen am Ufer. Sie sind fröhlich, lachen unbeschwert. Plötzlich verstummen sie, blicken nur noch über den reglos daliegenden See. Ja, es ist ein Platz zum Träumen, bis die Sonne versinkt …

Wir wandern noch ein Stück nordwärts am Ufer entlang nach Oberstafel (1427 m), anschließend zurück nach Mittler Stafel (1383 m / + ¾ Std.). Es geht über die Brücke auf die andere Seite des Bächibaches, dann ist die südliche der zwei Seitenmoränen des prähistorischen Bächigletschers in südöstlicher Richtung etwas an Höhe gewinnend zu überschreiten. Das Paralleltälchen wird ebenfalls von einem Bach durchflossen. Einer Lichtung folgt schöner Hochwald mit Fichten, durch deren mächtige Zweige schillerndes Nachmittagslicht glitzert. Zauberhaft der Weiterweg, der sich unter den Osthängen des Chnügrates südwärts zieht: mal im Wald, dann zwischen niederem Erlengebüsch hindurch. Auch in umgekehrter Richtung ist die Wanderung äußerst reizvoll, da man ständig das Glärnischmassiv vor Augen hat. Bei Punkt 1451 Abzweig nach Orenplatte möglich (mit besonders schönem Tiefblick ins Linthal) und weiter auf etwas niedrigerem Weg in 45 Minuten nach Braunwald. Wir bleiben auf unserem Höhenweg und gelangen wenig später zum Unterstafel der Braunwaldalp (1469 m / + 1 Std.). Auch der letzte Wegabschnitt ist beschaulich. Die Wanderung endet bei der Bergstation der Braunwaldbahn nach Linthal (1256 m / + ½ Std.).

Ein Klettersteig führt vom Gumengrat (stets auf dem Grat) über vier Eggstock-Gipfel hinweg; Leiteregg, Vorder-, Mittler- und Hinter-Eggstock. Im Bild der Ostgrat des Vorder Eggstocks.

14 Zur Windgällenhütte

Tourensteckbrief

LAGE: *Urner Alpen / Windgällenkette, östlich des Reusstales zwischen Gr. Windgällen (Norden) und Oberalpstock (Süden).*
CHARAKTER: *Einzigartige Hütten- und Höhenwanderung; auch für Gruppen sowie Familien mit Kindern gut geeignet.*
GEHZEIT: *5 3/4 Std. (bei Fahrt mit der Luftseilbahn nach Golzern).*
HÖHENDIFFERENZ: *650 m Anstieg (bei Bergfahrt wie vor), 1250 m Abstieg.*
TALORT: *Bristen (770 m).*
ANFAHRT: *Mit Pkw von Zürich oder Luzern über Flüelen bzw. Altdorf nach Amsteg, hier ostwärts ins Maderanertal und durch Bristen nach Hinter Bristen (832 m), Talstation der Golzernbahn. Per Bahn bis Erstfeld (ca. 6 km südlich von Flüelen / Urnersee)), weiter mit dem Postbus über Amsteg ins Maderanertal nach Hinter Bristen.*
AUSGANGSPUNKT: *Bergstation Golzern (1400 m), zu erreichen von Hinter Bristen mit der Luftseilbahn.*
EINKEHR / UNTERKUNFT: *Restaurant Golzernsee (1430 m) und Gasthaus Edelweiß in Golzern-Seewen (1425 m). Windgällenhütte (2032 m), Tel.: 0041(0)41/885 10 88 und 0041(0)41/883 17 48. Hotel Maderanertal auf Balmenegg (1349 m), Tel.: 0041(0)41/883 11 22.*
FÜHRER: *SAC-Clubführer Urner Alpen Ost, SAC-Verlag; SAC-Wanderführer Wandern Alpin, SAC-Verlag; Wanderwelt Alpen, Kümmerly + Frey.*
KARTEN: *SAW-Wanderkarten 1:50 000 Blätter 246T (Klausenpass) und 256 T (Disentis/ Mustér).*
TOURISMUSINFORMATIONEN: *CH – 6475 Amsteg-Bristen, Tel.: 0041(0) 79/403 27 34.*

Unterwegs im Maderanertal

Nur 15 Kilometer vom Südufer des Urnersees entfernt zweigt von der Gotthardlinie in Amsteg (zwischen Erstfeld und Gurtnellen) nach Osten eines der schönsten Schweizer Alpentäler ab: das Maderanertal. Als einstige Hochburg der Kletterer ist es alpinistisch gesehen heute eher in Vergessenheit geraten, wie Pius Fähndrich (Bergführer) in einem Aufsatz über einsame Täler in den Urner Alpen schreibt. So möchten wir Wanderern und Bergsteigern, die Ruhe und unberührte Natur suchen, das wildromantische Maderanertal als Geheimtipp ans Herz legen. Es beginnt an dem von Clariden, Tödi und Heimstock dominierten »Dreiländereck« zwischen den Kantonen Glarus, Graubünden und Uri auf 3000 Metern Höhe mit dem mächtigen Hüfifirn. Im Norden grenzen Chammliberg, Chli und Gross Schärhorn, Chli und Gross Ruchen sowie Chli und Gross Windgälle das Tal ab. An der Flanke der Kleinen Windgällen liegt in einer kleinen Senke der idyllische Golzernsee. Die Mündung der zwei von Süden kommenden Seitentäler, des Brunnitales und des Etzlitales, wird durch zwei hohe Berge markiert: den Düssistock und den Bristenstock. Zwischen beiden Tälern ragt der mächtige Kamm des Oberalpstocks auf.

In Amsteg, am Eingang ins Maderanertal, steht die restaurierte Burgruine »Zwing-Uri«, bekannt als Gesslerburg aus der Tellgeschichte. Bereits während der Fahrt von Amsteg nach Bristen auf schmaler kehrenreicher Bergstraße, dicht an steilen Felswänden entlang, öffnet sich eine Bilderbuchlandschaft par excellence. In Bristen, einem hübschen kleinen Dörfchen, ist noch ein (1965 / 1966 restaurierter) Eisenschmelzofen aus dem 15. Jahrhundert zu finden. Urkundlich wurde der Ofen 1576 vom Bergherrn Madran in Betrieb genommen. Der ortsfremde Name des Tales leitet sich von der aus Airolo stammenden Familie Madran ab. Sie erhielt die Konzession für den Abbau des an der Flanke der Windgällen anstehenden Eisenerzes. Um 1720 erlosch die Bergbautätigkeit in Hinter Bristen. Neben Eisen grub man im Maderanertal zeitweise auch nach Kupfer, Blei, Zink, Silber und sogar nach Gold. Asbest wurde noch während des letzten Krieges gefördert.

Eine im Maderanertal vorkommende mineralische Kostbarkeit wird noch heute aktiv gesucht: der Bergkristall. Mit ihm hängt auch eine Tragödie zusammen, von der uns eine Touristin auf der Windgällenhütte andeutungsweise erzählt hatte. Später beim Recherchieren stießen wir auf den Heimatdichter Ludwig Lussmann aus Altdorf, Kenner des Tales und Verfasser zahlreicher Schriften, Hörspiele und dramatischer Werke. Wir erfuhren, dass sich im Jahre 1917 unterm Schattig Wichel (Piz Giuv) ein tragisches Ereignis zugetragen hatte. Der 31-jährige Josef-Maria Epp (genannt Migg) aus Chrüzsteinrütti im Etzlital, erster Hüttenwart der 1911 erbauten SAC-Hütte im Müllersmatt (Etzlihütte / 2051 m) und leidenschaftlicher Strahler, war am 1. Oktober auf Mineraliensuche zum Piz Giuv aufgestiegen. In der »großen Kehle«, knapp hundert Meter unter der Gipfelhöhe, hatte der Migg Strahlerglück. Beim Abstieg geschah dann das Furchtbare. Ein Stein, der ihm zuvor Halt gab, löste sich. Der Mann sprang auf den nahen Gletscher, gefolgt von Geröll und einem Steinhagel. Schwer verletzt blieb er liegen, fernab jeglicher Hilfe. Nachdem man in der Chrüzsteinrütti

Unterwegs auf dem »Schächentaler Höhenweg« (nördlich des Maderanertales), Hüttenidyll am Wege: von Heidmanegg auf Gr.Windgällen, Schwarz Stöckli, Blinzi und Spitzen.

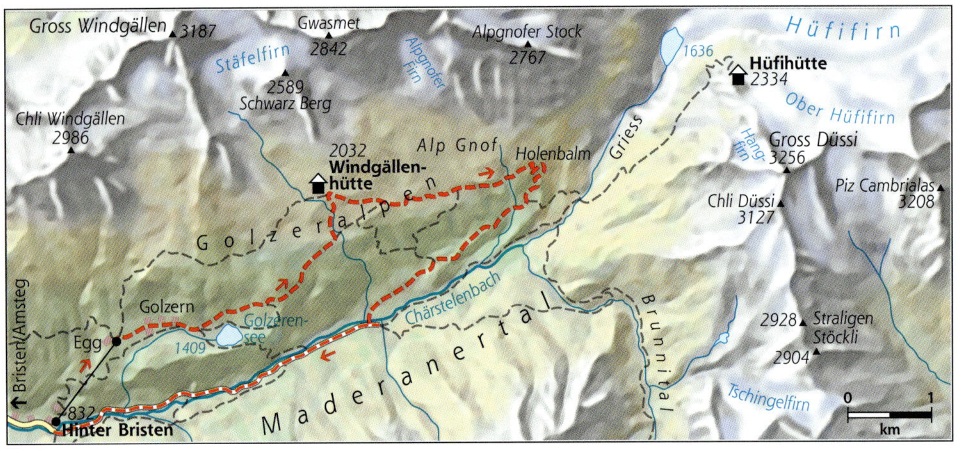

ein Lebenszeichen vom Migg vermisste, gingen zwei Männer nach vier Tagen auf die Suche. Sie fanden den Strahler, von vierzig Zentimeter Neuschnee zugedeckt. Er lebte noch und sie trugen ihn zu Tal. Doch trotz guter Pflege versagte sein Herz wenige Tage später. Ludwig Lussmann schildert die Begebenheit sehr eindrucksvoll in seiner Erzählung »Morione: Schicksalstage eines Urner Strahlers«.

Der Wegverlauf

In Hinter Bristen (832 m) besteigen wir die Seilbahn nach Golzern und schweben sanft in die Höhe. Kurz hinter der Bergstation (1400 m) zweigt links ein steiler Pfad ab, der über Oberchäseren zur Windgällenhütte führt. Wir bleiben jedoch auf dem breiten Weg und kommen nach 20 Minuten zur ganzjährig bewohnten Siedlung Golzern-Seewen (1423 m), einem dörflichen Idyll inmitten sanft gewellter Weideböden. Bis zum Golzerensee, einem beliebten Ausflugsziel (Bademöglichkeit), sind es nur wenige Minuten. Beim letzten Haus verlassen wir die »Seeroute« nach links und queren einen Wiesenhang. Bald leuchtet der malerische Golzerensee nur noch aus der Tiefe herauf. Eindrucksvoll darüber im Südwesten der Bristen, etwas ferner die Bergkette der westlichen Urner Alpen. Es geht über gestufte Felsplatten, links und rechts von Heide gesäumt, die sogar aus kleinsten Ritzen der Sonne entgegenwächst. Kurz hinter einem auffälligen Steinmann gabelt sich die Route (1880 m / 1 ½ Std.): geradeaus (NO) auf dem »Eselsweg« nach Tritt und Balmenegg, links (N) zur Windgällenhütte. Der Weg zieht sich tief in einen Bergkessel hinein. Fast so frisch wie beim Aufbruch erreichen wir die in großartiger Bergumrahmung gelegene, im Jahre 2000 renovierte SAC-Hütte zu Füßen von Chli Windgällen, Gross Windgällen und Gross Ruchen (2032 m / + ½ Std.).

Es ist Mittag und die Sonne steht hoch am Zenit. Bei der Hütte »lagern« einträchtig Menschen, Ziegen und Kühe: die einen auf der Suche nach Stille und Beschaulichkeit, die anderen nach Futter – und sei es die Brotzeit im offenen Rucksack eines Wanderers. So kommt jeder auf seine Kosten. Der Blick geht nach Süden ins Etzlital. Es wird überragt vom Schattig Wichel (Piz Giuv), einem Grenzgipfel zwischen

Seite 65: Wildromantisch ist die Steilstufe von Tritt. Talein wird der Anblick der Landschaft immer alpiner: Schärhorn mit Hüfifirn, rechts angeschnitten Gross Düssi.

Zauberhaft leuchtet der von dunklen Tannen gesäumte tiefblaue Golzerensee herauf. Eindrucksvoll steht der Bristen über der malerischen Landschaft. Am linken Bildrand Schattig und Sunnig Wichel.

Markant bauen sich Chli und Gross Windgällen über dem Ortliboden auf.

Rechts: In malerischer Berglandschaft rasten Wanderer beim Steinmanderl (an der Weggabelung zur Windgällen Hütte und nach Tritt).

Uri und Graubünden. Nach ausgiebiger Rast setzen wir die Wanderung fort auf dem Weg, der gleich hinter der Hütte nach Südosten verläuft. Bei den Gebäuden der Stafelialp (1927 m) dösen Ziegen in der Mittagssonne träge vor sich hin. Vor einem großen Felsbrocken nach 15 Minuten der Hinweis Richtung »Tritt«. Romantisch und auch bei heißem Wetter angenehm luftig ist der Weiterweg. Er führt eine Zeit lang fast eben durch eine recht wilde Landschaft, dabei wird die Aussicht auf das zerfurchte, eisige Becken des Hüfifirns immer eindrücklicher. Mächtig türmt sich der Gross Düssi vor uns auf. Er scheint das Tal förmlich abzuriegeln. Nacheinander sind stürmische Gebirgsbäche zu queren. Sie werden vom Alpgnofer Firn gespeist und stürzen als Wasserfälle über blanke Felswände herab. Ab Höhe 1720 beginnt sich der gut angelegte Weg über die Felsstufe des Tritt stärker zu senken. Von Punkt 1650 haben wir nochmals einen faszinierenden Blick ins Talinnere. In etlichen Kehren geht es talaus hinab zum Alpgebiet von Sass (1465 m / + 1 ½ Std.).

Bald ist die Steilstufe von Tritt überwunden. Ein Stück zwischen grobem Blockwerk hindurch, anschließend auf schönem, alten Alpweg sanft abfallend den Hang entlang. Vogelbeeren und Eisenhut leuchten uns entgegen. Dann liegt der große Gebäudekomplex des einstigen »Kurhauses auf Balmenegg« (1349 m) vor uns. Seine Eröffnung geht in das Jahr 1865 zurück. Das während der alpinistischen Erschließungszeit vor allem von deutschen und englischen Touristen stark frequentierte Kurhaus verfügte über Wäscherei, Glätterei, Bäckerei, Kegelbahn, Post und Tanzsaal. Zu den Besuchern des Hotels, das auf einem tannenumsäumten Felsthron steht, zählten auch Berühmtheiten wie Gerhart Hauptmann bis hin zu Konrad Adenauer sowie zahlreiche Vertreter des Geldadels. Sie zogen sich in die Einsamkeit des oberen Maderanertales zurück – mit dem Ziel der geistigen Läuterung und Sammlung die einen, mit

Gotthard-Wanderweg

Von Treib (Rütli, am Südufer des Vierwaldstätter Sees) auf dem »Weg der Schweiz« nach Flüelen (am Südzipfel des Urnersees). Weiter auf der Gotthardroute über Amsteg, Gurtnellen, Göschenen, Andermatt und den Gotthardpass nach Airolo, d.h., auf alter Route vom Urnerland ins Tessin. Eine großartige mehrtägige Tour mit imposanten Eindrücken. Gehzeit: etwa 24 Stunden. Informationen und Unterkunftsnachweis entlang der Route über: Info Uri-Gotthard, Raststätte A2, CH – 6467 Schattdorf, Tel: 0041(0)41/875 05 85.

der Erwartung der Erholung in komfortabler Abgeschiedenheit die anderen. Doch auf die Dauer war das Hotel nicht rentabel genug. Eine Zeit lang noch diente es Wanderern als Restaurant, bis es schließlich seinen Betrieb einstellen musste. Fenster und Türen waren verschlossen – ein trauriger Anblick für Vorbeikommende. Gott sei Dank hat sich die Situation jedoch zwischenzeitlich geändert: Das »Hotel Maderanertal« wird heute im Stil bester heimatlicher Gasthaustradition geführt und verfügt unter anderem über eine Reihe nostalgischer Zimmer sowie Massenlager, Gartenterrasse und Festsaal. Es lohnt sich, hier einzukehren …

Uns nimmt nun der romantische Balmenwald auf. Hinter den Häusern von Balmenschachen (1185 m / + 3/4 Std.) führt eine Holzbrücke über den breiten Chärstelenbach. Ein Fahrweg (für den öffentlichen Verkehr nicht gestattet) folgt jetzt dem Flusslauf. Bisweilen geht der Blick zurück über das von Felsbrocken erfüllte Bachbett, hinauf zur wilden Bergwelt unterm Hüfifirn. Wie ein Wächter steht der Große Düssi über dem Talschluss. Am Weg das kleine Gasthaus Lägni. Eine Brücke bringt uns wieder auf die orografisch rechte Seite des Chärstelenbaches, der sich wild in die Felsen hineingefressen hat. Er gibt dem Tal ein ganz besonderes Gepräge. Nochmals Wechsel auf die andere Flussseite. Der Talgrund wird weiter und lieblicher. Bald hinter Acherli dann die Talstation der Golzernbahn in Hinter Bristen (832 m / + 1 1/2 Std.).

Weitere Tourenvorschläge

- Unterschächen – Brunnialp – Griestdal und zurück (7 Std.)
- Flüelen (Urnersee) – Altdorf – Bürglen – Spiringen – Unterschächen – Klausenpass – Urnerboden: Anspruchsvolle Wanderung auf historischer Route (8 1/2 Std.)
- Klausenpass – Chammli – Unter Grieß – Oberalp – Nideralp – Wannelen – Brunnital – Unterschächen (4 3/4 Std.)
- Bristen – Etzlihütte – Chrüzlipass – Sedrun / Surselva (9 Std.)
- Bristen – Balmenschachen – Blindensee – Griessbrüggen – Hüfihütte und zurück (Zweitagestour; 10 Std.)
- Erstfeld – Erstfeldertal – Kröntenhütte – Erstfeld (7 1/2 Std.)
- Wiler – Gurtnellen – Richligen – Arnisee – Silenen (5 Std.)

Im Maderanertal unterhalb von Balmenschachen – wild schäumt der Chärstelenbach talwärts, während wir uns mehr und mehr vom Gross Düssi entfernen.

15 Auf den Ortstock

Tourensteckbrief

LAGE: *Glarnerland / Ortstockgruppe, östlich des Vierwaldstätter Sees.*

CHARAKTER: *Viel besuchter Aussichtsberg. Für Berggewohnte leicht, jedoch Ausdauer und in einigen Passagen gute Trittsicherheit nötig.*

GEHZEIT: *6 1/2 Std. (bei Bergfahrt mit der Gondel, bei Talfahrt von der Glattalp nach Sali werden 1 1/4 Std. eingespart).*

HÖHENDIFFERENZ: *870 m Anstieg (bei Bergfahrt Sali-Glattalp), 1570 m Abstieg (bei Talfahrt von der Glattalp nach Sali 700 m weniger).*

TALORTE: *Brunnen (425 m) und Schwyz (516 m), beide am bzw. nahe Ostufer von Vierwaldstätter See / Urnersee. Zu erreichen: Per Bahn oder Pkw von Zürich nach Süden Richtung Vierwaldstätter See.*

AUSGANGSORT / -PUNKT: *Sali (1149 m) im Talschluss des Bisistales. Anfahrt: von Schwyz per Bus oder Pkw ins Muotatal, bei Hinterthal südwärts ins Bisistal zur Talstation der Gondelbahn Sali-Glattalp (Parkplatz). Weiter mit der kleinen (3 Personen fassenden) Gondel zur Bergstation Glattalp (1870 m), Ausgangspunkt der Tour.*

EINKEHR / UNTERKUNFT: *Restaurant Glattalphütte (1844 m). Glattalphütte des SAC (1896 m), Tel.: 0041(0)41/830 19 39 und 0041(0)41/830 14 87.*

FÜHRER: *SAC-Clubführer Glarner Alpen, SAC-Verlag; SAC-Wanderführer Wandern Alpin, SAC-Verlag; Gebietsführer Glarner Alpen, Bergverlag Rother; Wanderwelt Alpen, Kümmerly + Frey.*

KARTE: *SAW-Wanderkarte 1:50 000 Blatt 246 T (Klausenpass).*

TOURISMUSINFORMATIONEN: *CH – 6440 Brunnen, Tel.: 0041(0)41/825 00 40. CH – 6430 Schwyz, Tel.: 0041(0)41/810 19 91.*

Unterwegs zwischen Muotaquelle – Ortstock

Das abgeschiedene Muotatal gilt als eine der waldreichsten Gegenden der Schweiz. Mit seinen dunklen Bergwäldern, bizarren Karrenfelsen und rauschenden Wildwassern ist es ein echtes Paradies für Wanderer und Kanufahrer. Die Quellen der Muota kommen aus dem Bisistal. Einst hatten sie ihren Ursprung in der Eisregion des Clariden (südlich vom Klausenpass). Erst im Muotatal verbreitert sich der Bergfluss und mündet bei Brunnen in den Vierwaldstätter See. Am Ortsende von Hinterthal und Eingang ins Bisistal zweigt links die Straße zum Pragelpass ab und führt in 734 Metern Höhe oberhalb des Weilers Stalden am Eingang des Hölloches vorbei. Mit seinen riesigen Hallen, Schluchten und weitverzweigten Gängen (ca. 170 km) ist es das größte Höhlensystem Europas. Die »Beinahekatastrophe« von 1952, bei der eine Gruppe von Forschern durch plötzlich auftretendes Hochwasser neun Tage lang in der Höhle eingeschlossen waren, hat das Hölloch weltbekannt gemacht.

Hoch über dem romantischen Bisistal, wo die Muota entspringt, liegt zuhinterst im Südosten die Glattalp mit dem gleichnamigen See. Es ist ein beliebtes Ausflugsziel, vor allem auch für Familien mit

Kindern. Die Seilbahn von Sali erspart einen 2-stündigen Aufstieg. Während der Hauptsaison fährt die kleine Gondel täglich von 8 bis 12 Uhr und 13 bis 18 Uhr. Bei gutem Wetter ist sie trotz pausenlosen Einsatzes hoffnungslos überlastet, sodass man Wartezeiten in Kauf nehmen muss, vor allem für die Talfahrt (bis zu 2 Std.!). Es werden Nummern ausgegeben und jeder weiß in etwa, wann er an der Reihe ist.

Der Wegverlauf

Der erste Besuch auf der Glattalp ist uns besonders gut in Erinnerung geblieben. Nach ein paar regnerischen Tagen scheint sich das Wetter wieder zu bessern. Wir trauen Petrus am Morgen aber noch nicht so ganz und beschließen daher, lediglich einen »Erkundungsausflug« zu machen. Wir sind zu dritt und schweben mit der ersten Gondel von Sali in die Höhe. Schon bald zeigt sich, dass der Tag schöner wird als erwartet. Wir genießen es, einmal ziellos und ohne Pläne unterwegs zu sein, bummeln am See entlang, dann über sanfte Hänge und zwischen großen Felsblöcken hindurch Richtung »Hinter den Steinen«, dann nordwestwärts auf den Gross Chilchberg zu immer höher hinauf. Eine üppige Alpenflora umgibt uns: leuchtender Almrausch und gelber Enzian, Seidelbast, Edelweiß und Alpenglockenblume, blauer und gelber Eisenhut. Und unzählige Stauden niedriger Kriechweiden, von deren einzigem Stamm die gesamte Verästelung ausgeht. Während wir so in die Stille emporsteigen, bleibt der Blick hängen an Höch Turm und Ortstock; Wolkenschiffe segeln darüber hinweg.

Ab und zu auf Vieh- oder Hirtenpfaden, meistens jedoch weglos, halten wir westwärts auf eine kleine Senke zu und treffen unerwartet auf eine Herde junger Pferde. Dreihundert Meter tiefer der türkisfarbene Glattalpsee. Durch ein Schuttkar, wild und einsam, leiten ein paar Steinmanderln. Einen steilen Hang querend, gelangen wir in die Grateinsenkung westlich des Gross Chilchberges (2143 m). Hier öffnet sich ein gewaltiger Tiefblick nach Norden ins Charettal. Darüber wölbt sich die Schrattenlandschaft von Chupferberg, Mandlieggen und Pfannenstock. Aber auch Höch Turm und Ortstock im Osten verstehen sich in Szene zu setzen – sie stehen in ihrer Ausstrahlung jener über der Sonnenterrasse von Braunwald kaum nach. Der Entschluss steht fest: Wenn das Wetter hält, werden wir morgen auf den Ortstock gehen … Nun von der Grateinsenkung weglos und anfangs etwas steil nach Süden Richtung Seilbahnstation hinab (oder auf Steigspuren dem Firstli, einem rasigen Grat, bis hin zum Weg, der bei Punkt 2056 Charetalp und Glattalp verbindet, folgen). Weiter zur Glattalphütte des SAC und zur Bergstation (2 ½–3 Std.).

Wir fahren am nächsten Tag wieder ins Bisistal und verlassen kurz nach acht Uhr die Gondel auf der Glattalp (1870 m). Hinter dem Ostzipfel des Glattalpsees leuchtet uns die Markierung auf einem Felsblock entgegen, der inmitten von Disteln auf einer ebenen Fläche steht. Darauf halten wir zu. Das Steiglein

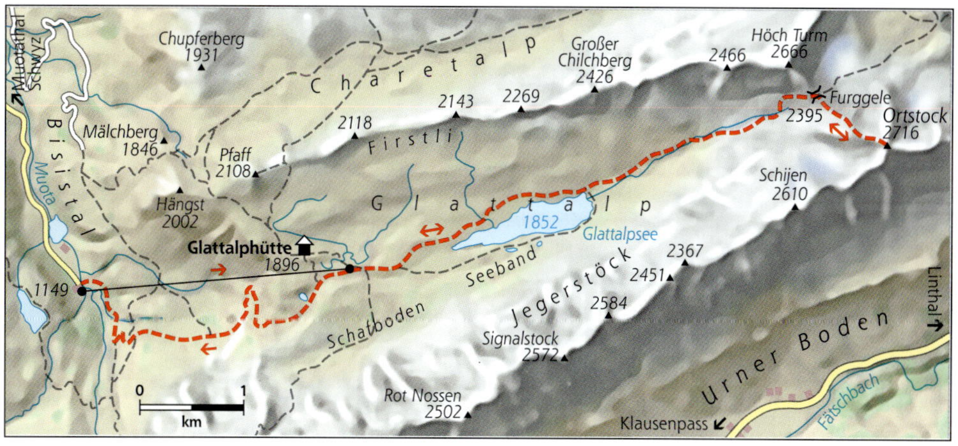

führt am Bergbach entlang, der in sanften Kaskaden herabfließt und an markierter Stelle zu seiner orografisch linken Seite hin zu queren ist. In etwa 2150 Metern Höhe erreichen wir einen Schutthang. In vielen Kehren geht es nun steil in Schutt und Geröll höher, oftmals zwei Schritte vor und einen zurück. Auf dem Furggele (2395 m / 2 ¼ Std.), der tiefsten Einsenkung zwischen Höch Turm und Ortstock, empfängt uns ein großartiges Panorama. Bös Fulen, Glärnisch, davor weite Karrenfelder und etwas tiefer die Braunwaldalpen. Der Ortstock wird gerne und entsprechend häufig von der Glarner Seite, also von Braunwald aus, gemacht. Allerdings ist diese Tour strenger und gut zwei Stunden länger. Nach Süden blicken wir auf Clariden, Chammliberg und Schärhorn, ferner im Westen steht der Uri Rotstock. Mächtig bäumt sich der Höch Turm über uns auf.

Auch wenn wir bereits auf der Scharte eine lohnende Aussicht haben, lockt doch der Gipfel des Ortstocks. Auf dem Furggele geht ein scharfer Wind, der uns noch eine Weile begleitet. Die Weganlage ist gut, nirgends gibt es Probleme. Bei Höhe 2600 helfen zwei Seile im Auf- und Abstieg über eine steile Felswand hinweg. Weiter über gut gestufte Schrofen. Schon sehen wir das Gipfelkreuz in der Sonne glitzern, und bald darauf ist das Ziel erreicht (2716 m / 1 Std.). Im Gegensatz zum Furggele ist es hier recht mild. Ein paar Wanderer sitzen auf den warmen Felsen und genießen das einzigartige Panorama. Wie es sich für einen richtigen Eckberg gehört, gewährt der Ortstock fantastische Tiefblicke, unter anderem ins Linthal und zum Urnerboden. Den stärksten Eindruck hinterlässt jedoch der Anblick der direkt gegenüber liegenden Kette der Glarner Alpen. Piz Segnas, Vorab, Bifertenstock und der Tödi mit seiner Firnhaube sind die herausragenden Gipfel.

Beim Abstieg auf der gleichen Route erleben wir die Schönheit dieser Berglandschaft erneut mit anderen Augen. Aus der Tiefe leuchtet der Glattalpsee herauf. Eine Gruppe Jungen und Mädchen steigen gleichzeitig zum Furggele ab. Sie wollen nach Braunwald zurück. Unter dem Motto »Bergwandern mit Kindern« leiten drei Ausbilder des Schweizer Alpen Clubs (SAC) diese Bergtour (Übernachtung auf dem Ortstockhaus), die allerdings an der Obergrenze

Links:
Vor der letzten Etappe zum Gipfel des Ortstocks genießt man auf dem Furggele diese prächtige Aussicht: über Jegerstöck hinweg auf Clariden und Chammliberg

für Jugendliche ihres Alters liegt und nur mit berggewohnten Kindern durchzuführen ist.

Auch jetzt kommen noch »Gipfelstürmer« vom Tal hoch. Ein recht wohlbeleibter Mann in kurzen Hosen und mit nacktem Oberkörper steht, auf einen kräftigen Handstock gestützt, vor der gesicherten Steilwand und schaut lachend zum nahen Gipfel. Ein dunkler Vollbart und geflochtene Zöpfe zieren sein markantes Gesicht. Seine Begleiterin, eine zierliche Blondine in Strandkleidung, fragt:»Nimmt der Leidensweg denn noch kein Ende?« Vielleicht hätten sie besser an die See fahren sollen …

Vom Furggele (2395 m / + 1/2 Std.) in raschem Tempo Richtung Glattalp abwärts. Der steile Geröllhang ist jetzt sehr lebendig und »Abfahren« ist nicht empfehlenswert. Dagegen erweisen sich unsere Teleskopstöcke als sehr angenehm. Ab Höhe 2150 wird das Gelände wieder ebener. Der Steig führt über begrünte Hänge und einen Absatz. Wir passieren das Felstrümmergebiet »Hinter den Steinen« und erreichen bald den Seeanfang. Am Nord- oder Südufer des Glattalpsees entlang zurück zur Bergstation der Luftseilbahn (1850 m / + 1 1/2 Std.). Wem das Warten auf die nächste Talfahrt zu lange dauert, wandert wie wir ins Tal hinab. Der Weg ist zwar rau und führt über loses Gestein, ist aber immer wieder mit guten Tritten versehen. Vorbei an der Alp Mütschen gelangen wir in das Gebiet »In den Chrümpen« und nach Läcki, bis der abwechslungsreiche Abstieg beim Parkplatz in Sali endet (1149 m / + 1 1/4 Std.).

Weitere Tourenvorschläge

- Rigi, »Königin der Berge« über dem Vierwaldstätter See: Vietznau – Rigi Kulm – Rigi Kaltbad – Felsenweg – Seeweg – Rigi Scheidegg – Gersau (5 1/2 Std.)
- Küßnacht – Seeboden – Rigi Staffel – Rigi Kulm (4 Std.)
- Rund um den Großen Mythen: Rickenbach – Rotenflue – Holzegg – Großer Mythen – Zwüschel Mythen – Rickenbach (5 Std.)
- Muotathal – Saliboden – Ruosalper Chulm – Balmergrätli – Klausenpass (6 Std.).
- Dürenboden – Robutzli – Charetalphüttli – Glattalphütte SAC – Milchbüelen – Sali – Dürenboden (7 Std.)
- Sali / Glattalp – Pfaff – Charetalp – Erigsmatt – Bärentritt – Braunwald (6 1/2 Std.)
- Richisau (nordöstlich vom Pragelpass) – Gampel – Alpeli – Silberenalp – Dräckloch – Wäberen – Chäseren – Chlönstalden – Richisau (6 Std.)
- Richisau – OberSchwialp – Wägitalersee – Innerthal – Siebnen (5 1/2 Std.)
- Pragelpass – Butzen – Silberen / Twärenen Räui – Ruch – Tritt – Chalberloch – Pragelpass (5 1/4 Std.)
- Muotathal – Haselbach – Horgrasen – Guetentalboden – Pragelpass (4 Std.)

Gegenüber:
1683 durch Johann Caspar Büeler erbaute und 1963/64 restaurierte kleine Kapelle zur »Schmerzhaften Mutter Gottes« in Schwyz (am Eingang des Muota- und Bisistales) vor Kl. und Gr. Mythen

Auf dem Gipfel des Silberen (nördlich des Ortstocks), von den Einheimischen Höchst Twärenen genannt, vor Druesberg (in Wolken). Die eigenwilligen Karrenfelder des Silberen gelten als größtes Karstgebiet der Schweiz.

16 Gipfeltour über dem Brienzer See

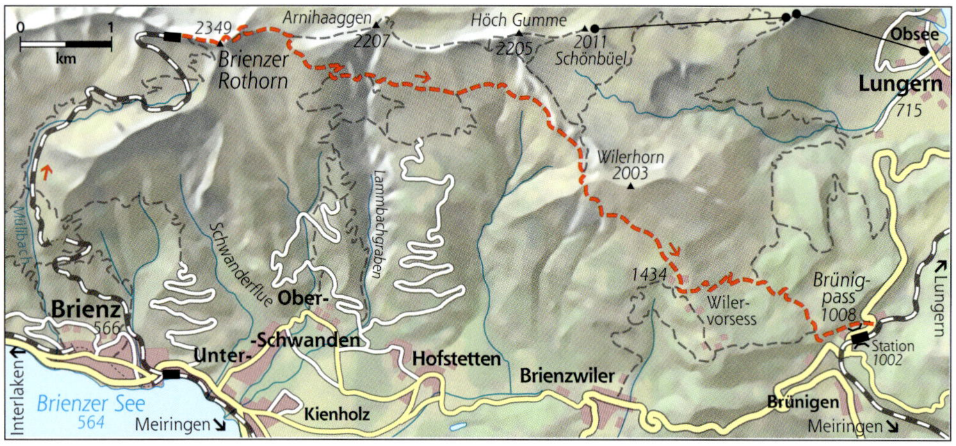

Wandern im Anblick von Eiger, Mönch und Jungfrau

Der Thuner und der Brienzer See liegen im langgestreckten Tal der Aare zwischen Brienz und Thun (etwa 50 km südöstlich von Bern) und werden zusammen »Oberländer Seen« genannt. Mit einer Größe von 30 Quadratkilometern (14 km lang, 2,5 km breit) ist der Brienzer See der kleinere der nur durch das Bödeli getrennten zwei Seen. Allerdings überbietet er den 217 Meter tiefen Thuner See mit größerer Tiefe, die 261 Meter beträgt. Die Aare führt dem melancholisch anmutenden See aus ihrem Einzugsgebiet große Mengen Gletscherwassers zu, sodass der See durch diesen Zufluss und seine Tiefe recht niedrige Temperaturen aufweist. Interlaken, zwischen Brienzer und Thuner See zu Füßen des imposanten Dreigestirns »Eiger, Mönch und Jungfrau« gelegen, ist für viele Besucher aus aller Welt Ziel und Ausgangspunkt der Ferien. Die BLS-Schiffsflotte auf dem Thuner und Brienzer See verbindet die verschiedenen »Highlights« beider Seen. Der Flottenstützpunkt der Dampfer des Brienzer Sees befindet sich in Interlaken-Ost. Als einziges Schiff der Belle-Epoque-Zeit in der Schweiz durchquert der 1914 gebaute und in grünlicher Originalfarbe erhaltene, nostalgische Salondampfer, die DS Lötschberg, den Brienzer See. Originell ist auch das Drachenschiff auf dem Thuner See: Es sieht aus wie ein Drache und schnaubt wie ein Drache.

Die typischen Oberländer Dörfer am Nordufer der Seen sind durch Straßen, Schienen oder Wasserwege miteinander verbunden. Schöne Holzbauernhäuser säumen ihre Hauptstraßen. In Ringgenberg sind noch die Mauern einer mittelalterlichen Burganlage erhalten (im 13. Jh. vom Hause Raron erbaut); sie umgeben schützend die alte Dorfkirche. Am nordöstlichen Ende des Brienzer Sees liegt Brienz, erstmals im Jahre 1146 erwähnt als »Briens«, was soviel wie Anhöhe heißt. Aus der früheren Umladestation Tracht (von den Landwegen aufs Wasser) entstand das langgezogene Dorf mit seiner engen Durchgangsstraße. Der Dorfkern von der Brunngasse bis zur altehrwürdigen Kirche auf dem Burgstollen strahlt mit seinen Holzhäusern aus dem 17. bis 19. Jahrhundert eine

Auf der Wanderung von Käserstatt zum Hochstollen. Über Rosenlauital und Großer Scheidegg ragen die schönsten Berner Gipfel auf: Engelhörner, Kl. Wellhorn, Wellhorn, Wetterhorn (dahinter Rosenhorn und Mittelhorn), Mönch und Eiger.

Vom Brienzer Rothorn zum Brünigpass

Tourensteckbrief

LAGE: *Berner Voralpen / Augstmatthorn-Hohgant-Brienzer Rothorn-Gruppe, über dem Nordostufer des Brienzer Sees.*
CHARAKTER: *Prächtiger Höhenweg über entlegene Alpwiesen und Berghänge; unschwierig. Von Brünig-Hasliberg/Station Rückkehr mit der Eisenbahn über Meiringen nach Brienz. Empfehlenswert: Rundfahrtbillett.*
GEHZEIT: *5 Std. (bei Fahrt mit der Rothornbahn bis Bergstation kurz unterhalb des Gipfels).*
HÖHENDIFFERENZ: *150 m Anstieg (bei Fahrt mit der Rothornbahn bis Bergstation), 1400 m Abstieg.*
TALORTE: *Brienz (566 m). Anfahrt: Per Bahn oder Pkw von Bern über Thun, Spiez und Interlaken (oder von Luzern über Sarnen und Brünigpass).*
AUSGANGSPUNKT: *Bergstation der Brienz-Rothorn-Bahn (2244 m), mit der Dampflokomotive von Brienz zu erreichen.*
EINKEHR: *Siehe Unterkunft sowie Restaurant Planalp (1341 m), Alp Käsern (1767 m).*
UNTERKUNFT: *Berghotel Rothorn Kulm (2244 m).*
FÜHRER: *SAC-Clubführer Berner Voralpen, SAC-Verlag; SAC-Wanderführer Wandern Alpin, SAC-Verlag; Rother Wanderführer Berner Oberland Ost, Bergverlag Rother, Wanderwelt Alpen, Kümmerly + Frey.*
KARTEN: *SAW-Wanderkarten 1:50 000, Blätter 254 T ((Interlaken) und 255 T (Sustenpass).*
TOURISMUSINFORMATIONEN: *CH – 3855 Brienz, Tel.: 0041(0)33/952 80 80; CH – 3860 Meiringen, Tel.: 0041(0)33/972 50 50.*

wohltuende Ursprünglichkeit und heimelige Atmosphäre aus. In Brienz befindet sich die einzige Schnitzlerschule der Schweiz, die 1927 (bis dahin privat geführt) vom Kanton Bern übernommen wurde.

Der Ursprung des Holzschnitzhandwerks geht auf das Jahr 1816 zurück. Auf der Londoner Weltausstellung anno 1859 erregte die Brienzer Holzschnitzerei großes Aufsehen. In der ersten Blütezeit zählte man weit über 1000 Holzschnitzler in Brienz. Eine Besichtigung der Ausstellungsräume in der Schnitzlerschule lohnt sich. Auch eine Geigenbauschule befindet sich in Brienz, sie bildet anerkannt gute Fachleute aus. Lohnender Besuch von Brienz aus zur nahen Axalp sowie zu den Gießbachfällen. Unweit von Brienz wurde 1978 das Schweizerische Freilichtmuseum Ballenberg für ländliche Bau- und Wohnkultur auf einem über 50 Hektar großen, parkartigen Gelände eröffnet. Der Besucher kann inzwischen fast 100 traditionelle ländliche Bauten (aus 18 Kantonen), die hier wieder aufgebaut wurden, besichtigen. Das Museum bietet Einblick in die Geschichte der Schweiz. Außerdem wird gezeigt, wie die ländliche Bevölkerung früher gearbeitet und ihr Brauchtum gepflegt hat. Interessant sind auch die Vorführungen von dreißig traditionellen Handwerken und Gewerben bei ihrer Arbeit. Auf dem Gelände sind alle einheimischen Bauernhoftierarten vertreten.

Zu den reizvollsten Erlebnissen der Region zählt eine Fahrt mit der 1892 eingeweihten »Brienz-Rothorn-Bahn«, der ältesten und letzten heute noch »fahrplanmäßig« verkehrenden Dampfzahnradbahn mit Dampflokomotien aus drei Generationen. Die Zahnantriebsräder der Lokomotive greifen in der Mitte der Trasse in die Zahnschiene. Auf der einstündigen Strecke nach Rothorn Kulm bewältigen sie auf einer Strecke von 7,6 Kilometern die Höhendifferenz von 1678 Metern bei einer Durchschnittssteigung von 22,5 % und maximaler Steigung von 25 %. Im Einsatz stehen heute Dampflokomotiven aus drei Generationen: drei Dampflokomotiven Baujahr 1891/92, zwei Dampflokomotiven Baujahr 1933/36, drei Dieselhydrostatische Loks Baujahr 1975/87, drei Dampflokomotiven Baujahr 1992/96. Gemeinsam stellen sie eine lebendige Erinnerung an die vergangenen Zeiten der »Dampfromantik« dar.

Die Fahrt beginnt in der sorgfältig restaurierten Talstation (gegenüber dem Bahnhof und Schiffsanleger am östlichen Ortsende von Brienz). Unnachahmlich ist das allmorgendliche Zeremoniell, wenn sich die Lokomotiven vom Depot in Richtung Stationsgebäude bewegen. Mit dem hundertsten Geburtstag der Rothornbahn begann ein neues Dampfzeitalter: Nach vielen Jahren werden in der Schweizerischen Lokomotiv- und Maschinenfabrik nämlich wieder Dampflokomotiven gebaut. Am 17. Juni 1992 wurde die erste, nach neuesten technischen Erkenntnissen gebaute Dampflokomotive eingeweiht, 1996 folgten die nächsten zwei. Sowohl die nostalgischen als auch die modernen roten Wagen fahren bei schönem Wetter mit offenen Fenstern, damit die Fahrgäste die herrlichen Ausblicke genießen können. Im Führerstand werden 300 Kilo Kohle verstaut und in die Tanks 1200 Liter Wasser gefüllt. Durch prächtige Laubwälder, über duftende Bergweiden, durch Tunnels, über

Im Rosenlauital (südlich des Brienzer Sees). Über den Holzstadeln Dossen, Rosenlauigletscher, Kl. Wellhorn und Wellhorn (kleine weiße Spitze rechts hinter Kl. Wellhorn).

Großblütige Gemswurz. Kraut, Wurzelstock und die Blüten enthalten einen Süßstoff, daher wird die Pflanze gern von Gämsen, Ziegen und Hirschen gefressen.

schmale Brücken und steile Rampen gewinnt die Dampflok langsam, aber stetig an Höhe. Sie faucht und prustet zum Erbarmen: »Ich schaff es noch, ich schaff es noch, ich schaff es noch!«. Dabei schickt sie weißen Wasserdampf und grauen Qualm gegen den Himmel. Auf der Planalp (Zwischenstation, 1341 m; von hier zu Fuß 3 Std. aufs Rothorn) muss die Dampflok Wasser nachfassen, bevor sie den mühsamen Weiterweg (auf der 7,6 km langen Strecke) durch karge, von Schuttkaren durchzogene Alphänge fortsetzt. Die Planalp ist eine sagenumwobene und mit besonderen Alprechten ausgestattete Walserkolonie aus dem 14. Jahrhundert. Lötschentaler Bergbauern suchten hier bessere Weiden und Lebensbedingungen.

Der Wegverlauf

Nach einer knappen Stunde ist die Bergstation in 2244 Metern Höhe erreicht – das letzte Stück, vorbei am Restaurant Rothorn Kulm, dann zu Fuß auf das Brienzer Rothorn (2349 m / ¼ Std.). Auch Gehbehinderte könne sich diesen Ausflug erlauben und mit einer der nächsten Bahnen ins Tal zurückkehren. Die Rundsicht vom Gipfel reicht über das Mittelland und den Jura bis zu den Vogesen und zum Schwarzwald – vom Säntis im Nordosten bis zu den Diablerets im Südwesten.

Das Brienzer Rothorn ist ein idealer Wanderberg. Dem Berggänger und Wanderer bieten sich abwechslungsreiche kurze und längere Touren. So wollen auch wir es nicht bei diesem unbeschwerlichen »Gipfelsturm« belassen, sondern weiter zum Brünigpass wandern. Bequem geht es hinab zum Eiseesattel (2025 m / + ½ Std.), einer breiten, grasbewachsenen Senke zwischen Rothorn und Arnihaaggen. Der Nordwesthang des Arnihaaggen beherrscht den stillen Eisee, der dadurch etwas Düsteres an sich hat. Dieser schöne Aussichtsberg kann in 1½ Stunden nach Schönbüel (Bergstation der Luftseilbahn Lungern-Obsee) überschritten werden, jedoch ist die Rückkehr per Seil- und Eisenbahn im Verhältnis zur Kürze des Weges etwas zeitraubend. Wen das nicht stört, findet hiermit eine Alternative. Man kann auch von Lungern mit dem Postauto nach Sörenberg fahren und von dort mit der Seilbahn auf das Brienzer Rothorn zurückkehren.

Wir setzen unsere Wanderung fort und gelangen zu den obersten Alpweiden von Gibelegg. Türkisfarben leuchtet aus der Tiefe der Brienzer See herauf. Er gleicht aus dieser Perspektive einem norwegischem Fjord. Unser Pfad schlängelt sich zwischen niederem Erlengehölz und Latschen hindurch. Im Quellgebiet des Lammbaches sind drei Einzugsgräben zu durchschreiten. Nach kurzem Gegenanstieg und Queren der Gummenalp kommen wir nach Käsern, von den Einheimischen Chäseren genannt (1767 m / + 1½ Std.). Die Landschaft wird zunehmend lieblicher, die Alpenflora üppiger und bunter. Dabei zieht sich der Weg in einer Höhe von etwa 1800 Metern unter dem Wilerhorn entlang. Immer wieder beeindrucken die großen Gegensätze am Wege: hier die silbrig schimmernden Fruchtstände der Anemone »Wildes Männele« und die vom Sonnenlicht durchstrahlten zarten, weißen Blütenköpfe eines Liliengewächses, dort die von Runsen und Tobeln zerfurchten, steil ins Tal abfallenden Hänge, an denen sich windzerzauste Arven festgeklammert haben. Das sich über Alpweiden nach Osten wendende schmale Steiglein ist jetzt recht steil und verliert rasch an Höhe. Der Blick wird frei ins Haslital und über Meiringen hinweg zu den bizarren Engelhörnern. Von der Wileralp (1419 m / + 1¾ Std.) sind die Bergwiesen nach Schäri hin zu queren, und ein schattiger Waldweg führt zum Brünig Aelpli (1118 m). Nun ist es nicht mehr weit zur Brünigpassstraße nahe der Passhöhe (1008 m) und zur Bahnstation Brünig-Hasliberg (1002 m / + 1 Std.).

Weitere Tourenvorschläge

- Lungern – Brünig – Brünigpass – Gallenblatten – Räuft – Schwand – Meiringen (3½ Std.)
- Käserstatt– Hochsträss – Hochstollen – Mägisalp – Halmersmad – Wasserwendi – Brünigpass (5 Std.)
- Niederhorn – Burgfeldstand – Gemmenalphorn – Oberberg/Seefeld – Hinterstberg – Mittelberg – Grönhütte – Beatenberg (5¾ Std.)
- Beatenberg – Sieben Hengste – Habkern (6 Std.)
- Beatenberg – Sigriswiler Rothorn – Sigriswil (6 Std.)
- Habkern – Augstmatthorn – Habkern (5 Std.)
- Rothorn Kulm – Eiseesattel – Arnihaaggen – Schönbüel (2¼ Std.); Rückkehr mit der Luftseilbahn »Lungern–Obsee« und per Eisenbahn nach Brienz).
- Mägisalp – Planplatten – Balmeregg – Tannalp – Engstlenalp (4¾ Std.)
- Engelberg – Trüebsee – Jochpass – Tannalp – Melchsee Frutt (7 Std.)

17 Die Schynige Platte

Tourensteckbrief

LAGE: *Berner Voralpen / Faulhorn-Schwarzhorn-Gruppe, südlich des Brienzer Sees.*

CHARAKTER: *Geologisch interessanter, aussichtsreicher Höhenweg mit leichter Gipfelbesteigung; zwischen Schynige Platte und Faulhorn Bergweg. Ein- bis Zweitagetour (je nachdem, wieviel Zeit man sich nehmen möchte für den »Alpengarten Schynige Platte«).*

GEHZEIT: *5 3/4 Std. (bei Zahnrad- und Gondelbahnbenutzung).*

HÖHENDIFFERENZ: *800 m Anstieg, 550 m Abstieg (bei Zahnrad- und Gondelbahnbenutzung).*

TALORTE: *Wilderswil (584 m). Anfahrt: per Bahn oder Pkw von Bern über Thun, Spiez (oder Luzern, Brünigpass, Brienz) und Interlaken. Grindelwald (um 1000 m). Anfahrt: per Bahn oder Pkw von Bern über Thun, Spiez (oder Luzern, Brünigpass, Brienz) und Interlaken nach Zweilütschinen, weiter nach Osten ins Grindelwaldtal.*

AUSGANGSPUNKT: *Schynige Platte (1967 m). Von Wilderswil mit der Zahnradbahn auf die Schynige Platte. Die Bahn verkehrt vom 2.6.–20.10. täglich; Berg- und Talfahrt je 50 Minuten.*

EINKEHR(UNTERKUNFT: *Hotel Schynige Platte (1967 m); Weberhütte (2344 m, zwischen Schynige Platte und Faulhorn); Berghotel Faulhorn (2680 m); Berggasthaus First (2167 m)*

FÜHRER: *SAC-Clubführer Berner Voralpen, SAC-Verlag; SAC-Wanderführer Wandern Alpin, SAC-Verlag; Rother Wanderführer Berner Oberland Ost, Bergverlag Rother, Wanderwelt Alpen, Kümmerly + Frey.*

KARTE: *SAW-Wanderkarte 1:50 000, Blatt 254 T (Interlaken).*

TOURISMUSINFORMATIONEN:
CH – 3812 Wilderswil,
Tel.: 0041(0)33/822 84 55;
CH – 3818 Grindelwald,
Tel.: 0041(0)33/854 12 12;
CH – 3800 Interlaken,
Tel.: 0041(0)33/826 53 00.

Panoramaweg Schynige Platte – Faulhorngipfel

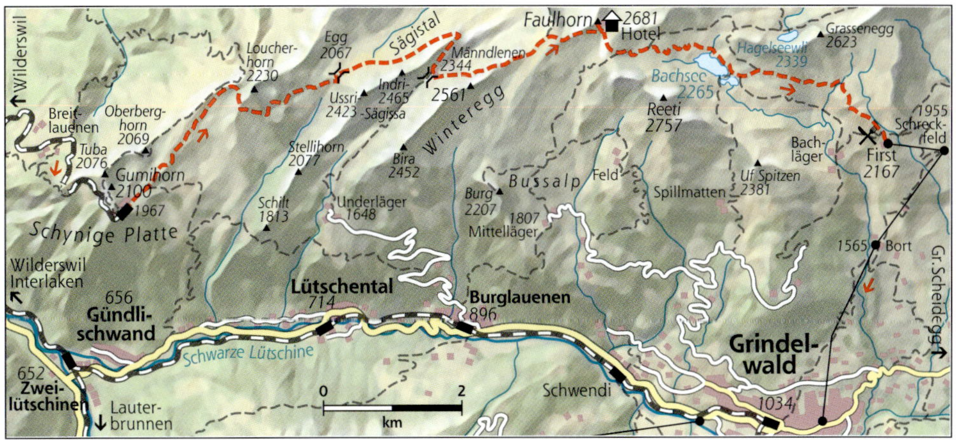

Mit dem Bähnli auf die Schynige Platte

Die Eröffnung des »Alpengarten Schynige Platte« fällt in das Jahr 1929. Dieser botanische Garten besonderer Art hat sich die Aufgabe gestellt, die natürliche Vegetation der oberen subalpinen sowie der alpinen Stufe der Schweizer Berge zu zeigen, das heißt, im Bereich der Schynigen Platte oberhalb von 1500 bzw. 2000 Metern (gleichbedeutend oberhalb von 1800 bzw. 2300 Metern in den Zentralalpen). Auf einer Fläche von 8323 Quadratmetern wurden in 15 typischen Standortbereichen (Alpines Flachmoor, Lägerflur, Urgestein, Kalk-Schutthalde usw.) heimische Pflanzengesellschaften angesiedelt, soweit sie nicht bereits vorhanden waren. Zunächst mussten entsprechende Voraussetzungen geschaffen werden, um den Pflanzenarten ihre artspezifischen Wachstumsbedingungen zu bieten. So fehlte zum Beispiel eine Geröllhalde (Kalk-Schutthalde). Man schaffte das Geröll aus der Gegend des Gummihorns herbei, während die Bahn den Feinschutt lieferte. Stolz sind Initiatoren und Mitarbeiter des Alpengartens auf das künstlich geschaffene Urgesteinsfeld. Kristalline Gesteine mit ihrem Schutt und Sand fehlen auf der Schynigen Platte völlig. So verarbeitete man über 40 Tonnen Granit- und Gneisblöcke sowie Granitgrus aus dem Grimselgebiet und dem Einzugsbereich der Lütschine, um im Alpengarten auch die attraktiven Pflanzen der Zentralalpen anflanzen zu können.

In den Schweizer Alpen sind oberhalb der Baumgrenze (alpine Stufe, also ab 2000 bzw. 2300 Metern) etwa 620 Arten Blütenpflanzen und Farne anzutreffen. Im Alpengarten wurden bei Zählungen etwas über 500 Arten festgestellt. Dabei handelt es sich neben jenen, die nur in der alpinen Stufe gedeihen, auch um solche Arten, die in der montanen und/oder subalpinen Region verbreitet sind, deren höchstes Vorkommen jedoch die alpine Stufe ist.

Der Besuch des Alpengartens ist während der gesamten Vegetationszeit möglich. Jedoch ergeben sich unterschiedliche Blühperioden bei den verschiedenen Arten, da bestimmte Voraussetzungen in den Pflanzen selbst sowie ihrer Umgebung erfüllt sein müssen (z. B. Mindestalter, genügend Reservestoffe, tägliche Höchst- oder Mindestlichtdauer, Schneeschmelze, Bodenver-

Ausgangspunkt für eine Wanderung im Saxettal – etwa aufs Morgenberghorn – ist Wilderswil. Der breitgelagerte Schwalmere mit seinen abschüssigen Nordflanken riegelt das einsame Tal im Süden ab.

Blumen-Stilleben im zerfurchten Karstgestein der riesigen Karrenfelder am Faulhornweg.

hältnisse usw.). Der üppigste Blütenflor ist im Bergfrühling anzutreffen (ca. Ende Juni), die größte Zahl blühender Arten im Sommer (Ende Juli / Anfang August) und die prächtigste Entwicklung der Hochstauden im Herbst (Ende August / Anfang September).

Dieser botanische Garten, getragen durch den privaten »Verein Alpengarten Schynige Platte« (mit Unterstützung der öffentlichen Hand) wurde mit viel Mühe, Liebe und Enthusiasmus angelegt und gepflegt. Man sollte sich daher nicht (wie dies in etlichen Wandervorschlägen empfohlen wird) mit einer Stippvisite vor oder nach der »Faulhorntour« begnügen. Folgen Sie vielmehr unserem Vorschlag und setzen Sie einen ganzen Tag für den Alpengarten und seine prächtige Umgebung an. Morgens geht es mit der ersten Bahn von Wilderswil auf die Schynige Platte (1967 m).

Zunächst machen wir den wunderschönen Panorama-Rundweg: entweder die kleine Tour über den Aussichtspunkt Daube (Tuba 2076 m / 1 ¼ Std.) oder die größere über das Oberberghorn (2069 m / 2 ½ Std.), dessen ungewöhnliches Aussehen von einem Felseinbruch herrührt, der zur Bildung eines riesigen, abgetrennten Turmes im Südosten des Gipfels geführt hat. Anschließend besuchen wir den Alpengarten, der einem Naturpark gleicht, und lassen uns von der Blütenpracht beglücken.

Der Wegverlauf

Am nächsten Morgen begeben wir uns auf einen der schönsten Höhenwege in den zentralen Schweizer Alpen, der uns den ständigen Anblick der Jungfraugruppe aus wechselnden Blickwinkeln beschert. Der Weg ist bestens markiert und beschildert. Vom Stationsgebäude kurz hinab ins Alpläger Iselten / Ober-

Wanderung im Saxettal auf den Rengglipass von Wilderswil. Unschwierig führt die Route über duftende Wiesenhänge und an dunkelbraunen Alphütten vorbei. Darüber das Morgenberghorn.

Weitere Tourenvorschläge

- Mondscheinwanderung: Schynige Platte – Faulhorn – First, organisiert und geführt vom »Reisedienst Bahnen der Jungfrau-Region«, Auskunft Tel.: 0041(0)33/828 72 33. Abmarsch Schynige Platte um 0:45 Uhr nachts – Ankunft Faulhorn etwa 6:45 Uhr morgens (Sonnenaufgang zwischen 6 Uhr und 6:30 Uhr).
- First-Bachsee – Waldspitz – Bort – Grindelwald (4 Std.)
- Meiringen – Schwarzwaldalp – Alpiglen – Große Scheidegg – Schafhubel – Gratschärem – Hornseeli – Pfanni – Schwarzwaldalp – Meiringen (5¼ Std.). Die Große Scheidegg ist eine Moorlandschaft von Nationaler Bedeutung und unbedingt einen Besuch wert (auch per Bus von Grindelwald und Meiringen zu erreichen).

berg. Über eine Rippe, die das kleine Tälchen östlich begrenzt, auf das imposante Loucherhorn mit seinen langgezogenen Schuttfächern zuhalten. Der Steig zieht sich gegen die Westflanke des Loucherhorns empor, und wir schlüpfen durchs Güwtürli in eine völlig veränderte, wilde Urlandschaft hinüber. Wie im Seefeld oberhalb von Habkern sowie im Stockhorngebiet sind hier große Karrenfelder, auch Schratten genannt. Das helle Kalkgestein durchziehen parallele Rillen unterschiedlicher Tiefe und Breite. Es ist kaum zu fassen, dass auf diesem kargen Boden noch Pflanzen gedeihen und zarte Blütenköpfe sich im Winde wiegen. Welch ein Gegensatz dazu der von zahlreichen Scharten geprägte, dolomitähnliche Grat von Ussri und Indri Sägissa. Senkrechte Felswände stürzen jäh ins Sägistal ab und zwingen uns, das Tal bis Punkt 2276 (Gotthardloch) auszugehen. Nun gelangen wir in das fremd anmutende, jedoch stimmungsvolle Hühnertal. Wie ein Amphitheater wirkt die von Rinnen durchfurchte, waagerecht geschichtete Nordwand der Winteregg, über die angeblich das Winterwetter nach Grindelwald gelangen soll. Vom Sattel bei Männdlenen (2344 m / 3 Std.) mit der privaten Weberhütte geht es über Stufen einen Felshang hinan und auf dem breiten Grat der Winteregg bis zum Fuß des Faulhorns, das auf steilem Wiesenpfad leicht erstiegen wird (2680 m / + 1¼ Std.).

Vom Gipfel des Faulhorns genießen wir die vielgerühmte Aussicht zu den eisgepanzerten Bergriesen im Süden – Eiger, Mönch und Jungfrau. Nach Norden fällt der Blick über das Sägistal hinweg auf den Brienzer See. Im Berghotel Faulhorn, das 1832 (!) in der Südflanke des Faulhorns eröffnet wurde, herrscht jetzt Hochbetrieb. Es hat schon ganze Völkerscharen an sich vorbeiziehen sehen und viele Gäste beherbergt. Einst kamen sie nicht nur zu Fuß, sondern hoch zu Ross oder im Tragstuhl aus dem Tal herauf. Heute ist es von der Bergstation First zum Faulhorn, einem der meistbesuchten Aussichtsberge, fast nur noch ein Spaziergang, während die Wegstrecke zwischen Faulhorn und Schynige Platte an einigen Stellen schon ein wenig Trittsicherheit erfordert. Der weitere Abstieg führt uns auf den Sattel des Gassenbodens (2553 m). Von hier links haltend zum malerischen Bachsee hin, in dessen klarem Wasser sich die Bergspitzen des Berner-Alpen-Hauptkammes spiegeln … Wetterhorn, Schreckhorn, Fiescherwand, Eiger-Nordwand – fast verschmelzen sie ineinander, während wir unter Reeti und Simelihorn zur First hinabwandern (2167 m / + 1½ Std.). Mit der Gondelbahn geht es über saubere Alphänge und herrliche Wälder abwärts nach Grindelwald.

Bergbahnhof Schynige Platte gegen Loucherhorn und Ussri Sägissa.

18 Von Grindelwald zum Rots Gufer

Tourensteckbrief

LAGE: *Berner Alpen / Schreckhorn-Lauteraarhorn-Gruppe, südlich von Grindelwald.*
CHARAKTER: *Unschwierige Wanderung nach Stieregg, dann Bergweg in großartiger Hochgebirgsumrahmung bis Rots Gufer. Weiterweg zur Schreckhornhütte nur für geübte Berggeher (teils gesicherter Klettersteig).*
GEHZEIT: *6 1/2 Std. (bei Benutzung der Pfingsteggbahn von und nach Grindelwald 1 1/2 Std.).*
HÖHENDIFFERENZ: *Je 1100 m An- und Abstieg (bei Benutzung der Pfingsteggbahn je 350 m weniger An- und Abstieg).*
TALORT: *Grindelwald-Dorf (um 1000 m). Anfahrt: per Bahn oder Pkw von Bern über Thun, Spiez (oder Luzern, Brünigpass, Brienz) und Interlaken nach Zweilütschinen, weiter nach Osten ins Grindelwaldtal.*
AUSGANGSORT / -PUNKT: *Grindelwald-Grund (943 m).*
EINKEHR: *Siehe Unterkunft sowie Restaurant Gletscherschlucht (1014 m), Restaurant Pfingstegg (1392 m).*
UNTERKUNFT: *Berghaus Marmorbruch (1120 m), Berghotel Stieregg (1650 m), Schreckhornhütte (2520 m / 5–6 Std. ab Pfingstegg bzw. Grindelwald), Tel.: 0041(0)33/855 10 25 und 0041(0)33/853 33 74.*
FÜHRER: *SAC-Clubführer Band 5 (Von Grindelwald zur Grimsel), SAC-Verlag; SAC-Wanderführer Wandern Alpin, SAC-Verlag; Rother Wanderführer Berner Oberland Ost, Bergverlag Rother; Gebietsführer Berner Alpen, Bergverlag Rother; Wanderwelt Alpen, Kümmerly + Frey.*
KARTE: *SAW-Wanderkarte 1:50 000, Blatt 254 T (Interlaken).*
TOURISMUSINFORMATIONEN: *CH – 3818 Grindelwald, Tel.: 0041(0) 33/854 12 12. Ferner für »Regionalpass Berner Oberland« und »Jungfraubahnen-Pass«: Jungfraubahnen, CH – 3800 Interlaken, Tel.: 0041(0)33/828 72 33.*

Im Anblick von Schreckhorn, Fiescherwand und Eiger

Wandern hoch über Grindelwaldgletscher, Fieschergletscher und Eismeer

Nur 10 Kilometer südöstlich von Interlaken (am Thuner See) gelangt der Reisende ins Grindelwaldtal, auch »Tal der Schwarzen Lütschine« genannt, ein geschlossenes Gebiet ohne Seitentäler. Gegen das Gletscherdorf Grindelwald hin öffnet es sich zu einem weiten Kessel, im Norden begrenzt von den Hängen der Faulhorn- und Schwarzhorngruppe, im Süden abgeriegelt durch die wuchtigen Bergmassive von Wetterhorn, Mättenberg und Eiger. In grauer Vorzeit war das Tal durch einen subalpinen Urwald von der Außenwelt abgeschnitten und nur schwer zugänglich.

Das altdeutsch-keltische Wort »Grindel« bezeichnet ein Stück Holz, das einer Abschrankung dient – »Grindelwald« war somit eine waldige Talschaft, gegen die übrige Welt abgeriegelt. Der Sage nach erfolgte die Besiedlung des Grindelwaldtales im ersten nachchristlichen Jahrtausend durch heidnische Bergkelten, die über die Große Scheidegg (aus dem Haslital) und die Kleine Scheidegg (aus dem Lauterbrunnental) einwanderten. Die Höhensiedlungen sollen sich an oder über der Waldgrenze, zum Beispiel auf den Alpen von Alpiglen, Bustiglen, Bussalp und Grindel befunden haben, wo die Arbeiten des »Reutens« (Roden) weniger mühsam waren. Allmählich überwanden die Siedler ihre Scheu vor dem Wald und den wilden Tieren im Talgrund und zogen immer tiefer in die milderen Regionen hinab, wo schließlich die Streusiedlung Grindelwald entstand.

1146 findet sich die erste schriftliche Fixierung des Namens Grindelwald (»Grinddwalt«) in einer Urkunde in Verbindung mit dem um 1133 gegründeten Augustinerkloster in Interlaken. Die Geschichte des einstigen Bergdorfes (heute Kur- und Fremdenort) ist

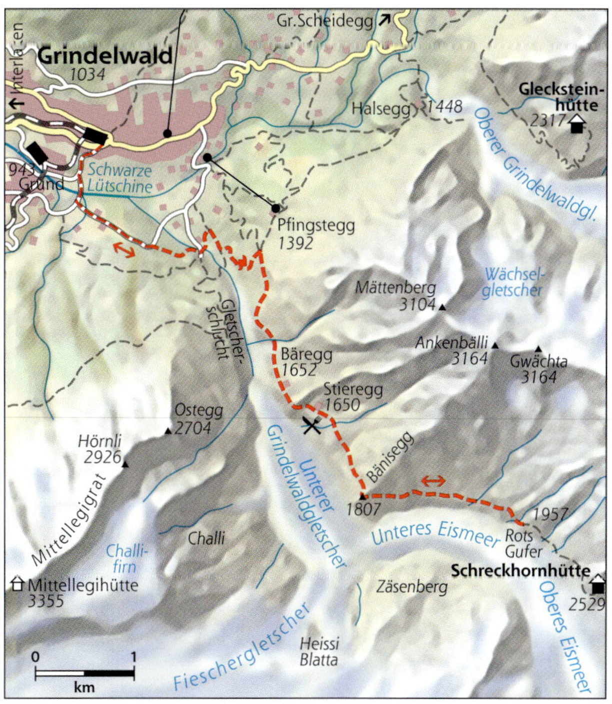

Eine der schönsten Bergwanderungen (unschwierig für jeden trittsicheren Geher) führt hoch über dem Tal des Unteren Grindelwaldgletschers hinauf zum Rots Gufer. Links der Bildmitte Gross Fiescherhorn, davor der wild zerklüftete Fieschergletscher.

Der Blick geht an den Hängen des Wetterhorns vorbei (links) hinüber zum Mättenberg (südöstlich über Grindelwald und Oberem Grindelwaldgletscher). In den Felsen ist die Aufstiegsspur zur Glecksteinhütte zu erkennen.

Seite 84/85: Rots Gufer an der Route zur Schreckhornhütte – großartiger Schauplatz in hochalpiner Umgebung. Der wild zerklüftete Fieschergletscher fließt zum Unteren Grindelwaldgletscher hinab. Walcherhorn, Mönch und Eiger mit Challifirn krönen den Anblick.

eng verbunden mit der des Klosters, das schon früh seine Hände nach weltlichem Besitz ausstreckt und überall Grundbesitz erwirbt. Doch die Grindelwalder wehren sich energisch gegen den Zugriff des Klosters auf ihre Alpen, denn die Land- und Alpwirtschaft gilt seit uralten Zeiten als eine der Existenzgrundlagen des Tales.

1191 gründet Herzog Berchtold V. von Zähringen die Stadt Bern und übernimmt 1224 die Schirmherrschaft für das Kloster in Interlaken. Mit ihren Grindelwalder Untertanen hatten die Mönche jedoch oft Schwierigkeiten, denn wenn es Aufstände gab – wie etwa 1349 oder 1445 – waren die »unrüwigen Grindeler« stets die treibenden Kräfte. Mit der Einführungsbotschaft der Reformation im Jahre 1528, der Aufhebung des Klosters sowie Verstaatlichung des Besitzes übernimmt Bern die Nachfolge des Augustinerklosters als größter Grundherr.

Jedoch bereits im Oktober des gleichen Jahres beschließt ein Großteil der Oberländer die Wiedereinführung des alten Glaubens. Wiederum sind drei Grindelwalder die führenden Köpfe. Daraufhin schickt Bern Truppen ins Berner Oberland und lässt Grindelwald nahezu verwüsten. Doch die Talleute bleiben trotz allem ein eigenwilliges, selbstbewusstes Völkchen, das sich, wo es nötig ist, gegen die Obrigkeit auflehnt und sein Recht fordert. Ihren berechtigten Stolz haben sich die Grindelwalder bis heute erhalten.

Längst ist aus dem einstigen Bergbauerndorf ein Fremdenverkehrsort mit besonderem Gepräge geworden. So spricht man in Grindelwald auch nicht von saisonalem Tourismus, sondern hier ist rund ums Jahr etwas los, im Sommer wie im Winter. Dafür sorgen unter anderem die über 300 Kilometer sinnvoll angelegter Spazier-, Wander- und Bergwege (davon 80 Kilometer an sonnseitigen Hängen auch im Winter) sowie ein funktionierendes Netz an Bergbahnen, die gemeinsam eine der schönsten Regionen der Alpen erschließen. Lohnend ist ein Besuch des Heimatmuseums von Grindelwald, das sich im »Talhaus« neben der Kirche befindet.

Oberer und Unterer Grindelwaldgletscher zählen neben den großen Gletschern von Chamonix zu den am tiefsten ins Tal hinabreichenden Eisströmen der Alpen. Vom Tal aus nicht sichtbar, liegt die Nährzone des Oberen Grindelwaldgletschers weit oben in über 3000 Metern Höhe unter dem Gipfelbogen von Wetterhorn, Bärglistock und Kleinem Schreckhorn. Zwischen 1967 bis 1975 rückte der Gletscher um 467 Meter ins Tal vor und in den folgenden Jahren etwa 25 Meter jährlich. Seit einigen Jahren geht der Obere Grindelwaldgletscher jedoch ständig zurück. Die Zunge des Unteren Grindelwaldgletschers lag um 1800 etwa bei Höhe 1000 und griff weit hinein in die grünen Hänge der Grindelwalder mit ihren verstreut liegenden Häusern. Seit seinem letzten Vorstoß im Jahre 1919 zieht sich auch dieser Gletscher ständig weiter zurück (bisher mehr als 2000 Meter).

Der Untere Grindelwaldgletscher endet weit drinnen in einer Schlucht, durch die das Wasser der Weißen Lütschine herabtost und der Schwarzen Lütschine zufließt. Nachdem der Gletscher die Schlucht immer mehr freigab, wurde sie nach und nach durch Stege, Planken, Tunnels und Galerien erschlossen, um dieses grandiose Naturwunder dem interessierten Touristen zugänglich zu machen. Ein Besuch der wildromantischen Gletscherschlucht ist geologisch sehr interessant und gibt tiefen Einblick in ein Stück Erdgeschichte. Mit ihren Gletschermühlen und -schliffen sowie den rosa und grünen Marmorblöcken

»Hintere Gasse«

Diese mehrtägige anspruchsvolle Bergwanderung führt den geübten Bergwanderer auf einer 120 Kilometer langen Strecke in sieben Tagen durchs Berner Oberland (vom Haslital bis ins Saanenland). Die Route verläuft bis auf wenige Ausnahmen abseits des Touristenstroms. Die Gehzeit beträgt bei gut 8000 Höhenmetern im Auf- und Abstieg je nach Leistungsvermögen und Benutzung von Bahnen zwischen 40 bis 50 Stunden. Bergerfahrung, Schwindelfreiheit und gute Kondition sind Voraussetzung. Für Kinder nur geeignet, wenn diese berggewohnt sind. Die einzelnen Tagesabschnitte sind wie folgt:

1. Tag: Meiringen – Grindelwald (7 ³/₄ bzw. 4 ¹/₄ Std.)
2. Tag: Grindelwald – Lauterbrunnen (6 ¹/₂ Std.)
3. Tag: Lauterbrunnen – Griesalp (9 bzw. 6 ¹/₂ Std.)
4. Tag: Griesalp – Kandersteg (7 Std.)
5. Tag: Kandersteg – Adelboden (7 Std.)
6. Tag: Adelboden – Lenk (4 ¹/₂ Std.)
7. Tag: Lenk – Lauenen / Gstaad (6 ¹/₄ Std.)

Unterkunftsmöglichkeiten entlang der »Hinteren Gasse« in Talorten oder Berghäusern. Informationen erhältlich bei den lokalen Verkehrsbüros, u. a. in Meiringen (T. 16) und Grindelwald (T. 17).

Kleines Seeauge auf dem Chalberboden (bei der Großen Scheidegg) mit Engelhörnern und Wellhörnern (mit Wolke).

im Bachbett der Lütschine bietet sie ein imposantes Schauspiel besonderer Art. Man kann per Autobus von Grindelwald direkt zum Schluchteingang gelangen. Der Fußmarsch dauert rund 45 Minuten.

Der Wegverlauf

Von Grindelwald / Grund (943 m) auf der Erlenpromenade zum Hotel Gletscherschlucht (1014 m / ½ Std.). Ein schattiger Waldpfad bringt rasch Höhengewinn, und bald nach Queren der Gletscherschlucht liegt das Berghaus Mamorbruch an der Route. In Windungen geht es nun hoch zur Wysseflue (1386 m / +1¼ Std.), wo sich der Weg von der Pfingstegg (Bergstation der Seilbahn von Grindelwald / Dorf) mit dem zur Schreckhornhütte (über Rots Gufer) vereint. Bei Punkt 1468 unter den Felsen von Hohturnen legen wir eine Schaurast ein und genießen die Aussicht. Langsam steigt die Sonne höher. Sie taucht die Alphänge unter dem Faulhorngipfel bis hinab nach Grindelwald in eine wärmende Lichtflut. Der Legende nach sollen die Grindelwalder einst den heiligen Martin gebeten haben, Eiger und Mättenberg auseinanderzudrücken, damit die Sonne auch in den Monaten, da die Tage nur kurz sind, in ihr Tal hinabscheinen möge.

Das Gletschertal weitet sich und lässt erstmals den jetzt schmutzigen und schuttbeladenen Eisstrom in der Tiefe erkennen. Der Blick geht höher hinauf und bleibt hängen an dem blaugrün schimmernden Fieschergletscher. Unmittelbar vor uns im Westen ziehen die Felsen von Hörnli und Mittellegigrat gegen den Eigergipfel empor, später zeigen sich auch Challifirn sowie Oberes und Unteres Challiband. Dort fühlen sich nur erfahrene Hochtouristen »zu Hause«. Umgeben von so imposanter Szenerie, gelangen wir zum Restaurant in der Stieregg (1650 m / +¾ Std.), leicht erreichbar auch für Senioren sowie Familien mit Kindern und allein schon einen Tagesausflug wert. Nach kurzem Höhenverlust zieht sich ein klettersteigähnlicher Pfad direkt entlang einer steilen Felswand empor zum Bänisegg. Bei Punkt 1807 dann scharf nach Osten. Zwischen mächtigem Blockwerk und über eine kurze Eisenleiter geht es immer tiefer in die ursprüngliche, einsame Bergwelt hinein. Vorsichtiges Queren eines reißenden Gebirgsbaches.

Unter den Felsen des Rots Gufer ist der Moment gekommen, wo »normale« Bergwanderer nicht weitergehen sollten (1957 m / +1¼ Std.). Auf einem Plateau am Rande des Steilabbruchs auf das Untere Eismeer (»Unders Ischmer«) finden wir einen hochalpinen Schau- und Rastplatz. Zwischen Strahlegghorn und Pfaffenstöckli wälzt sich das Obere Eismeer (»Obers Ischmer«) sonnendurchflutet herab. Hier kann man stundenlang staunen und träumen.

Wer über entsprechende Fähigkeiten verfügt (Klettersteigerfahrung) und gut in der Zeit ist oder eine Hüttenübernachtung einplant, steigt in anregender Kletterei über die mit Drahtseilen, Leitern, künstlichen Stufen und Eisenstiften versehene Felswand des Rots Gufer zur Schreckhornhütte auf – etwa noch zwei Stunden ab hier. Dieses wichtige Bergsteigerdomizil wurde in 2520 Metern Höhe in einmalig schöner Lage neu gebaut, nachdem eine Lawine ihre Vorgängerin, die noch eine Dreiviertelstunde weiter höher lag (2680 m), 1977 zerstört hatte. Der Weg zur alten Strahlegghütte wurde in Bergsteigerkreisen der längste und anstrengendste hochalpine Hüttenanstieg in den Berner Alpen genannt, der schon einer echten Bergtour gleichkam. Die Schreckhornhütte liegt am Fuße des Schreckhorns und dient vor allem den Gipfelbesteigungen von Schreckhorn, Lauteraarhorn und Finsteraarhorn.

Auf dem Rückweg erleben wir das Ausmaß dieser großartigen Berglandschaft noch bewusster als am Morgen, da die Schatten lange überwogen. Jetzt ist alles so licht und klar. Von Bänisegg vorsichtig den Felssteig hinab nach Stieregg. Prächtig wandert es sich über der Schlucht des Unteren Grindelwaldgletschers talwärts. Beglückend sind die Tiefblicke auf Grindelwald. Beim Berghaus Marmorbruch sitzen jetzt etliche Spaziergänger auf der Terrasse – kommt man doch leicht von der Pfingstegg-Seilbahn-Bergstation herüber und kann auf verschiedenen Wegen wieder ins Tal hinabschlendern. Im Hotel Gletscherschlucht (1014 m / +2¼ Std.) nehmen wir eine kleine Erfrischung zu uns und besuchen – sozusagen als Ausklang der Wanderung – die Gletscherschlucht (ca. 1 Std.). Anschließend Rückkehr auf der Erlenpromenade nach Grindelwald / Grund (943 m / +½ Std.).

Weitere Tourenvorschläge

- Grindelwald – Hotel Wetterhorn – Glecksteinhütte (4¾ Std. hin, 3¼ Std. zurück; ggf. dort nächtigen)
- (Grindelwald) – First– Bachsee – Hagelsee – Häxenseeli – Wart – Wildgärst – Wart – Große Chrinne – First (5¾ Std.)

19 Oberhornsee unter der Jungfrau

Tourensteckbrief

LAGE: *Berner Alpen / Hockenhorn-Breithorn-Gletscherhorn-Kette, südöstlich im hintersten Lauterbrunnental.*
CHARAKTER: *Hochgebirgswanderung nördlich von Gspaltenhorn, Tschingelhorn und Lauterbrunner Breithorn mit großartigem Blick auf das Jungfraumassiv; unschwierig, jedoch Ausdauer erforderlich.*
GEHZEIT: *7 1/2 Std. (bei Seilbahnbenutzung ab Talstation Schilthornbahn/Stechelberg bis Gimmelwald / Zwischenstation).*
HÖHENDIFFERENZ: *1200 m Anstieg (bei Seilbahnbenutzung), 1700 m Abstieg.*
TALORT: *Stechelberg (910 m).*
ANFAHRT: *Per Bahn oder Pkw von Bern über Thun, Spiez (oder Luzern, Brünigpass, Brienz) und Interlaken nach Zweilütschinen, nun südwärts ins Lauterbrunnental bis Lauterbrunnen. Weiter per Bus oder Pkw.*
AUSGANGSPUNKT: *Gimmelwald (1419 m), zu erreichen mit der Schilthornbahn ab Stechelberg.*
EINKEHR / UNTERKUNFT: *Mürren (1645 m, Station der Schilthornbahn/Stechelberg und der Grütschalpbahn/Lauterbrunnen), Gimmelwald (1393 m, Station Schilthornbahn), Hotel Obersteinberg (1774 m), Hotel Tschingelhorn (1685 m), Restaurant Trachsellauenen (1203 m).*
FÜHRER: *SAC-Clubführer Berner Alpen Band 4 (Tschingelhorn bis Finsteraarhorn), SAC-Verlag; SAC-Wanderführer Wandern Alpin, SAC-Verlag; Rother Wanderführer Berner Oberland Ost, Bergverlag Rother; Gebietsführer Berner Alpen, Bergverlag Rother; Wanderwelt Alpen, Kümmerly + Frey.*
KARTE: *SAW-Wanderkarte 1:50 000 Blatt 264 T (Jungfrau).*
TOURISMUSINFORMATIONEN: *CH – 3822 Lauterbrunnen, Tel.: 0041(0)33 / 856 85 68; CH – 3824 Stechelberg, Tel.: 0041(0)33 / 855 10 32; CH – 3826 Gimmelwald, Tel.: 0041(0)33 / 855 33 81.*

Bilderbuchwanderung im Hinteren Lauterbrunnental

Seiner Bäche und Wasserfälle wegen wird das Lauterbrunnental, einst von Gletschern zu einem U-förmigen Trogtal geformt, das »Tal der tosenden Wasser« genannt. Sie bilden zusammen die Weiße Lütschine, daher auch »Tal der Weißen Lütschine«. Buchenbächli und Türlibach, Fluhbächli und Schmadribach, Tanzhubelbächli und Rybibach. Am liebsten würden wir alle 72 bei ihrem Namen nennen und von ihnen erzählen, denn jedes Gebirgswasser hat seine eigene Geschichte. Der berühmteste mit der schönsten Kulisse ist der Staubbachfall. Er stürzt kurz hinter Lauterbrunnen über eine 288 Meter hohe Felswand herab. Milliarden von Wassertropfen weben stiebende Schleier, die im Licht wie Geschmeide funkeln. Der Staubbachfall fesselte zu allen Zeiten Maler und Dichter gleichermaßen, so auch Johann Wolfgang von Goethe. Auf seiner zweiten Schweizreise im Jahre 1779 besuchte Goethe das Lauterbrunnental. Der Staubbachfall inspirierte ihn zu dem bekannten Gedicht »Gesang der Geister über den Wassern«. Der Mürrenbach bei Stechelberg (gegenüber der Schilthornbahn) bildet mit 600 Metern Fallhöhe den größten Wasserfall der Schweiz. In fünf Stufen stürzen die Wassermassen über die steile Mürrenwand in den Taltrog bei Stechelberg. Am eindrucksvollsten ist der Anblick zur Zeit der Schneeschmelze und nach Gewittern.

Nur vier Kilometer südlich von Lauterbrunnen taleinwärts finden wir die imposanten Trümmelbachfälle. Es sind die einzigen im Berginnern durch Tunnel, Galerien und Brücken zugänglich gemachten Gletscherwasserfälle der Welt. Den Besuch dieses gigantischen Naturschauspiels sollte sich niemand entgehen lassen. Scheinwerfer und Flutlichtanlagen strahlen die tosenden Wassermassen an und lassen

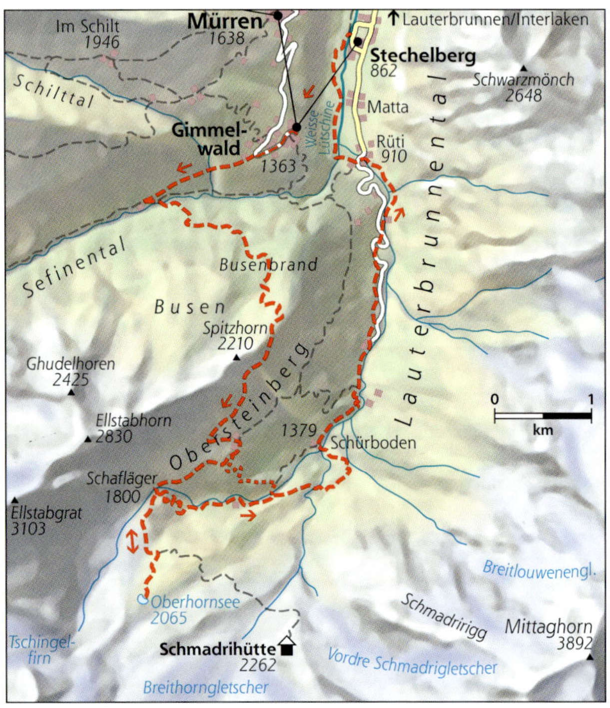

Seite 88/89: Das Jungfraumassiv (mit Wengen, Jungfrau, Rottalhorn und Lauihorn) spiegelt sich im leicht gekräuselten Wasser des Oberhornsees, einem Kleinod im wilden Felskessel des hintersten Lauterbrunnentales.

die geballte Kraft des nassen Elementes erkennen. Der Trümmelbach entwässert allein die riesigen Gletscherwände von Eiger, Mönch und Jungfrau. 20 000 Liter Wasser pro Sekunde stürzen im Berginnern von Stufe zu Stufe in die Tiefe. Zur Zeit der Schneeschmelze können es bis zu 26 000 Liter sein. Durch die Kraft des Wassers werden jährlich bis zu 20 000 Tonnen Geschiebe aus dem Einzugsbereich der Gletscher (24 qkm) transportiert. Die unvorstellbare Erosionskraft des Wassers schliff riesige Kessel, Tunnels und Schluchten in die Felsen. Die Trümmelbachfälle sind im Winter bis etwa Ostern geschlossen, da sie wie der Staubbachfall und die übrigen Fälle gefroren sind. Mit ihren großen Eiszapfen bieten die Wasserfälle im Winter einen gigantischen Anblick.

Spitzenklöppelei ist eine alte Tradition im Lauterbrunnental und als Kleingewerbe schon vor 1700 nachgewiesen. Um 1900 ging das Klöppeln durch die Konkurrenz der Maschinenspitzen stark zurück; 1912 gab es nur noch 20 Klöpplerinnen im Tal. Durch Pfarrer P. G. Trechsel, der Klöppelkurse organisierte, erfuhr diese typische Lauterbrunner Heimarbeit noch einmal eine Neubelebung. Außerdem gaben Bund und Kanton finanzielle Hilfe. So zählte man 1914 bereits wieder 200 Arbeitende, 1917 sogar 450 (in 650 Familien des Tales). Das war der absolute Höhepunkt. Besonders kunstvoll zeigt sich die Spitze in den alten Trachtenhauben der Bäuerinnen. Die Hauben für die Sonntagstracht waren aus schwarzem Roßhaar oder schwarzer Seide gearbeitet, die Werktagshaube aus Baumwolle. Heute arbeiten im Lauterbrunnental etwa 80 Klöpplerinnen im Nebenerwerb, unter anderem für das Heimatwerk in Interlaken. Einige Frauen des Tales treffen sich regelmäßig in der »Luterbrunner Handwärchstuba« zum Klöppeln. Hier geben sie ihre Kenntnisse an die jüngere Generation weiter und sorgen so dafür, dass dieses schöne alte Kunsthandwerk nicht verlorengeht.

Der Wegverlauf

Mit der folgenden Wanderung haben wir etwas ganz Besonderes ausgesucht. Wem die Tour zu lang erscheint, kann sie in zwei Etappen durchführen, entweder jeweils als Tageswanderung mit Rückkehr nach Stechelberg (ohne den Übergang Tanzbödeli-Obersteinberg) oder als Zweitagetour mit Übernachtung im Hotel Obersteinberg. Durch die Schilthornbahn hat Gimmelwald (1393 m), in alten Chroniken als Walsersiedlung erwähnt, Anschluss ans Tal und den Kurort Mürren erhalten. Die Fahrt mit der Gondel dauert ab Stechelberg nur wenige Minuten. Nach einem Rundgang durch das hübsch gelegene Dörfchen mit seinen dunklen Holzhäusern geht es in westlicher Richtung hinab ins Sefinental (wenige Meter talaus Richtung Stechelberg) und bei Punkt 1753 über die Sefinen Lütschine (Brücke) zum orografisch rechten Talhang. Ein schöner Bergpfad win-

Über dem letzten Wegstück zum Oberhornsee türmen sich Tschingelhorn (mit Breithorngletscher) und Lauterbrunner Wetterhorn auf. Im linken Bildteil ein großes Dostfeld.

Weitere Tourenvorschläge

- Lauterbrunnen – Grütschalp – Flöschwald / Sausmatten – Saus / Oberberg – Kilchfluhpass – auf gleicher Route zurück (6 Std.)
- Schilthorn (Piz Gloria) – Schilthornhütte – Allmendhubelsattel – Allmendhubel – Bletschenalp – Grütschalp (4 ½ Std.)
- Kiental – Griesalp – Gälmialp – Kanzel – Abendberg – Alp Mittelberg – Alp Schwand – Spiggengrund – Kiental (5 Std.)
- Grütschalp – Marschegg – Flöschwald – Sulsalp – Suls-Lobhorn-Hütte – Kühbodmen – Sulwald – Isenfluh – Lauterbrunnen (6 Std.)
- Mürren – Sefinenfurke – Griesalp (7 Std.)
- Mürren – Gimmelwald – Kilchbalm und zurück (5 Std.)
- Schilthorn – Schilthornhütte – Bietenlücke – Saus/Oberberg – Grütschalp (5 ½ Std.)

Die Alphütten von Sulwald gegen die Faulhornkette, die das Tal der Schwarzen Lütschine im Norden begrenzt.

det sich in etlichen Kehren zu einer Felsbarriere empor. Vom Wegweiser »Untere Busenalp« (1780 m / 1 ½ Std.) steigen wir über sanft geneigtes Alpgelände weiter bergan, dabei den Blick auf Tanzbödeli und Spitzhorn gerichtet. Über dem hintersten Sefinental zeigen sich Tschingelgrat und Gspaltenhorn, von der Sonne angestrahlt, während der Talgrund noch in tiefem Schatten liegt. Bei Punkt 1940 (+ ½ Std.) erreichen wir den vom Spitzhorn herabziehenden Busengrat.

Ein kurzer, steiler Anstieg nach Nordwesten um eine Rippe herum bringt uns auf die Terrasse des Tanzbödelis (2133 m / + ½ Std.). Gefragt hatten wir im Tal, was es mit diesem geheimnisvollen Namen auf sich hätte … »nichts weiter – es ist nur ein schöner Platz zum Schauen«. Und weiß Gott, das ist er.

Wir kehren zum Abzweig bei Punkt 1940 zurück. Rechts und links des Weges leuchten in üppiger Farbenpracht die blauvioletten Blüten der Alpenakelei. Unter Spitzhorn und Ellstab ist eine steile Gras- und Schutthalde problemlos zu traversieren. In sanftem Abstieg gelangen wir dann zum Hotel Obersteinberg, einzigartig im romantischen Kessel des hintersten Lauterbrunnentales gelegen (1774 m / + 1 ½ Std.). Lohnend und nur zweieinhalb Stunden lang ist der Aufstieg von Stechelberg über Ammerten und Hotel Tschingelhorn oder über Scheuerboden zum Hotel Obersteinberg (bzw. 1 ½ Std. im Abstieg).

Tschingelhorn und Lauterbrunner Wetterhorn mit dem vorgelagerten Breithorngletscher setzen sich bald immer mehr in Szene. Über die wild schäumende Weiße Lütschine führt ein Holzsteg, gerade dort, wo sie in eine tiefe Schlucht hinabstürzt. Der Bergpfad zieht durch eine unvergleichliche Trümmerlandschaft – glattgeschliffene Granitbuckel wechseln mit Moränenzügen und lassen ahnen, welche Ausdehnung die Gletscher einst hatten. Noch ein letzter Steilaufschwung zwischen Felsbändern. Hier fristen einzelne Latschen ihr karges, anspruchsloses Dasein. Unerwartet liegt der idyllische Oberhornsee vor uns (2065 m / + 1 ¼ Std.), in dem sich die firngekrönten Gipfel von Jungfrau, Ebnefluh, Grosshorn und Breithorn spiegeln.

Jede Rast geht einmal zu Ende. Bis Schafläger (P. 1829) bleiben wir auf der Anstiegsroute. Kurz vor der Brücke über die Lütschine zweigt rechts ein Steiglein ab nach Tal (1532 m) ins Naturschutzgebiet des Unter Steinbergs und weiter vorbei am Schmadribachfall zu den Hütten von Scheuerboden (1379 m / + 1 ½ Std.). An dunkler Holzwand die Jahreszahl 1805 sowie naive Malerei mit Motiven aus Jagd und bäuerlichem Leben.

Unser Bergpfad senkt sich erneut eine Talstufe hinab. Noch vor einem halben Jahrhundert wurde das Vieh erst im Dezember auf diesem steilen Weg ins Tal gebracht. Vorher mussten etliche Männer den gesamten Weg freischaufeln. Kurz vor Trachsellauenen steigt links der Weg zur Alpterrasse von Ammerten aufwärts. Dort stand früher ein von ausgewanderten Lötschentalern gegründetes, ganzjährig bewohntes Dorf. Sie sollen über die Wetterlücke ins Lauterbrunnental gelangt sein. Dann sind wir auch schon in Trachsellauenen, dem Alpdörfchen, das vom 17. bis 19. Jahrhundert Mittelpunkt des Bergbaus war. Die Hauptabbaustellen lagen südlich der Zunge des Rottalgletschers und beidseits von Trachsellauenen. Im Tagbau und im Stollenbau wurden Eisen und Blei gewonnen. Hochöfen standen in der »Schmelzi« bei Zweilütschinen sowie hinter Trachsellauenen. Bezeichnend waren die Namen der Abbaureviere: »Gnadensonne«, »Gute Hoffnung«, »Beschertes Glück« und »Segenszuwachs«. Fast eben verläuft der bequeme Weiterweg über Sichellauenen nach Stechelberg-Rütti (910 m / + 1 ¼ Std.). Falls nicht gerade ein Bus bereitsteht, gehen wir das letzte Stück bis zum Parkplatz bei der Schilthornbahn auf der orografisch linken Seite der Lütschine zu Fuß (868 m / + ¼ Std.).

20 Wandern unterm Dreigestirn

Tourensteckbrief

LAGE: *Berner Alpen / Gruppe Eiger – Mönch – Jungfrau, zwischen Grindelwald- und Lauterbrunnental.*
CHARAKTER: *Leichte Wanderwege durch Bahnen zu variieren.*
GEHZEIT: *1 bis 5 Std. je Tour (je nach Bahnbenutzung).*
HÖHENDIFFERENZ: *100 bis 1000 m je Tour (je nach Bahnbenutzung).*
TALORTE: *Grindelwald-Grund (943 m): Anfahrt per Bahn oder Pkw von Bern über Thun, Spiez (oder Luzern, Brünigpass, Brienz) und Interlaken nach Zweilütschinen, weiter nach Osten ins Grindelwaldtal. Lauterbrunnen (795 m): Anfahrt bis Zweilütschinen, per Bus oder Pkw südwärts ins Lauterbrunnental.*
AUSGANGSORT/-PUNKT: *Je nach Tourenwahl z.B. Lauterbrunnen, Wengen, Station Wengernalpbahn, Männlichen, Kleine Scheidegg, Grindelwald-Grund, Alpiglen.*
EINKEHR / UNTERKUNFT: *Mönchsjochhütte (3650 m); Bergrestaurants auf dem Jungfraujoch (3450 m; keine Übernachtungsmöglichkeit); Station Eigergletscher (2320 m), Männlichen (2229 m) und Alpiglen (1616 m). Bergrestaurants auf der Kleinen Scheidegg (2061 m).*
FÜHRER: *SAC-Clubführer Band 5 (Von Grindelwald zur Grimsel), SAC-Verlag; SAC-Wanderführer Wandern Alpin, SAC-Verlag; Rother Wanderführer Berner Oberland Ost, Bergverlag Rother; Gebietsführer Berner Alpen, Bergverlag Rother; Wanderwelt Alpen, Kümmerly + Frey.*
KARTE: *SAW-Wanderkarte 1:50 000, Blatt 254 T (Interlaken).*
TOURISMUSINFORMATIONEN: *CH – 3818 Grindelwald, Tel.: 0041(0)33/854 12 12; CH – 3822 Lauterbrunnen, Tel.: 0041(0)33/856 85 68. Ferner für »Regionalpass Berner Oberland« und »Jungfraubahnen Pass«: Jungfraubahnen, CH – 3800 Interlaken, Tel.: 0041(0)33/828 72 33.*

Seit Dezember 2001 UNESCO Weltnaturerbe

Die steil über dem Talgrund von Grindelwald und Lauterbrunnen aufragenden Gipfel von Eiger, Mönch und Jungfrau faszinierten die Menschen schon seit Jahrhunderten und regten die Fantasie von Dichtern und Malern an. In ihrer Mächtigkeit weckten sie die Begeisterung für die Alpen in einer Weise, wie sie ihresgleichen sucht. Seit gut 90 Jahren bringt die Jungfraubahn Touristen aus aller Herren Länder auf das Jungfraujoch und damit tief ins Herz einer der großartigsten Bergregionen. Mit seinen riesigen Firnfeldern ist das Gebirgsmassiv zugleich die Wiege des Großen Aletschgletschers (südlich des Jungfraujochs). Nachdem die gewaltigen Schneemassen zu Eis geworden sind, fließen sie am Konkordiaplatz, dem Sammelbecken mächtiger Gletscherströme, im Anblick von Aletschhorn und Bietschhorn zusammen, um danach aus ihren Seitenmoränen die berühmten zwei Mittelstreifen auf dem Gletscher zu formen.

Am 13. Dezember 2001 wurde die von außergewöhnlicher Schönheit geprägte Jungfrau-Aletsch-Bietschorn-Region als erstes Gebiet der Schweiz und der gesamten Alpen in das Inventar des UNESCO Weltnaturerbes aufgenommen. Damit befindet sich das Dreigestirn in prominenter Gesellschaft, denken wir nur an einige der bekanntesten Weltnaturerbe-Landschaften wie Yellowstone Nationalpark, Serengeti Nationalpark und die Galapagosinseln.

Arktisches Erlebnis Jungfraujoch

Die Fahrt aufs Jungfraujoch mit der höchstgelegenen Bahnstation Europas zählt zu den unauslöschlichen Erlebnissen eines Aufenthaltes im Berner Oberland. Dieses großartige Vergnügen gönnen sich Jahr für Jahr eine halbe Millionen Besucher. Mit der

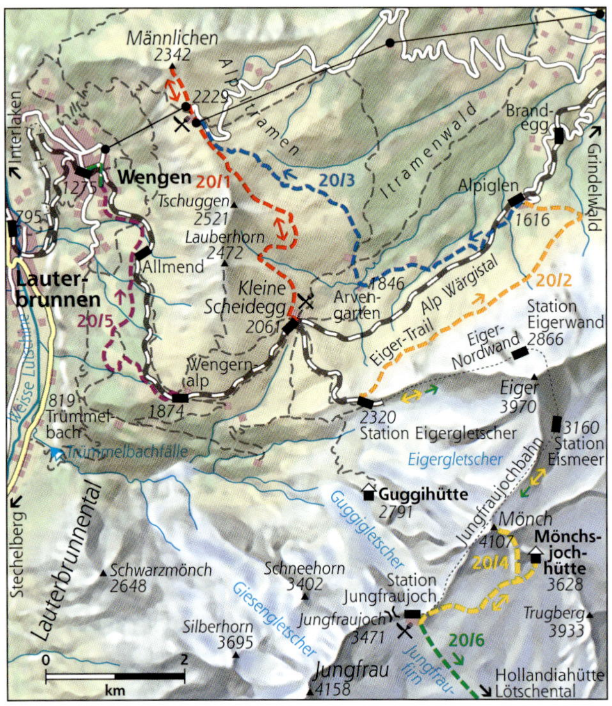

Wengernalpbahn geht es von Grindelwald oder Lauterbrunnen zur Kleinen Scheidegg hoch (2061 m). Hier heißt es umsteigen, und man fährt mit der Jungfraubahn über die Stationen Eigergletscher, Eigerwand und Eismeer empor zum Jungfraujoch (Station: 3454 m). Bei der Station Eigergletscher (2320 m) wird seit 1914 eine Polarhundezucht betrieben. Dienten die Hunde während des Baues der Jungfraubahn vor allem dazu, im Winter die Verbindung zwischen Wengen und Station Eigergletscher aufrechtzuerhalten, sind heute an schönen Sommertagen Schlittenfahrten mit Polarhunden auf Jungfraufirn und Aletschgletscher eine beliebte Touristenattraktion. Ab Station Eigergletscher durchfährt die Bahn Eiger- und Mönchmassiv (zwei Tunnel mit insgesamt 7561 m Länge), bis das Jungfraujoch nach 45 Minuten Fahrzeit erreicht ist.

Vom Felsenbahnhof gelangt man in die großzügige Empfangshalle der außergewöhnlichen Hotelanlage »Top of Europe« mit großartiger Aussicht auf den Aletschgletscher und die Jungfrau. Das 1924 auf dem Jungfraujoch errichtete »Berghaus in den Wolken«, ein prächtiger Holzbau und Stolz der Jungfraubahnen, fiel in einer stürmischen Nacht des 21. Oktober 1972 einem Großbrand zum Opfer. Ein 1975 neu eröffnetes Gletscherrestaurant konnte bei der hohen Besucherzahl auf dem Jungfraujoch nur eine Zwischenlösung darstellen. Nach intensiver Planungsphase begann die Jungfraubahn-Gesellschaft 1983 mit den Baumaßnahmen eines der faszinierendsten Projekte der Gegenwart. Allen Schwierigkeiten zum Trotz fand pünktlich zum 75jährigen Jubiläum der Jungfraubahnen am 1. August 1987 die offizielle Einweihung der Hotelanlage »Top of Europe«, die sich stolz in der Südflanke des Jungfraujochs präsentiert, statt. In der Empfangshalle befinden sich das Informations-Deck mit einem Postbüro, die Cafeteria mit einer Stehbar sowie ein Kiosk. Mit bequemen Lifts oder über breite Treppen gelangt man zu den Restaurants. Interessant ist die Besichtigung des Eispalastes. Ein Rundgang führt durch Laubengänge sowie an Säulen, Nischen und Skulpturen aus Eis vorbei. Die Halle wird künstlich beleuchtet. Ein faszinierendes Erlebnis bieten die Aussichtsterrassen der Sphinx, mühelos mit dem Aufzug zu erreichen. Eine unbeschreibliche Hochgebirgsszenerie breitet sich vor den staunenden Augen der Besucher aus.

Der Blick gleitet stumm über Jungfraufirn und Aletschgletscher hinweg, mit insgesamt 22 Kilometern längster Eisstrom der Alpen. Ganz nahe ragt im Nordosten der Mönch auf, im Südwesten die Jungfrau. Am Horizont im Süden das Gipfelmeer der Walliser Alpen. Vom Sphinxstollen können Touristen auf gesichertem Gletscherweg zu den Polarhunden sowie zum Skizirkus gelangen. Doch dann beginnt die Welt der Bergsteiger, die, ausgerüstet mit Seilzeug, Pickel, Steigeisen und alpiner Erfahrung, ihre Spur ins ewige Eis legen.

Die Wissenschaft unterhält seit Jahrzehnten auf dem Jungfraujoch eine hochalpine Forschungssta-

Seite 93:
Das Lauberhorn bietet einen faszinierenden Blick in die Eiger-Nordwand (nicht im Bild) sowie auf das Jungfraumassiv mit Guggigletscher, Kühllauenengletscher, Schneehorn, Giessengletscher, Jungfraugipfel und Silberhörner (3542 m und 3695 m).

Vom Lauberhorn Blick auf Schwarzen Mönch (vorgelagerter dunkler Felsen am linken Bildrand), Breithorn, Tschingelhorn, Tschingelgrat und Gspaltenhorn.

tion, auf der Wissenschaftler aus aller Welt arbeiten. Der exponierte Standort bietet optimale Bedingungen für viele Untersuchungen. Die Forschungsstation wurde am 4. Juli 1931 ihrer Bestimmung übergeben und feierte im Jahre 2001 ihren 70. Geburtstag. Die Arbeiten befassen sich mit der Meteorologie, Glaziologie, Astronomie, Astrophysik, medizinischen Fragen, Erforschung kosmischer Strahlen und der Umweltforschung. Das Observatorium wurde 1936/37 auf dem Sphinxfelsen errichtet und 1950 mit einer astronomischen Kuppel versehen. Die Forschungsstation selbst kann nicht besichtigt werden, jedoch lohnt sich ein Besuch ihrer Ausstellung auf dem Jungfraujoch.

Wandern unter Eiger, Mönch und Jungfrau

Die Kleine Scheidegg (2061 m) wird als die »Drehscheibe vor der schönsten Kulisse der Welt« bezeichnet: Sie ist Endstation der Wengernalpbahn von Wengen (Lauterbrunnen) und Grindelwald sowie Startpunkt der Jungfraubahn zum Jungfraujoch. Der Männlichen (2345 m), über Lauterbrunnen- und Lütschental, wird von Eiger, Mönch und Jungfrau überragt, ohne von ihnen erdrückt zu werden. Er ist von Wengen per Luftseilbahn und von Grindelwald mit der Gondelbahn zu erreichen, natürlich auch ohne technische Hilfe zu erwandern. Sowohl von der Kleinen Scheidegg als auch vom Männlichen aus lassen sich in Kombination mit Wengernalpbahn, Bergbahn und Gondel etliche kürzere Touren unternehmen. Die gut instand gehaltenen Wege sind mit Hinweisen versehen und auf der Wanderkarte leicht nachvollziehbar. Eine Reihe von Bergrestaurants laden ein, um Rast- und Schaupausen in faszinierender Berglandschaft zu verbringen – vielleicht auf einer der folgenden Wanderungen.

Von der Oberen Brechalp blicken wir über das Lauterbrunnental hinweg zur Felsterrasse mit dem bekannten Bergdorf Mürren. Darüber (am linken Bildrand) Gspaltenhorn und Bütlassen.

1. Männlichen – Kleine Scheidegg

Der nahezu horizontal verlaufende, gut ausgebaute Panoramaweg zählt zu den beliebtesten leichten Wanderungen der Region: Ständig hat der Wanderer das Dreigestirn vor Augen und kann sich kaum sattsehen an der Schönheit dieser großartigen Berglandschaft (1 ¼ Std.). Natürlich ist der Weg entsprechend stark frequentiert, aber das nimmt man bei einem solchen Erlebnis gerne in Kauf.

2. Eigertrail: Station Eigergletscher – Alpiglen

Die attraktive Wanderung, organisiert von den »Jungfraubahnen«, führt ab Station Eigergletscher immer am Fuß der berüchtigten Eiger-Nordwand entlang bis zur WAB-Station Alpiglen. Der Blick hinauf in die Eigerwand, nach Klein Scheidegg und zum Lauberhorn, ist einmalig und von großer Erhabenheit. Trittsicherheit erforderlich, sonst mit Bergführer; die Wanderung wird von Juni bis Oktober als geführte Tour angeboten (2 Std.).

Als wir diese Tour vor vielen Jahren erstmals machten, musste man sich seinen Abstieg zumeist noch selber weglos suchen. Da lesen wir in Tagebuchnotizen: »Auf Pfadspuren (weder Wegweiser noch Markierungen) treten wir dem Eiger unter steil aufragenden Wänden auf die Zehen, glauben für Augenblicke das Rumoren des Unbehagens über unser Tun in seinem Innern zu hören, spüren den kalten Hauch der gefürchteten »Mord«wand. Steigspuren führen in eine Mulde hinab und verlieren sich bald wieder gänzlich. Geröllfelder wechseln mit kuppigen, rasigen Hängen …«

3. Alpiglen – Bustiglen – Männlichen

Fahrt mit Wengernalpbahn (WAB) von Grindelwald/Grund (943 m) bis Alpiglen (1616 m). Auf gutem Weg am Rande des Bustiglenwaldes gegen die Kleine Scheidegg hoch. Später auf dem Höhenweg 2000 zur Alp Bustiglen. Ein verträumtes Steiglein schlängelt sich zwischen knorrigen Arven hindurch. Nach Queren der obersten Weiden von Gummi schließlich empor zum Bergrestaurant Männlichen (2227 m / 2 ½ Std.). Hier findet alljährlich im Juli ein Trachten- und Älplerfest statt, die »Männlichen-Chilbi«. Da wird getanzt, musiziert und gesungen. Fahnenschwingen, Alphornblasen und Peitschenknallen (Geisslenchlöpfen) stehen auf dem Programm. Bis auf den höchsten Punkt des Männlichen braucht es noch gut 20 Minuten, die sich lohnen.

4. Jungfraujoch – Mönchsjochhütte

Hochgebirgswanderung zwischen Jungfraujoch (3454 m) und Mönchsjochhütte (3650 m) – sie stellt ein ganz besonderes Erlebnis dar, vor allem für diejenigen, die noch keine Hochtouren gemacht haben. Der »Weg in der Arktis« ist im Sommer bei günstigen Verhältnissen täglich geöffnet und ohne Bergführer begehbar. Bergtüchtigkeit und gute Ausrüstung sind Voraussetzung. Unbe-

Ein beliebtes Etappenziel ist die Wengernalp (südwestlich unterhalb der Kleinen Scheidegg über dem Lauterbrunnental). Besonders schön ist von hier der Blick auf Eiger, Klein Eiger, Eigergletscher und Mönch.

dingt an die Markierungen der Route halten. Verpflegung in der Hütte erhältlich (hin und zurück ca. 1 1/2 Std.).

5. Wengernalpstation – Wengen

Unbeschwerte und aussichtsreiche Bergabwanderung von der Wengernalp (1874 m) nach Wengen (1275 m; 1 1/4 Std.). In dem nordöstlich von Lauterbrunnen auf einem Plateau über einer Steilstufe gelegenen autofreien Ort (nur per Bahn oder zu Fuß erreichbar) empfängt den Besucher die gediegene Atmosphäre eines Kurortes von Weltgeltung. Wengen gehört heute zum wichtigsten Ortsteil innerhalb der Gemeinde Lauterbrunnen. Obgleich stark frequentiert, empfindet man die Betriebsamkeit als wohltuend und dezent. Das Liebliche der Almregion wird ergänzt durch die firnumgürteten Gipfel im Halbrund. Die Wengernalpbahn verbindet Wengen sowohl mit Lauterbrunnen als auch über die Kleine Scheidegg mit Grindelwald. Außerdem stellen Luftseilbahn und Gondelbahn die Verbindung zu Grindelwald über den Männlichen dar. Bei der Talfahrt mit der WAB von Wengen nach Lauterbrunnen hat man einen wunderbaren Blick auf den Ort mit seiner Dorfkirche und dem prächtigen Staubbachfall.

6. Vom Jungfraujoch ins Lötschental

Anfang Juli beginnt die Zeit des Sommerbergsteigers. Auf dem Jungfraujoch (3454 m) ist der Ausgangspunkt zu einer ein- bis zweitägigen hochalpinen Bergtour mit langer Gletscherüberschreitung und großen landschaftlichen Reizen. Westalpen- und Gletschererfahrung sind unbedingt Voraussetzung, sonst sollte man diese Tour nur mit einem Bergführer durchführen (8 Std.). Durch den Sphinxstollen geht es auf den oberen Teil des Jungfraufirns, der in südöstlicher Richtung gegen den Südwestfuß des Trugberges abzusteigen ist. Nahe des Grünegg-Westfußes den Sümpfen des Konkordiaplatzes ausweichen. Nach Queren des untersten Grüneggfirns sind die Hüttenfelsen der Konkordiahütten erreicht (ca. Punkt 2750; eventuell Besuch der Hütten über Treppenanlage). Je nach Verhältnissen Umgehen der Gletschersümpfe nördlich (von Grünegg nach Punkt 2756) oder südlich (von den Hüttenfelsen gegen den Nordfuß des Vierten Dreiecks, Gratausäufer des Dreieckhorns).

Skiabfahrt der Superlative

Wenn im Tal die ersten Schneeglöckchen und Krokusse an die milde Frühlingsluft drängen, packt es den Skihochtouristen, das einzigartige Erlebnis der Gletscherwelt zu genießen. Zunächst die lange Abfahrt vom Jungfraujoch über den Jungfraufirn zum Konkordiaplatz – dann folgt der 3-stündige Aufstieg auf dem Aletschfirn zur Lötschenlücke mit anschließender Abfahrt ins Lötschental. Mit einer Länge von insgesamt 19 Kilometern Abfahrt ist dies eine der klassischen Skihochtouren, die das Herz eines Tourenfahrers höher schlagen lässt.

Auf dem Großen Aletschfirn Wiederanstieg von 500 Höhenmetern bis zur Hollandiahütte (3238 m). Unmittelbar gegenüber ragt das 4195 Meter hohe Aletschhorn auf, eine Festung aus Fels und Eis. Von der Hollandiahütte über die wenig schwierige Lötschenlücke (3178 m / Vorsicht Spalten!). Über die Mitte des Langgletschers abwärts bis Punkt 2323, wo die Moräne betreten wird. Teils weglos in südwestlicher Richtung zum Anenbach (Punkt 2108), vorbei am kleinen Guggisee nach Guggistafel und schließlich zur Fafleralp (1788 m). Busverkehr ab Fafleralp talaus.

Der Mönch, ein Viertausender nach Maß

Verfügen Sie über eine gute Kondition sowie ausreichende Berg- und Gletschererfahrung (entsprechende Ausrüstung vorausgesetzt), dann kann die Gipfeltour für Sie zu einem großartigen Erlebnis werden. Dank Jungfraubahn und Mönchsjochhütte ist er der am leichtesten zugängliche und am häufigsten bestiegene Viertausender der Berner Alpen. Auch wenn der Mönch als relativ einfacher Viertausender gilt, darf er nicht unterschätzt werden. Fehleinschätzung der Tour sowie des eigenen Leistungsvermögens haben immer wieder Bergunfälle mit tödlichem Ausgang zur Folge. Der Anstieg über den Ostgrat ist mäßig schwierig, setzt jedoch unbedingt Westalpenerfahrung voraus und erfordert bei Blankeis die Beherrschung der Eistechnik. Am Seil eines Bergführers gehen Sie auf alle Fälle ein Höchstmaß an Sicherheit ein.

Weitere Tourenvorschläge

- Männlichen – Holenstein (1 ½ Std.)
- Männlichen – Wengen (2 Std.)
- Eigergletscher – Kleine Scheidegg (1 ½ Std.)
- Alpiglen – Grindelwald–Grund (1 Std.)
- Kleine Scheidegg – Bustiglen – Holenstein (2 Std.)
- Wengernalp – Mettlenalp – Wengen (2 ½ Std.)
- Kleine Scheidegg – Lauberhorn (1 Std.).
- Trümmeltal – Brechalp – Biglenalp – Wengen (4 Std.)
- Grütschalp – Lobhorn–Hütte – Lauterbrunnen (6 Std.)
- Kleine Scheidegg – Wengernalp – Staldenfluh – Wengen (3 Std.)

4000er-Impressionen

Als wir uns den Gipfel des Mönchs zum ersten Mal als Ziel gesetzt hatten, waren wir zu viert unterwegs und sammelten Westalpenerfahrung. Mit dem Mönch hatten wir uns eine Marke gesetzt, die wir erreichen konnten. Wir lesen in unserem Bergtagebuch: »Ein eisiger Wind schlägt uns beim Hinaustreten vom Sphinxstollen auf den Jungfraufirn entgegen. Bei Punkt 3640 am Fuße des Süd-Nebensporns vom Gratabsenker gegen das Obere Mönchsjoch Anlegen der Eisen, hier beginnt der eigentliche Anstieg. Meter für Meter geht es höher in kombiniertem Gelände. Dann bricht der junge Morgen über uns herein, und was für ein Morgen: Wie ein Feuerball steigt die Sonne hinter den Fiescherhörnern empor und taucht das Jungfraumassiv in rotglühende Farben. Vorsicht, nicht zu dicht an den Wächtenrand und achtgeben bei der schmalen Gratschneide. Der Atem geht schnell. Welch ein Gefühl schließlich auf dem Gipfel, auch wenn die Hände vor Kälte schmerzen – der Wind ist eisig in dieser Höhe. Bald löst sich die Spannung und das leichte Zittern in den Knien verschwindet. Das Aletschhorn glitzert in der Morgensonne. Wie nahe die Walliser Viertausender jenseits des Konkordiaplatzes jetzt wirken!«

Abendstimmung über dem Eiger und seiner berüchtigten Nordwand.

21 Wildstrubelüberschreitung

Tourensteckbrief

LAGE: *Berner Alpen / Wildstrubelgruppe, südlich von Engstligen- (Adelboden) und Kandertal (Kandersteg).*
CHARAKTER: *Kombinierte Bergwander-/Hochgebirgs-/Gletschertour mit Gipfelbesteigung; 2–3 Tage (leicht bis z. T. mäßig schwierig). Berg- und Gletschererfahrung erforderlich, Ungeübte nur mit Bergführer. Komplette Berg- und Gletscherausrüstung (u. a. Seil, Pickel, Steigeisen) nötig.*
GEHZEIT: *Insgesamt 14 ½ Std. (bei Seilbahnbenutzung von Kandersteg-Eggeschwand bis Sunnbüel und zurück).*
HÖHENDIFFERENZ: *Je 1500 m An- und Abstieg (bei Benutzung der Seilbahn wie vor).*
TALORT: *Kandersteg (1176 m).*
ANFAHRT: *Per Bahn oder Pkw von Bern über Thun nach Spiez, nun über Reichenbach und Frutigen ins Tal der Kander.*
AUSGANGSPUNKT: *Bergstation Sunnbüel (1930 m), zu erreichen mit der Seilbahn ab Kandersteg-Eggeschwand.*
EINKEHR: *Siehe Unterkunft sowie Restaurant Sunnbüel (1930 m).*
UNTERKUNFT: *Berghotel Schwarenbach (2060 m), Tel.: 0041(0)33/675 12 72. Sporthotel Wildstrubel auf dem Gemmipass (2322 m), Tel.: 0041(0)27/470 12 01. Lämmerenhütte (2507 m), Tel.: 0041(0)27/470 25 15 und 0041(0)33/673 30 10.*
FÜHRER: *SAC-Clubführer Berner Alpen Band 1 (Sanetsch bis Gemmi), SAC-Verlag; SAC-Wanderführer Wandern Alpin, SAC-Verlag; Rother Wanderführer Berner Oberland West, Bergverlag Rother, Gebietsführer Berner Alpen, Bergverlag Rother; Wanderwelt Alpen, Kümmerly + Frey.*
KARTE: *SAW-Wanderkarte 1:50 000 Blatt 263 T (Wildstrubel).*
TOURISMUSINFORMATIONEN: *CH-3718 Kandersteg, Tel.: 0041(0)33/675 80 80.*

Kandersteg – Daubensee – Lämmerenhütte – Wildstrubel – Gemmipass

Für viele Schweiz-Besucher geht das Berner Oberland nicht über Grindelwald und Lauterbrunnen hinaus, recken sich doch im östlichen Teil der Berner Alpen allein acht der insgesamt 42 Schweizer Viertausender kühn gegen den Himmel und prägen das Bild der Landschaft in einmaliger Weise. Doch nur das eindrucksvolle Panorama um Eiger, Mönch und Jungfrau scheint zu zählen. Der Kenner allerdings weiß, dass sich das Berner Oberland viel weiter nach Westen hin erstreckt, bis an die Grenze des Waadtlandes – und dass auch die Täler der Kander, Engstligen, Simme und Saane mit faszinierenden landschaftlichen Reizen aufwarten. Zwar gibt es westlich von Blümlisalp und Balmhorn keine derartigen Superlative mehr, aber der Alpenhauptkamm bäumt sich in Wildstrubel und Wildhorn noch einmal deutlich auf. Es gibt weite vergletscherte Hochflächen (um 3000 m), die einer undurchdringlichen Mauer gleich steil nach Norden und Süden abfallen.

Die Gruppe bietet eine Fülle interessanter Tourenmöglichkeiten, zumal die Gipfel bei einiger Grundkenntnis im Eisgehen relativ unschwierig zu ersteigen sind und herrliche Aussichten auf die gesamten Walliser Alpen sowie das Montblancmassiv bieten. Drei Pässe (Sanetsch, Rawil und Gemmi) stellen problemlose Übergänge ins Wallis dar und erschließen so von Norden her das Wandergebiet am Sonnenhang über dem Rhonetal. Die Längsüberschreitung von Kandersteg bis Gstaad mit Besteigung von Wildstrubel und Wildhorn wird zu den glanzvollsten Hüttentouren der Alpen gezählt. Jedoch setzt diese hochalpine Bergtour ausreichende bergsteigerische Erfahrung voraus (u. a. Gletscherkenntnis) und erfordert, je nach Wetterlage und Anzahl der Gipfel, fünf bis acht Tage Zeit. Schöne Stunden am Berg beschert allerdings auch schon eine Zweitagetour, die mitten ins Herz des eigentlichen Wildstrubelmassivs führt, diesen auf der Nordseite kühn aufstrebenden, etwa vier Kilometer langen Gebirgsstock.

Der Wegverlauf

Von Kandersteg / Eggeschwand (1194 m) geht es mit der Luftseilbahn nach Sunnbüel auf 1930 Meter Höhe. Leicht wandert es sich dann hinüber zur Alp Spittelmatte und weiter zum Berghotel Schwarenbach (2060 m).

Schon im Sommer 1741 baute der Gastwirt Matter aus Leukerbad für die am Gemmiweg arbeitenden fünfzig Tiroler eine einfache Unterkunft an der Route zum Schwarzgrätli. 1742 erfolgte der Umbau zum Gast- und Zollhaus, das jedoch bereits im Februar des folgenden Winters von einer Lawine hinweggefegt wurde. Wiederaufbau im Sommer 1743 am heutigen Standort, Aufstocken um zwei Etagen im Jahre 1839. Dem ursprünglichen (noch erhaltenen) Gebäude wurde 1871 ein Trakt auf der Ostseite und ein weiterer 1902 auf der Westseite angefügt, letzterer allerdings 1977 abgerissen und neu erstellt. Das Berghaus kann auf eine Reihe von Besitzern zurückblicken. 1959 kauften Otto und Dorothea Stoller das Hotel. Sie konnten 1992 das 250jährige Bestehen des Berghotels Schwarenbach feiern und übergaben es mit Ablauf des Jahres ihrem Sohn Peter, der es seither mit seiner Frau bewirtschaftet.

Kurz hinter Schwarenbach gabelt sich der Weg bei einem großen Felsblock. Wir wählen den rechten Abzweig, der zwar unebener, aber weniger begangen ist. Dann liegt auch schon der Daubensee inmitten einer typischen Rundhöckerlandschaft vor uns (2229 m / 2 Std.).

Aus der Region nicht mehr wegzudenken ist das alljährlich Ende Juli / Anfang August am Daubensee (nahe Gemmipass) stattfindende Schäferfest. Schmunzeln mussten wir über die Berichterstattung in einer Alpenzeitung »…tausend Schafe und viertausend Touristen wurden beim traditionellen Schäferfest gezählt«.

Ein schmales Steiglein zieht über dem Westufer südwärts zur Lämmerendalu. Beindruckend ist die von Chli Rinderhorn, Rinderhorn und Plattenhörnern überragte Landschaft. Nach 30 Minuten (ab Nordufer am Daubensee) scharf nach Westen und über den flachen Lämmerenboden, eine eigenwillig anmutende Schwemmebene, sowie die Lämmerenalp zum kleinen Lämmerensee. Ein Seitenarm des Lämmerenbaches wird über einen Holzsteg überschritten. Ein Pfad führt in etlichen Kehren einen Hang entlang und zum Schluss empor zur Lämmerenhütte (2507 m / + 2 ½ Std.). Der erst 1971 errichtete Rundbau wurde im Februar 1990 durch eine Lawine zerstört. Bereits im Sommer 1992 konnte die neue SAC-Hütte 70 Meter westlich der verschütteten Hütte an lawinensicherer Stelle als wichtiger Tourenstützpunkt im Wildstrubelgebiet wieder eröffnet werden.

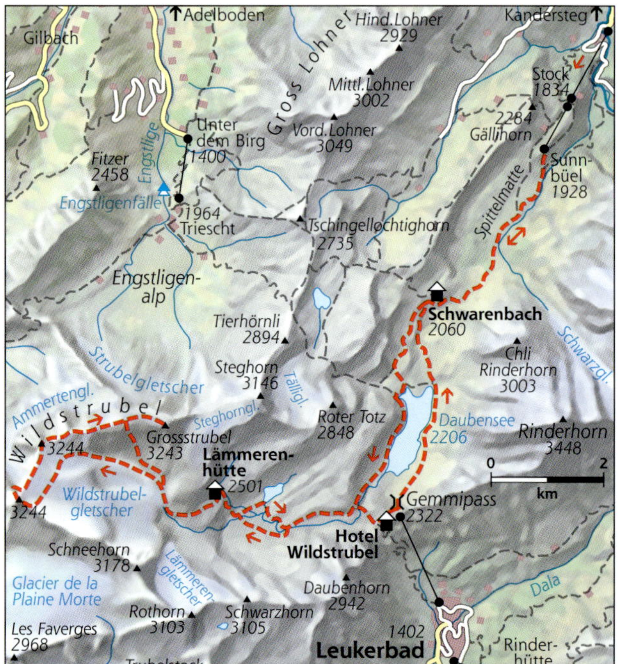

21 Wildstrubelüberschreitung

Seite 99:
Die Bergsteiger stehen auf dem Mittleren Wildstrubel und blicken über den Wildstrubelgletscher zum Großstrubel (auch Adelbodner Strubel), dahinter die Kette der östlichen Berner Alpen.

Am Gemmipass mit Blick auf die Wildstrubelgruppe

Wir stromern bis zur Dämmerung im Hüttengelände umher. Ständig wechseln die Stimmungen, faszinieren von Minute zu Minute mehr.

Aufbruch um 6 Uhr morgens ist für die Wildstrubeltour eine gute Zeit. Durch Schutt und Geröll geht es unter den steilen Felsen des Lämmerenhorns um seinen Südfuß herum und an geeigneter Stelle auf die Mittelmoräne des Wildstrubelgletschers (Vorsicht bei geröllbedecktem Toteis!). Nun über die Moräne hoch, sie bald nach links verlassend (anseilen) und in weitausholendem Bogen nach Nordwesten gegen den von Punkt 3172 herabziehenden Felssporn.

Aus dem oberen Gletscherbruch kriecht Eiseskälte herauf (Vorsicht Spalten!). Längst hat die Macht der Sonne die Firnlandschaft zum Leben erweckt und in ein Meer glitzernder Eiskristalle verwandelt.

Noch befinden wir uns auf der Lämmerenjoch-Route, brauchen das Joch (Übergang auf den Glacier de la Plaine Morte und zur Wildstrubelhütte) jedoch nicht zu betreten. Durch eine Gletschermulde steigen wir direkt auf den Westgipel, auch Lenkerstrubel

genannt (3243 m / + 3 Std.). Zu unseren Füßen breitet sich der Glacier de la Plaine Morte aus – darunter das sonnige Rhonetal, am Horizont die Kette der Walliser Firngipfel. Zum Greifen nahe scheint im Südwesten das Wildhorn, ganz in der Ferne leuchtet silbrig der Montblanc. Uns lockt das nächste Etappenziel.

Ein kurzer Abstieg in nördlicher Richtung über griffigen Firn in einen Sattel (Punkt 3162: Von hier senkt sich nach Norden eine breite, steile Eisrinne auf den Ammertengletscher ab), weiter leicht nach Nordosten über den Firngrat zum Mittelgipfel (3243 m / + 3/4 Std.) mit prächtigen Tiefblicken in die Täler der Simme und Engstligen.

Wer genug hat, kann nun zum Fuße des Felssporns, der sich von Punkt 3172 herabsenkt, und weiter zur Mittelmoräne zurückkehren. Uns reizt noch der Großstrubel, der sich von hier aus mit besonders schöner Kulisse präsentiert. Der »Weg« ist vorgegeben, da meistens eine Spur vorhanden. Auch wenn die Wildstrubelüberschreitung gerne gemacht wird, sind seine Gipfel doch selten überlaufen. Über den fast ebenen Firnkamm, der an einigen Stellen mit Schutt und Geröll bedeckt sein kann, geht es nach Ostnordost zum Punkt 3200 und von diesem über Firn zum Strubeljoch (3092 m / + 3/4 Std.). Wenig schwierig leitet der überfirnte Grat in östlicher Richtung auf den Großstrubel, auch Adelbodnerstrubel genannt (3242 m / + 1/4 Std.).

Fantastisch ist der Blick über das Kandertal hinweg zur Kette der östlichen Berner Alpen mit Blümlisalp, Doldenhorn und Balmhorn im Vordergrund.

Dann kehren wir zum Strubeljoch zurück und von hier durch eine Firnrinne südlich hinab in eine Firnbucht. Weiter nach Südsüdost über den Wildstrubelgletscher hinab und nahe seines unteren Bruches auf die Seitenmoräne, bis das Steiglein am Südwestfuß des Lämmerenhorns wieder erreicht ist, das uns zur Hütte zurückbringt (2507 m / + 1 1/2 Std.). Je nach Zeitplanung nächtigen wir nochmals auf der Lärmmerenhütte oder kehren auf etwas veränderter Route als beim Aufstieg am Vortage mit einem Abstecher zum Gemmipass (2322 m / + 1 1/2 Std.) zur Bergstation Sunnbüel (1930 m / + 2 1/4 Std.) und mit der Seilbahn ins Tal nach Kandersteg zurück.

Weitere Tourenvorschläge

- (Kandersteg) – Sunnbüel – Winteregg – Gällihorn – Üschenegrat – Wyssi Flue – Schwarzgrätli – Üschenetal – Kandersteg (6 Std.)
- Kandersteg – Waldhus – Staldi – Selden – Heimritz – Hohweiden – auf gleicher Route zurück (5 Std.)
- (Kandersteg) – Oeschinensee – Fründenhütte und zurück (5 Std.)
- Kandersteg – Fisi Schafberg – Jegertosse und zurück (5 1/2 Std.)
- Kandersteg – Sunnbüel – Gemmipass – Leukerbad (7 Std.; bei Seilbahnbenutzung von Kandersteg nach Sunnbüel und vom Gemmipass nach Leukerbad nur 2 1/2 Std.).

Auf dem Gemmipass, einem historischen Übergang ins Wallis, gegen Chli Rinderhorn und Rinderhorn.

Links:
Über Lämmerendalu (Zufluss zum Daubensee), eine einsame Schwemmebene südlich des Daubensees, führt die Route vom Gemmipass zur Lämmerenhütte. Im Osten Chli Rinderhorn und Rinderhorn.

22 Oberrothorn und Ritzengrat

Ein Gipfelpanorama wie vom Gornergrat

Sunnegga – Leisee – Blauherd – Stellisee – Oberrothorn – Ritzengrat – Zermatt

Mit 5225 Quadratkilometern drittgrößter Kanton der Schweiz, ist das Wallis ein Land mit vielen Facetten – einzigartig im Südwesten der Schweiz gelegen, emporgetürmt aus dem Urgestein der Erde. Zu beiden Seiten der vom Rhonegletscher gegrabenen Furche ragen gewaltige, von ewigem Eis bedeckte Gipfel in den tiefblauen Himmel. Die besondere Lage des Wallis bringt naturbedingt große Temperaturunterschiede mit sich. Im Tal der Rhone, der Lebensader des Wallis, wo Aprikosen, Pfirsiche und Rebhänge gedeihen, staut sich im Sommer eine mediterran-trockene Hitze.

Dagegen herrschen im Jahresmittel Temperaturen unter Null auf den höchsten Gipfeln der noch ursprünglich gebliebenen Bergtäler und Dörfer südlich der Rhone. Es ist das Reich der Viertausender mit ihren glitzernden Eisströmen und hohen Pässen. Hierzu gehört auch das Mattertal. Eine ideale Verbindung vom Rhonetal ins Tal der Matter Vispa stellt die Brig-Visp-Zermatt-Bahn dar. Aber auch mit dem Auto gelangt man auf gut ausgebauter Straße von Visp (Rhonetal) südwärts ins Visptal und hält sich nach kurzer Fahrt bei der Straßengabelung in Stalden an den Hinweis nach rechts ins Mattertal. Am westlichen Berghang über sanftem Talgrund wie Schwalbennester die Dörfer Törbel und Embd. Der nächste größere Ort ist St. Niklaus. Von weitem grüßt die schöne Kirche mit ihrem zwiebelförmigen Glockenturm. Bei der Weiterfahrt Richtung Zermatt zeigen sich über dem Talschluss im Süden Breithorn und Klein Matterhorn.

In Täsch (1450 m) ist die Fahrstraße zu Ende. Gleich neben dem Bahnhof befindet sich ein großer Parkplatz für mehrere tausend Fahrzeuge. Ins »Matterhorndorf« gelangt man nur mit der Eisenbahn oder zu Fuß. Früheste Urkunden über Zermatt stammen aus den Anfängen des 13. Jahrhunderts. Schon im Mittelalter wurde reger Handel zwischen Zermatt und dem Valtournanche (Italien) betrieben. Damals war das Klima milder: Die Baumgrenze lag bei etwa 2600 Metern, und die heute vergletscherten Pässe waren zu jener Zeit mit Maultieren zu überschreiten.

Dennoch verwehrten Einheimische noch zu Beginn des 18. Jahrhunderts Reisenden in Zermatt eine Unterkunft für die Nacht, hielt man sie doch für Eindringlinge und Räuber. Zu jener Zeit wussten nur ein paar Gelehrte etwas von der Existenz des Dorfes im Talschluss, und eine Reise ins Mattertal war eine gefährliche Exkursion. Längst gehörte es zum guten Ton, die mit einem Fahrzeug leicht erreichbaren Orte Grindelwald und Chamonix zu besuchen.

Doch schließlich hielt auch im Mattertal der Tourismus Einzug. Mitte des 19. Jahrhunderts zählte man in Zermatt nahezu einhundert Bergsteiger – die Goldene Zeit des Alpinismus war angebrochen. 1860 begann das Ringen um die Gipfel über Zermatt. 1865 stand der Engländer Edward Whymper als erster Mensch auf dem Gipfel des Matterhorns.

Tourensteckbrief

LAGE: *Walliser Alpen / Allalingruppe, östlich oberhalb von Zermatt (Mattertal).*

CHARAKTER: *Bergwanderung mit Gipfelbesteigung und Gratüberschreitung. Der Ritzengrat setzt gute Trittsicherheit voraus, für Berggewohnte unschwierig. Ausdauer und Kondition nötig.*

GEHZEIT: *7 1/2 Std. (bei Bahnbenutzung).*

HÖHENDIFFERENZ: *1100 m Anstieg (bei Bahnbenutzung), 2000 m Abstieg.*

TALORT: *Zermatt (1616 m) im Mattertal. Anfahrt aus dem Rhonetal mit der Brig-Visp-Zermatt-Bahn; oder mit dem Auto von Visp / Rhonetal südwärts ins Vispertal bis Stalden, hier rechts ab ins Mattertal nach Täsch, Ende für den öffentlichen Verkehr (großer Parkplatz am Bahnhof). Weiter mit der Bahn nach Zermatt.*

AUSGANGSPUNKT: *Bergstation Blauherd (2565 m); von Zermatt mit der Alpen-Metro (unterirdische Standseilbahn) zur Sunnegga (2288 m), weiter mit der Gondelbahn nach Blauherd (2565 m).*

EINKEHR: *Siehe Unterkunft sowie Bergrestaurant Blauherd (2565 m), Bergrestaurant Sunnegga (2288 m), Wirtschaft Tufteren (2215 m), Rothorn Bergrestaurant (3103 m), Wirtschaft in der Ried (1791 m).*

UNTERKUNFT: *Berggasthaus Fluealp (2607 m), Tel.: 0041(0)27/967 25 97.*

FÜHRER: *Bleyer, R.M. + G., Höhenwege im Wallis, Bruckmann Verlag, München; SAC-Clubführer Walliser Alpen Band V (Vom Strahlhorn zum Simplon), SAC-Verlag; SAC-Wanderführer Alpinwandern Wallis und Wandern Alpin, SAC-Verlag; Rother Wanderführer Oberwallis, Bergverlag Rother, Gebietsführer Walliser Alpen, Bergverlag Rother, Wanderwelt Alpen, Kümmerly + Frey.*

KARTE: *SAW-Wanderkarte 1:50 000 Blatt 284 T (Mischabel).*

TOURISMUSINFORMATIONEN: *CH – 3920 Zermatt, Tel.: 0041(0)27/967 01 81.*

22 Oberrothorn und Ritzengrat

Seite 102: Alphütten von Tufteren. Darüber das Matterhorn mit Hörnligrat und Nordwand; links der Furggrat, rechts der Zmuttgrat.

Doch nicht nur das Matterhorn übt Jahr für Jahr diese magische Anziehungskraft auf unzählige Touristen aus. Der besondere Reiz des Tales liegt in seiner vielfältigen Schönheit begründet: sattgrüne Almen, dunkle Wälder, sanfte Berghänge und tiefblaue Bergseen – darüber firngekrönte Viertausender, deren gewaltige Gletscher tief ins Tal hinablecken.

Der Wegverlauf

Eine unserer liebsten Wanderungen im Mattertal ist jene auf das Oberrothorn: zum einen wegen der herrlichen Aussicht und dann, weil auf seinem Gipfel keine Platzkarten verteilt werden müssen (wie etwa auf dem Gornergrat) – und natürlich auch wegen des luftigen Abstieges über den Ritzengrat zurück ins Tal.

Von Zermatt geht es zunächst mit der Alpen-Metro auf die Sunnegga (2288 m). Die Fahrt mit der im November 1980 in Betrieb genommenen unterirdischen Standseilbahn dauert bei einer Fahrgeschwindigkeit von 36 km/h (und einer Förderleistung von 2600 Personen pro Stunde) nur gut drei Minuten. Zu Fuß bräuchte man dafür zwei Stunden.

Unweit der Bergstation liegt der idyllische Leisee, ein sicher nicht von jedem Wanderer entdecktes Kleinod. Matterhorn, Obergabelhorn und Wellenkuppe tauchen ihr Spiegelbild in den See. Anschließend trägt uns eine Gondelbahn hinauf nach Blauherd (2585 m), dem Ausgangspunkt der heutigen Tour.

Tausend Höhenmeter über Zermatt ist es am Morgen noch frisch. So folgen wir der Richtung des Wegweisers bei der Station mit zügigem Schritt und stehen 20 Minuten später am Stellisee. Von seinem östlichen Ufer geht der Blick nach Südwesten zum Matterhorn, das jetzt ganz harmlos wirkt – und im glasklaren Wasser zeigt sich das edle Horn als Spiegelbild ein zweites Mal von seiner berühmtesten Seite. Aber wehe, wenn das Wetter plötzlich umschlägt, dann ist mit dem »Monarchen« nicht zu spaßen. Doch wer denkt an einem Tag wie heute an Gefahren? Tiefblauer Himmel, klare Luft, weite Sicht und Stille überall. Mit dem Fernglas wird der Hörnligrat (Normalroute auf den Gipfel) nach Seilschaften abgesucht, denn heute ist Matterhornwetter.

Ohne merkliche Steigung führt der Weiterweg zum Berggasthaus Fluealp (2607 m / 3/4 Std.). Im mor-

Auf dem Gipfel des unschwierig erreichbaren Oberrothorns. Eindrucksvoll ragen Täschhorn und Dom vor den Wanderern auf.

Auf dem Panorama-Höhenweg Tufteren-Obersattla zeigt sich das Matterhorn von seiner schönsten Seite.

gendlichen Gegenlicht liegt der Weißgrat mit der Cima di Jazzi vor uns. Weit zieht sich der Findelgletscher ins Tal hinab. Wegen der leichten Erreichbarkeit (Bergbahnen) wird das Berggasthaus außer von Alpinisten, die das Rimpfischhorn besteigen wollen und zumeist die letzte Bahn am Abend zum Blauherd nehmen, gerne von Tagesgästen besucht, zumal der Stellisee ein beliebtes Ausflugsziel ist.

Von der Fluealp dem Hinweis nach Westen folgen (später auch Zeichen an Felsblöcken beachten). Bisher sind wir noch keinem Menschen begegnet. Die meisten Touristen fahren mit der Seilbahn aufs (Unter-)Rothorn und haben dann nur noch 1 ½ Stunden Anstieg aufs Oberrothorn vor sich. Sie ahnen nicht, was ihnen dadurch entgeht: Die Spiegelung des Matterhorns ohne Haube im Leisee und Stellisee ist fast nur am zeitigen Morgen zu erleben.

Vom Furggji (2981 m / + 1 ¼ Std.), der Einsattelung zwischen Unterrothorn und Oberrothorn, kann man erstmals wieder ins Tal der Matter Vispa hinabsehen. Die steile Westflanke unseres Tageszieles sieht nicht gerade einladend aus. Wir nehmen den gut angelegten Steig auf der Südseite des Berges bis zu seinem höchsten Punkt (3415 m / + 1 ½ Std.). Jetzt ist eine lange Rast verdient, denn der Anstieg war zeitweilig etwas steil, und viele Kehren mussten ausgegangen werden. Alle Mühen werden reichlich belohnt durch ein großartiges Panorama. Die Aussicht auf die umliegenden Berge steht kaum jener vom Gornergrat nach, wenn auch der Blick auf den Monte Rosa, die furchterregende Nordwand des Liskammes und die mächtigen Gletscherströme vom Gornergrat aus noch unmittelbarer ist.

Dafür wirken Mischabelgruppe, Weisshorn und Zinalrothorn von unserem Gipfelplateau aus gewaltiger und beeindruckender. Mächtig auch Dom und Täschhorn, deren eisdurchsetzte Flanken steil in die Tiefe stürzen. Der Dom, höchster ganz in der Schweiz liegender Gipfel und eines der begehrtesten Tourenziele von Hochalpinisten, setzt beste Gletscher- und Bergerfahrung sowie Ausdauer und Kondition voraus. Selbst der Anstieg zur Domhütte erfordert schon ein Mindestmaß an bergsteigerischem Können.

Wir steigen schließlich wieder zum Furggji hin ab (2981 m / + ¾ Std.). Jetzt bieten sich folgende Möglichkeiten der Rückkehr ins Tal an: a) durch die Tufterchumme nach Tufteren, weiter nach Täsch oder Zermatt (ggf. ab Sunnegga mit der Metro talwärts); b) ab Rothorn (3103 m / 15 Min. von Furggji) per Luftseilbahn und Metro nach Zermatt; c) wir entscheiden uns für den Abstieg vom Rothorn über den Ritzengrat nach Zermatt.

Ein guter Pfad wartet hier und da mit kleinen Überraschungen auf, ohne aber ernstlich schwierig oder gefährlich zu sein. Vom luftigen Gratweg hat man eine weite Aussicht ins Mattertal und zu den im Westen liegenden Bergen. Besonders eindrucksvoll wirkt von hier das Weisshorn: Drei gleichmäßig geformte Grate vereinen sich in 4506 Metern Gipfelhöhe. Die Erstbesteigung glückte am 19.8.1861 John Tyndall mit den Führern J.J.Bennen und Ulrich Wenger. Tourenstützpunkte sind heute die Weißhornhütte (Mattertal) und die Cabane de Tracuit (Val d'Anniviers/Val de Zinal).

In etwa 2550 Metern Höhe zieht sich die felsige Ritzengratroute in rasige Hänge hinein. Nun zügig weiter abwärts und bei Punkt 2311 nach links in den Höhenweg Tufteren – Täschalp. Von Tufteren (2215 m / + 2 Std.) wählen wir den Weg in die Ried. Wie verändert, fast fremd und unnahbar, wirkt das Matterhorn jetzt. Leicht wandert es sich in der Kühle des Abends durch Arven- und Lärchenwald hinab nach Zermatt (1616 m / + 1 ¼ Std.).

»Sommer Haute Route«

Von Zermatt nach Chamonix

Auf dieser großartigen Bergwanderung zu Füßen majestätischer Viertausender wie Monte Rosa, Matterhorn, Dent Blanche, Grand Combin und Mont Blanc kann das Wallis, dieses Land der südlichen Sonne und großen Gegensätze, während knapp drei Wochen auf ganz besondere Weise entdeckt werden. Da reihen sich die schönsten Walliser Täler aneinander. Eines vom anderen verschieden, ist doch jedes ursprünglich geblieben und auf seine Art eigenwillig und malerisch. Dunkelbraune Holzstadel und kleine weiße Kapellchen beglücken ebenso wie hochgelegene einsame Bergseen. Die »Sommer Haute Route« besteht aus 17 Tagesetappen, jeweils zwischen 4 bis 6 ½ Stunden Gehzeit; nur für berggewohnte Geher geeignet. Informationen und Prospektmaterial (Routenverlauf, Einkehr-/Unterkunftsmöglichkeiten usw.) erhältlich bei: Wallis Tourismus, Rue Pré-Fleuri 6, CH – 1951 Sion/Rhonetal, Tel.: 0041 (0)27/322 31 61.

23 Schwarzsee und Hörnlihütte

Tourensteckbrief

LAGE: *Walliser Alpen / Dent d'Hérens-Matterhorn-Gruppe, im Südwesten des Mattertales, nordöstlich unter dem Matterhorn.*

CHARAKTER: *Bis Schwarzsee leichte Wanderung. Der weitere Aufstieg zur Hörnlihütte ist nur bei sicherem Wetter zu machen; gute Kondition und Ausdauer sind Voraussetzung. Guter Weg zum Schwarzsee. Der nicht sehr steile Saumpfad zur Hörnlihütte ist gut begehbar, im oberen Teilstück etwas ausgesetzt.*

GEHZEIT: *8 1/2 Std. (ohne Hörnlihütte 5 Std.).*

HÖHENDIFFERENZ: *Je 1650 m An- und Abstieg (ohne Hörnlihütte je 970 m). Höhenmeter und Gehzeiten lassen sich durch Benutzung der Seilbahn Zermatt-Schwarzsee abkürzen.*

AUSGANGSORT / -PUNKT: *Zermatt (1616 m) im Mattertal, Start am Bahnhof. Anfahrt siehe Tour 22 unter »Talort«.*

EINKEHR: *Gastwirtschaft Weiler Zum See (1766 m, privat), Wirtschaft Hermettji (2053 m, privat).*

EINKEHR / UNTERKUNFT: *Berggasthaus / Hotel Schwarzsee (2583 m, privat; zwei Minuten von der Bergstation über dem Schwarzsee), Tel.: 0041(0)27/967 22 63. Hörnlihütte (3260 m), Tel.: 0041(0) 27 / 967 27 69. Berggasthaus Matterhorn (3260 m, neben der Hörnlihütte), Tel.: 0041(0)27/967 22 64.*

FÜHRER: *Bleyer, R.M.+G., Höhenwege im Wallis, Bruckmann Verlag, München; SAC-Clubführer Walliser Alpen Band 3 (Vom Col Collon zum Theodulpass), SAC-Verlag; SAC-Wanderführer Wandern Alpin und Alpinwandern Wallis, SAC-Verlag; Rother Wanderführer Oberwallis, Bergverlag Rother, Gebietsführer Walliser Alpen, Bergverlag Rother.*

KARTEN: *SAW-Wanderkarten 1:50 000 Blätter 283 T (Arolla) und 284 T (Mischabel).*

TOURISMUSINFORMATIONEN: *CH – 3920 Zermatt, Tel.: 0041(0)27/967 01 81.*

Zum Schwarzsee mit der Kapelle »Maria zum Schnee«

Kein anderes Walliser Bergtal erlangte einen Berühmtheitsgrad wie das Mattertal. Das Matterhorn, der Alpinismus und die Dynastie Seiler haben in erster Linie dazu beigetragen, aus dem einstigen kleinen Bergdorf einen der touristisch attraktivsten Orte der Schweiz zu machen. Zermatt gilt als die Metropole der Bergsteiger schlechthin. Bereits Mitte des 19. Jahrhunderts war Zermatt der Wallfahrtsort für die kühnen Bergsteiger jener Zeit. 1891 erreichte die erste Bahn Zermatt, 1898 war der Bau der Gornergratbahn beendet – welch großartige Leistung in damaliger Zeit. Verständlich, dass auch der Bergführerverein Zermatt, heute »Zermatt Alpin Center«, eine lange Tradition hat. Erste Dokumente liegen aus dem Jahre 1865 vor. Seine bewegte Geschichte ist vor allem eng verbunden mit dem Matterhorn und den Bergen um Zermatt, jedoch waren Zermatter Bergführer immer wieder auch in fremden Ländern unterwegs. Hier seien nur einige Beispiele genannt.

Von den etwa 100 patentierten Bergführern stellten sich im Herbst 1988 fünfzehn bei der »Zermatter Lhotse-Expedition« einer großen Herausforderung: Besteigung des Lhotse-Shar (8398 m). Am 28. Oktober gelang Viktor Imboden und Henri Willi der Gipfelsieg. Die außerordentliche bergsteigerische Leistung wurde als Meilenstein in der Geschichte der Zermatter Bergführer gewertet. Aber die Männer ruhten sich nicht auf ihren Lorbeeren aus und waren im Herbst 1991 erneut erfolgreich: Nachdem die »Zermatter Manaslu-Expedition« über Wochen mit Schneestürmen zu kämpfen hatte, war den Männern das Glück dann doch noch gewogen. Am 25. Oktober standen Mauro Ferrari und Horst Brantschen auf dem Gipfel des Manaslu (8156 m). Die nächste be-

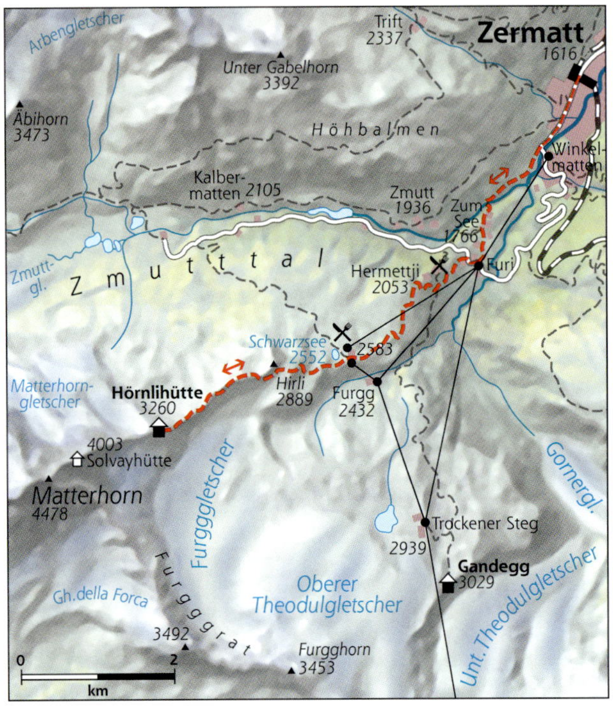

Im tiefblauen glasklaren Wasser des Schwarzsees, einem der beliebtesten Ausflugsziele von Zermatt, spiegeln sich Obergabelhorn und Wellenkuppe.

deutende Tat auf ihrer Erfolgsleiter war die »Zermatter 4 Matterhörner Expedition« 1994/95 mit den Gipfeln Ama-Dablam/Nepal, Alpamayo/Peru, Assiniboin/Kanada und Matterhorn/Schweiz. In den nächsten Jahren erregten die Zermatter Bergführer mit folgenden Unternehmungen Aufsehen: zehn Bergsteiger-Trekkings in Nepal mit Besteigung eines 6000er Gipfels, zwei Bergsteiger-Trekkings in Peru mit Besteigung des 6780 Meter hohen Huascaran, ein Bergsteiger-Trekking in Tibet, ein Bergsteiger-Trekking in Kenia mit Besteigung des Kilimandcharos und des Mount Kenya sowie im Juni 2001 fünf Berge zwischen 5200 und 6780 Meter. Das »Zermatt Alpin Center« ist also eine gute Adresse, sollten Sie einen Bergführer für eines der vielen schönen Gipfelziele um Zermatt (oder anderswo) suchen.

Der Wegverlauf

Der Schwarzsee mit der Mutter Gottes Kapelle »Maria zum Schnee«, aufgrund eines Gelübdes im 18. Jahrhundert hier erbaut, zählt ohne Zweifel zu den schönsten Schau- und Rastplätzen über Zermatt. Am leichtesten und schnellsten gelangt man mit der Seilbahn in die Höhe, lohnender ist aus unserer Sicht die Wanderung. Vom Bahnhof in Zermatt dem Hinweis »Schwarzsee/Hörnlihütte« folgen und nach Südwesten Richtung Matterhorn aus dem Dorf hinaus. Ein breiter Weg führt talein entlang des Zmuttbaches, der beim Wegweiser über ein Brücklein zu queren ist. Durch lichten Wald geht es in sanfter Steigung zum Weiler Zum See (1766 m/1 Std.).

Schwarzsee mit der Kapelle »Maria zum Schnee«, erbaut im 18. Jh. aufgrund eines Gelübdes. Dahinter Dent Blanche und Obergabelhorn.

»Europaweg« Zermatt – Grächen

Dieser einmalig schöne Höhenweg gilt als der schwierigste der Alpen (11 Std.). Bergerfahrung, absolute Trittsicherheit, Ausdauervermögen und beste Kondition sind für die Begehung Voraussetzung. Informationen, Spezialprospekt mit Routenverlauf und Gehzeiten sowie erforderliches Kartenmaterial erhältlich bei: Zermatt Tourismus, CH – 3920 Zermatt, Tel.: 0041(0)27/ 967 01 81.

Dann nimmt die Steigung etwas zu. Kurz hinter der Jausenstation Hermettji (2053 m/ + 3/4 Std.) ist die Baumgrenze erreicht. Das Matterhorn baut sich jetzt wuchtiger vor uns auf, und der Anblick ist nicht mehr so lieblich wie von Zermatt aus. Als wir am Schwarzsee eintreffen und bereits ein gehöriges Tagespensum geschafft haben (2583 m/ + 1 1/4 Std.), sitzen die Seilbahnbenutzer längst auf der Sonnenterrasse des modernen Bergrestaurants. Es wurde hier anstelle des berühmten, 1888 erbauten und 1957 während des Umbaus bis auf die Grundmauern niedergebrannten »Hotel Schwarzsee« errichtet.

Uns hält es nicht lange, denn bis zur Hörnlihütte haben wir noch 700 Höhenmeter zu bewältigen. Der Schwarzsee wird an seinem südlichen Ufer (links vorbei an der Kapelle »Maria zum Schnee«) umgangen. Zum Greifen nahe liegt das Hirli, auch Hörnli genannt, vor uns. Bis zur Grathöhe ist es etwa eine Gehstunde und wir steigen vom Hüttenweg in wenigen Minuten auf den höchsten Punkt des Hirli (2888 m).

Dies wäre eigentlich schon ein ausreichend lohnendes Ziel für den heutigen Tag. Nichts beeinträchtigt den Blick auf das Horn, und das Panorama der umliegenden Berge ist von großer Eindrücklichkeit: im Südosten der eisumflossene Monte Rosa, im Nordosten die langgezogene Mischabelkette, darunter das tiefeingeschnittene Mattertal. Von Nord nach West reihen sich die Gipfel von Weisshorn, Zinalrothorn, Obergabelhorn und Dent Blanche aneinander. Doch wir folgen vom Hirli weiter dem Saumpfad bergwärts – er ist von den vielen Auf- und Abwärtssteigenden deutlich markiert und nicht zu verfehlen. Von der Hörnlihütte (3260 m/2 1/4 Std.) bietet sich eine fantastische Rundschau auf die Fels- und Gletscherwelt, aus der das Matterhorn imposant emporwächst. Natürlich können Sie hier oben eine Übernachtung einplanen. Aber an schönen Tagen – und nur dann sollten Sie so nahe an den Fuß des Matterhorns aufsteigen – sind meist beide Häuser hoffnungslos überfüllt. Vier steile, ausgeprägte Grate führen zum Gipfel des Matterhorns: der Furggen-, Zmutt- und Liongrat. Der längste und leichteste ist der Hörnligrat, über den auch die Normalroute verläuft.

Lange galt das Matterhorn als unbezwingbar. Der erste ernsthafte Versuch wurde 1858 von Jean-Antoine Carrel und vier Freunden von Breuil (Italien) aus gestartet, aber die mutigen Männer erreichten nur eine

Murmeltierbrunnen in Zermatt

Höhe von 3800 Metern. In den nächsten Jahren hielt die Belagerung des Horns von Zermatt an. Jedoch gelang es erst dem Engländer Edward Whymper mit drei weniger erfahrenen Männern sowie den drei Führern Croz, Taugwalder Vater und Sohn, von Zermatt über den Hörnligrat aufsteigend, am 14. Juli 1865 auf dem höchsten Punkt des bis dahin unbezwungenen Matterhorns zu stehen. Der Jubel über den Gipfelsieg sollte nur von kurzer Dauer sein. Beim Abstieg riss das Seil, und vier der sieben Männer stürzten in den Tod – nur Whymper sowie Taugwalder Vater und Sohn kehrten ins Tal zurück.

Über 2000 Menschen versuchen jährlich, den Gipfel zu erreichen, allerdings schafft es nur wenig mehr als die Hälfte. Die Zahl jener, die an diesem Berg ihr Leben ließen, übersteigt bereits 500! »Aufs Matterhorn um jeden Preis« ist die Devise vieler Ehrgeiziger, oft bleibt die Vernunft dann im Tal. Die Besteigung des Matterhorns ist auch heute noch eine absolut ernst zu nehmende, anforderungsreiche Bergtour. Selbst erfahrene Bergsteiger sollten einen Führer engagieren, da bei plötzlichem Nebeleinfall die Wegfindung sehr schwierig wird und damit die große Gefahr wächst, die Route zu verfehlen. Für die Besteigung des Matterhorns sind eine sehr gute Kondition und die Beherrschung des Steigeisengehens erforderlich. Durch intensives Konditionstraining (tägl. 1000–1500 Höhenmeter im Auf- und Abstieg mit einer Leistung von 400 Höhenmetern je Std. im Aufstieg inkl. Pausen) wird die Voraussetzung geschaffen, die Tour auch zu genießen. Nicht-Alpinisten ist dringend anzuraten (nach einem Training wie vorgeschlagen), zunächst mit einem Bergführer durch Touren auf leichtere, ebenfalls schöne Viertausender in der Umgebung Zermatts Erfahrung zu sammeln.

Auf der Anstiegsroute kehren wir zum Schwarzsee zurück (2583 m / + 1 1/4 Std.). Wunderschön ist das Spiegelbild der am westlichen Ufer stehenden weißen Kapelle »Maria zum Schnee« mit der Dent Blanche im Hintergrund. Sieben Männer steigen Richtung Hörnlihütte auf, an den schweren Rucksäcken klirrt die Schlosserei. Werden sie morgen im Dunkel der Nacht den Einstieg zum Hörnligrat hinaufstolpern und dann in die Ostwand einsteigen …? Vom Schwarzsee je nach Verfassung und Uhrzeit mit der Seilbahn oder in angenehmer Abendwanderung zurück nach Zermatt (1616 m / + 2 Std.).

Weitere Tourenvorschläge

- Zermatt – Zmutt – Hotel Stafelalp – Schwarzsee – Zum See – Zermatt (5 1/2 Std.)
- Zermatt – Herbriggen – Hubel – Zmutt – Zermatt (4 Std.)
- Zermatt – Trift – Höhbalmen – Schönbielhütte – Zmutt – Zermatt (8 Std.)
- Randa – Rötiboden – Schaliberg – Schatzplatte – Schaliachern – Arigscheis – Täsch/Randa (7 Std.)
- Täsch – Panorama-Höhenweg – Tufteren – Obersattla – Täschalp – Ottavan – Täsch (6 1/2 Std.)
- Zermatt – Riffelberg – Gornergrat – Riffelalp – Findeln – Zermatt (7 Std.)

24 Gletscherstube über Saas Fee

Tourensteckbrief

LAGE: *Walliser Alpen / Allalingruppe, im Süden des Saastales, nördlich vom Allalinhorn.*
CHARAKTER: *Panoramaweg zu Beginn einfache, markierte Gletschertraverse. Beim Abstieg von der Hütte in den Geröllkessel unter dem Chessjengletscher Vorsicht, falls sulziger Firn auf Eis.*
GEHZEIT: *4 Std. (bei Bahnbenutzung).*
HÖHENDIFFERENZ: *100 m Anstieg (bei Bahnbenutzung), 1300 m Abstieg.*
TALORT: *Saas Fee (1803 m) im Saastal. Anfahrt aus dem Rhonetal mit der Brig-Visp-Zermatt-Bahn bis Stalden und von dort per Bus nach Saas Fee; oder mit dem Auto von Visp / Rhonetal südwärts ins Vispertal nach Stalden, hier links ab ins Saastal und über Saas Grund nach Saas Fee (autofrei); Parkplatz am Ortseingang.*
AUSGANGSPUNKT: *Bergstation Felskinn (2991 m), von Saas Fee mit dem Alpin-Express (Luftseilbahn). Abstecher mit der Metro Alpin (unterirdische Standseilbahn) auf Mittel Allalin.*
EINKEHR: *Drehrestaurant Mittel Allalin, Bergrestaurant Felskinn, SB-Restaurant Plattjen.*
UNTERKUNFT: *Britanniahütte (3030 m), Reservierung für Übernachtung empfehlenswert, Tel.: 0041(0)27/957 22 88 und 0041(0)27/957 21 80. Berghaus Plattjen (2411 m).*
FÜHRER: *Bleyer, R.M.+G., Höhenwege im Wallis, Bruckmann Verlag, München; SAC-Clubführer Walliser Alpen Band 5 (Vom Strahlhorn zum Simplon), SAC-Verlag; SAC-Wanderführer Wandern Alpin und Alpinwandern Wallis, SAC-Verlag; Rother Wanderführer Oberwallis, Bergverlag Rother; Gebietsführer Walliser Alpen, Bergverlag Rother.*
KARTE: *SAW-Wanderkarte 1:50 000 Blatt 284 T (Mischabel).*
TOURISMUSINFORMATIONEN: *CH – 3906 Saas Fee, Tel.: 0041(0)27/958 18 58; CH – 3910 Saas Grund, Tel.: 0041(0)27/958 11 57.*

Vom Felskinn zur Britannia Hütte und nach Saas Fee

Zwischen dem Rhonetal (Brig und Visp) und den Ortschaften des Saastales (bis Saas Fee) besteht ständiger Postbusverkehr. Von Stalden (7 km südlich von Visp / Rhonetal) talein geht es zunächst nach Eisten, dem Geburtsort des Führerkönigs Alexander Burgener (geb. 1846), der hier 1910 auch seine letzte Ruhestätte fand. Weiter nach Saas Balen, unter den Hängen des Balfrin gelegen. Sehenswert die Wallfahrtskirche Mariä Himmelfahrt (erbaut 1808–1812), eine eigenwillige Schöpfung des Baumeisters Johann Josef Andenmatten. Später führt die Straße über Bidermatten und Tamatten nach Saas Grund mit seinen von der Sonne gegerbten Holzhäusern im alten Ortsteil Unter dem Berg. Die zum Teil mehrstöckigen Wohnhäuser sind mit üppigem Blumenschmuck versehen. An den Wänden der Viehställe hängen Gehörne – sie sollen Krankheiten vom Vieh fernhalten. Bis Saas Fee, der Gletscherstube des Wallis (autofrei, großer Parkplatz am Ortsanfang), sind es dann nur noch vier Kilometer.

Das tief eingeschnittene Saastal wird an beiden Seiten von hohen Bergen begrenzt: Im Osten steht die Weißmies-Lagginhorn-Fletschhorn-Kette über dem Tal – im Westen schwingen sich die Gipfel der Mischabelgruppe auf Höhen bis über 4000 Meter empor.

Der enge Zugang war lange der Grund für die Isoliertheit dieses herbschönen Bergtales. Ein gefährlicher Weg war es, der einst durch das ernste Tal der Saaser Vispa führte – Bäume über Schluchten dienten als Brücken. So setzte die Besiedlung auch erst relativ spät ein; älteste Urkunden deuten auf das 13. Jahrhundert hin. Bevor der Alpinismus erwachte, fristeten die wenigen hier lebenden Familien ein kar-

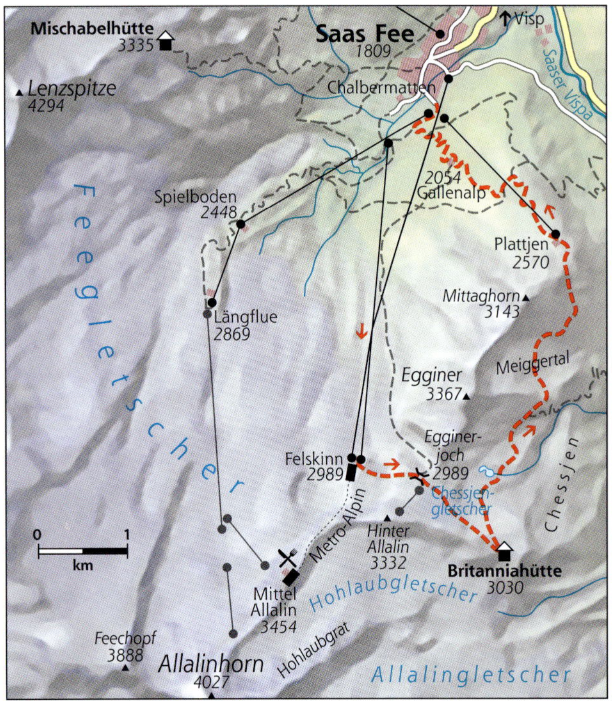

ges Dasein. Erst Ende des 18. Jahrhunderts wagten sich Besucher in das einsame Tal. Zu ihnen zählten Wissenschaftler, Maler und Abenteurer. In den dreißiger Jahren des 20. Jahrhunderts wurde dann endlich eine Straße zwischen Stalden und Saas Grund gebaut, die letzten vier Kilometer hoch nach Saas Fee ließen noch bis 1951 auf sich warten.

Gipfel mit klangvollen Namen – allein dreizehn Viertausender – beherrschen das Saastal, das für Alpinisten und Wanderer eine bunte Palette lohnender Unternehmungen bereithält.

Das Allalinhorn über Saas Fee war schon von der Längflue aus einer der beliebtesten Viertausender der Alpen (6 ½ Std. hin und zurück). Doch seit dem Bestehen der Metro Alpin hat sich die Zahl der »Gipfelaspiranten« um ein Vielfaches erhöht, da die Gehzeit ab Mittel Allalin um drei Stunden kürzer ist. Extreme nennen das Allalinhorn bisweilen abwertend Damen-Viertausender – dieser Ausspruch darf aber niemanden veranlassen, die Tour zu unterschätzen. Sie führt über große, oft stark zerklüftete Gletscherflächen und

Auf dem Gsponer Höhenweg (orografisch rechte Seite des Saastales) nahe dem Kreuzboden: Blick auf die Balfringruppe

setzt Berg- und Gletschererfahrung voraus (sonst mit Bergführer) sowie komplette Ausrüstung (u.a. Seil, Pickel, Steigeisen). Doch auch ohne Besteigung des Allalinhorns ist die Fahrt mit der Metro Alpin auf den Mittel Allalin äußerst lohnend und wird an schönen Tagen von unzähligen Touristen genutzt, die den überwältigenden Anblick der Berg- und Gletscherwelt so nahe erleben möchten.

Die im Dezember 1984 (nach knapp 3 ½ Jahren Bauzeit) in Betrieb genommene Metro Alpin, wie die Standseilbahn der Superlative offiziell heißt, gilt als höchste Bahn dieser Art in der Welt. Die verantwortlichen Ingenieure und alle übrigen am Bau Beteiligten hatten Außergewöhnliches zu leisten. Beeindruckend sind technische Daten über den Bauablauf. Zum Beispiel das mechanische Auffahren, ein an sich schon kühnes Unterfangen: Eine Robbins-Tunnelbohrmaschine mit einem Totalgewicht von 150 Tonnen hat – ohne eine einzige Sprengung – vom Felskinn zum Mittel Allalin in den gewachsenen Fels eine völlig glatte Röhre mit einem Durchmesser von 4,20 Metern und einer Länge von 1723,29 Metern gefräst.

Die Bahn ist bis auf eine kurze Unterbrechung (Ende April bis Mitte Juni) ganzjährig in Betrieb. Bei Überwindung einer Höhendifferenz von 465 Metern beträgt die Fahrzeit nur 4 Minuten.

Balfrin-Höhenweg

Diese anspruchsvolle Gebirgswanderung führt an den Hängen des Saaser Tales entlang von Grächen nach Saas Fee (oder umgekehrt) und ist von jedem trittsicheren, schwindelfreien und geübten Berggeher gut zu bewältigen. Die landschaftlichen Eindrücke sind einem ständigen Wechsel unterlegen und machen die Tour zu einem einmaligen Erlebnis (Gehzeit: 5 Std. bei Fahrt mit Gondel von Grächen zur Hannigalp).

Gsponer Höhenweg

Sozusagen das Gegenstück zum Balfrinweg ist dieser auf der gegenüberliegenden (orografisch rechten) Talseite verlaufende Höhenweg der »sanfteren Gangart«, somit auch Familien mit Kindern zu empfehlen. Die unschwierige Wanderung bietet bei Start im Norden eine sich von Stund an steigernde Panoramaaussicht auf die Gletscherstube von Saas Fee (Gehzeit: 6 Std. bei Fahrt mit Gondel von Stalden nach Gspon).

Allalinhorn

Von Saas Fee mit Alpin-Express und Metro Alpin auf Mittel Allalin: Mittel Allalin – Allalinhorn – Mittel Allalin (3–4 Std.; Berg- und Gletschererfahrung Voraussetzung, sonst nur mit Bergführer; Seil, Pickel und Steigeisen).

»Tour Monte Rosa« (TMR)

Diese 160 km lange Bergwanderung führt auf markierten Pfaden über hohe Pässe ins Reich der Viertausender und ist neben den üblichen Wanderwegschildern an wichtigen Stellen mit informativen Metallplaketten versehen. Bei Gehzeiten von maximal acht Stunden täglich (Abkürzungen durch Seilbahnen möglich) sollten mindestens neun Tage eingeplant werden. Bergerfahrung (sonst nur mit Bergführer) sowie beste Kondition und Ausdauer sind unbedingt erforderlich. Auf einigen Passagen können je nach Verhältnissen Pickel und Steigeisen nötig sein. Die Etappe Theodulpass-Gandegghütte (7. Tag) setzt Gletschererfahrung und entsprechende Ausrüstung voraus. Empfehlenswerte Karte: »Tour Monte Rosa« (Nachdruck der Landeskarte der Schweiz 1:50000 bei Kümmerly + Frey; auf der Rückseite Tourenbeschrieb), hrsg. von der Walliser Vereinigung für Wanderwege; zu beziehen bei: Schweizer Wanderwege SAW, Im Hirshalm 49, CH – 4125 Riehen.

Der Wegverlauf

Wir nutzen die Gunst der Stunde und machen vor der geplanten Wanderung vom Felskinn aus einen Abstecher auf den Mittel Allalin. Durch einen Fußgängerstollen geht es zur Metro Alpin. Die Bahn gleitet lautlos durch den Tunnel nach oben. Dann begrüßt uns auch schon die gleißende Sonne über einer einmalig schönen Gletscherlandschaft – der glitzernde Schnee in 3456 Metern Höhe blendet die Augen (sofort Sonnenbrille tragen!).

Lohnender Abstecher zum Bergführerdenkmal (knapp 1/2 Std. hin und zurück), das zur Erinnerung an die verunglückten Bergführer von Saas 1985 auf dem Mittel Allalin errichtet wurde. Vierzehn Viertausender recken sich gegen den stahlblauen Himmel: zum Greifen nahe Allalinhorn, Rimpfischhorn, Alphubel, Täschhorn und Dom sowie Weissmies – etwas ferner die Gipfel des Monte Rosa. Im Norden ist es die Kette der Berner Alpen über dem Tal der Rhone vom Bietschhorn bis zum Finsteraarhorn.

Nach Rückkehr zum Felskinn folgen wir der breiten, meistens ausgetretenen Trasse über den Chessjengletscher zur Britanniahütte (3030 m / 3/4 Std.). Dieser markierte Gletscherweg, der nicht zu verlassen ist, kann auch problemlos von gletscherunkundigen Wanderern begangen werden (Bergstiefel nötig, aber keine Ausrüstung). Die hochalpine Lage der in den Jahren 1996 / 1997 renovierten SAC-Hütte ist beeindruckend. Wir leisten uns noch einen kleinen Gipfelerfolg, steigen in wenigen Minuten auf das Plateau des Klein Allalin (3069 m) und genießen das herrliche Panorama. Tausend Meter hohe Steilhänge

Sehenswert ist die Wallfahrtskirche »Mariae Himmelfahrt« in Saas Balen (Saastal). Ihr Grundriss besteht aus zwei ungleichen Kreisen, vom Barock geprägt ist der Innenraum des Gotteshauses.

Vom felsigen Aussichtspunkt des Mittel Allalin (mit Bergführerdenkmal, nicht im Bild) auf das firnumflossene Allalinhorn, einen der »schnellsten« und schönsten Viertausender. Rechts der Bildmitte das Drehrestaurant auf dem Mittel Allalin.

senken sich ins Tal von Saas Almagell und zum Mattmark-Stausee hin ab. In Geschichtsblättern ist zu lesen, dass in den Wassern des alten Mattmarksees im Jahre 1869 auf mysteriöse und nie aufgeklärte Weise das Leben von Pfarrer Johann Joseph Imseng endete. Ihm unterstanden seit 1836 die vier Saaser Gemeinden. Imseng war nicht nur Kirchenmann, sondern außerdem Botaniker, Geschichtsschreiber, Gastwirt und leidenschaftlicher Bergsteiger.

Von der Britanniahütte kurzer steiler Abstieg in den Geröllkessel unter dem Chessjengletscher (Vorsicht bei schuttbedeckten Toteis bzw. Blankeis!) zu zwei kleinen Seelein hin, weiter auf gutem Steig über die Moräne zum Punkt 2732 (+ 3/4 Std.; Felsblock mit Hinweisen). Von hier 1 1/2-stündiger Abstieg nach Zermeiggern möglich (20 Min. südlich von Saas Almagell) und weiter zu Fuß in einer Stunde nach Saas Fee (oder per Bus). Noch schöner allerdings ist unser Bergpfad, der hoch über dem Saastal aussichtsreich in nördlicher Richtung nach Plattjen führt.

Zunächst unter den Felsen des Egginer über den Heidefriedhof (Ansammlung mächtiger Felsblöcke). Bei Punkt 2624 öffnet sich ein prächtiger Tiefblick ins Saastal. Die Hänge vom Mittaghorn lehnen sich bald weit zurück und machen die Aussicht frei auf Täschhorn, Dom, Lenzspitze und Nadelhorn. Von der Bergstation Plattjen (2570 m / + 1 Std.) können Sie mit der Gondelbahn ins Tal zurückkehren. Da der Tag uns noch nicht allzu viel Kraft abverlangt hat, ziehen wir den Abstieg vor. Nach wenigen Minuten geht es vorbei am Berghaus Plattjen (2411 m), dann in vielen Kehren, ständig umgeben von großartiger Szenerie, fast 800 Höhenmeter abwärts nach Saas Fee (1792 m / + 1 1/2 Std.).

25 Wandern im Aletschgebiet

Tourensteckbrief

LAGE: *Berner/Walliser Alpen, Aletsch-Bietschhorngebiet (nördlich des Rhonetales).*

CHARAKTER: *Unschwierige Wanderung hoch über dem Großen Aletschgletscher und durch den Aletschwald.*

GEHZEIT: *4 3/4 Std.*

HÖHENDIFFERENZ: *150 m Aufstieg, 800 m Abstieg.*

TALORT: *Betten-FO. Anfahrt: Mit Pkw, Bus oder Furkaoberalp-Bahn (= FO-Bahn) z. B. von Brig nach Betten-FO (814 m, 3 km nordöstl. von Mörel).*

AUSGANGSPUNKT: *Bergstation Bettmergrat (2643 m). Zu erreichen: Von Betten-FO mit der Seilbahn zur Bettmeralp, weiter per Gondel auf den Bettmergrat. Rückkehr: Von der Riederalp mit Gondelbahn oder Großkabinenbahn nach Mörel und per Bus nach Betten-FO.*

EINKEHR: *Panoramarestaurant Bettmergrat, Restaurant Riederfurka.*

EINKEHR / UNTERKUNFT: *Bettmeralp, Riederfurka, Gletscherstube am Vordersee.*

FÜHRER: *Bleyer, R.M.+G., Höhenwege im Wallis, Bruckmann Verlag, München; SAC-Clubführer Berner Alpen Band 3 (Lötschentaler-, Bietschhorn- und Aletschhorngruppen), SAC-Verlag; SAC-Wanderführer Wandern Alpin, SAC-Verlag.*

KARTE: *SAW-Wanderkarte 1:50 000, Blatt 264 T (Jungfrau) und/oder 1:25 000 Wanderkarte Aletschgebiet und Unteres Goms (beide Karten mit eingezeichneten Routen).*

TOURISMUSINFORMATIONEN:
CH – 3983 Mörel,
Tel.: 0041(0)27/928 60 20.
CH-3984 Fiesch,
Tel.: 0041(0)27/970 60 70.
CH – 3992 Bettmeralp,
Tel.: 0041(0)27/928 60 60.
CH – 3914 Blatten-Belalp,
Tel.: 0041(0)27/921 60 40.
CH – 3987 Riederalp,
Tel.: 0041(0)27/928 60 50.
CH – 3900 Brig,
Tel.: 0041(0)27/921 60 30.

Unterwegs zwischen Bietschhorn und Aletschgletscher

Die überwältigende Bergwelt von Eiger, Mönch und Jungfrau, der Große Aletschgletscher mitsamt dem faszinierenden Aletschwald aus uralten Lärchen und Arven, die eindrucksvollen alten Kulturlandschaften des Baltschiedertales sowie die Walliser Felsentreppe rund um das Bietschhorn – sie bilden gemeinsam in ihrer majestätischen Schönheit eine ganz außergewöhnliche Landschaft, die auch wir während vieler Wanderungen und Bergtouten schätzen lernten. Das Gebiet Jungfrau-Aletsch-Bietschhorn zählt allein 107 größere und kleinere Eisströme, die insgesamt 250 Quadratkilometer (oder 47 % der Gesamtfläche) bedecken. Das Aletschgebiet gilt als eine der großartigsten und vielfältigsten Alpenregionen, deren Mittelpunkt der Große Aletschgletscher bildet. So wundert es nicht, dass diese privilegierte und in besonderem Maße schützenswerte Urlandschaft – als erste in der Schweiz und in den Alpen überhaupt – am 13. Dezember 2001 in die Liste des UNESCO-Weltnaturerbe aufgenommen wurde (s.a. Kapitel 20).

Mit einer Länge von 23 Kilometern und einer Fläche von 86 Quadratkilometern ist der Große Aletschgletscher der längste und größte Alpengletscher. Seine maximale Eisstärke erreicht dieser gewaltige Eisstrom am Konkordiaplatz mit etwa 900 Metern. Die Fließgeschwindigkeit des Gletschers beträgt: 185–205 Meter/Jahr beim Konkordiaplatz, 136–144 Meter/Jahr beim Märjelensee und 74–86 Meter/Jahr beim Aletschwald. Vor rund 18 000 Jahren floss der Große Aletschgletscher mit dem Rhonegletscher zusammen und nur die Spitzen der höchsten, ihn unmittelbar überragenden Gipfel (Sparrhorn, Fußhörner, Bettmer- und Eggishorn) durchbrachen den kaum vorstellbaren Eispanzer.

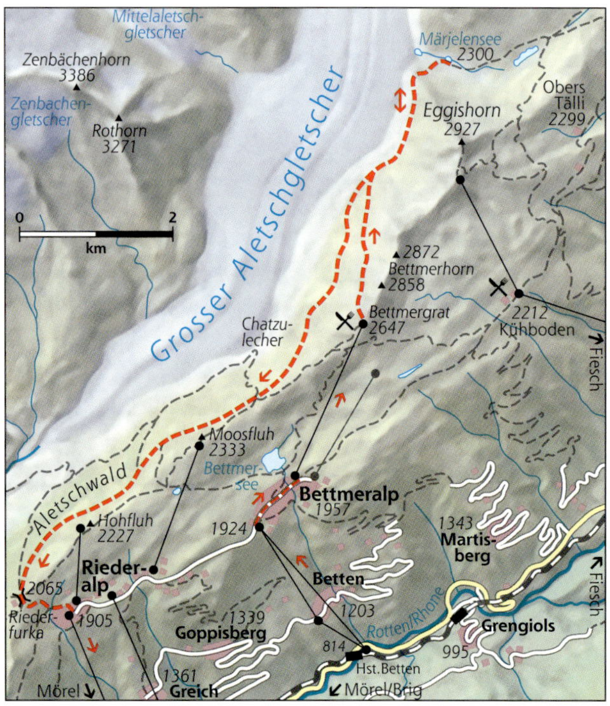

Blick vom »Gletscherweg Aletsch« (zwischen Bettmergrat und Märjelensee) auf Fiescher Gabelhorn, Schönbühlhorn, Groß- und Klein-Wannenhorn im Westen über dem Großen Aletschgletscher. Zurückliegende Gipfel werfen ihre Schatten auf den wild zerfurchten Eisstrom.

Ausblick vom Greichergrat am Rande des Aletschwaldes auf das Sparrhorn

Nach dem Rückgang des Eises siedelten sich vor etwa 9000 Jahren auf den Moränenwällen (heute Aletschwald) erste Pionierpflanzen in Form von Gräsern und Kräutern an, ihnen folgten Bäume und Sträucher wie Weiden, Birken und Lärchen. Die Arve kam erst 1000 Jahre später und übernahm bis in die heutige Zeit die Vorherrschaft.

Einen besonders starken Eindruck von den gewaltigen Ausmaßen des Großen Aletschgletschers gewinnt man vom Aletschbord auf der Belalp. Uralte Tradition auf der Belalp ist der Schäfersonntag: Am letzten Wochenende im August kehren etwa 2000 Schwarznasen-Schafe (Ghornute) von den Aletschalpen zur Belalp zurück. Unter den steilen Felswänden von Groß-Fußhorn und Geißhorn über der orografisch rechten Seite des Aletschgletschers liegen die kommunalen Weiden der Burgergemeinde Naters. Als die Natischer noch von der Landwirtschaft allein lebten, zogen sie im Monat Mai zum Maiensässweiler Blatten hoch, mit ihrem gesamten Haushalt und Vieh hinter der Schneeschmelze her.

Um ihre fruchtbaren Weiden und alten Stadel nicht verkommen zu lassen, leistet sich noch heute ein Häuflein Alteingesessener den Luxus (vom Staat subventioniert), wie die Vorväter Ghornute zu züchten. Im Juli werden die hübschen, jedoch wenig profitablen Tiere für zwei Monate von den Schafhirten auf oft gefährlichen Pfaden zu den hochgelegenen Weideböden der Burgergemeinde (von der Drieshütte 2188 Meter bis knapp unter 2800 Meter) geführt. Der Weg zum Sömmern ist den Bergen abgerungen. Bevor die Burgerschaft 1961 einen Steig durch eine Schlucht sprengte, mussten die Ghornute sogar den Aletschgletscher überqueren.

Umgeben von einer grandiosen Bergkulisse liegt über dem Großen Aletschgletscher das Aletschwald-Reservat mit bis zu 700 Jahre alten Bäumen (ca. 75 % Arvenbestand). 1933 wurde das 220 Hektar große Gebiet unter Naturschutz gestellt. 1974 erwarb der Schweizerische Bund für Naturschutz die auf der Riederfurka um 1900 von Sir Ernest Cassel als Sommersitz erbaute Villa Cassel und eröffnete hier das erste Naturschutzzentrum der Schweiz mit ständiger Ausstellung für Tagesbesucher sowie einem Alpengarten. Es trägt heute den Namen »Pro Natura«. Zu den meistbesuchten Regionen im Aletschgebiet zählen die Bettmeralp sowie die Riederalp mit der auf einem Hügel gelegenen Kapelle »Maria zum Schnee«.

Der Wegverlauf

Auch für jene, die nicht wandern wollen, lohnt sich eine Gondelfahrt zum Bettmergrat – ein Panoramarestaurant lädt zum Verweilen und zur Stärkung ein. Wer jedoch gut zu Fuß ist, wird beglückt sein vom »Gletscherweg Aletsch«. Als Trasse diente den Erbauern 1985 ein von Schafhirten benutzter kleiner Pfad unter Eggishorn und Bettmerhorn zwischen Bettmergrat und Märjelensee. Die 1 ½-stündige Wanderung gehört mit zum Schönsten in diesem Gebiet. Vom Bettmergrat (2643 m) verläuft die Route hoch über dem Großen Aletschgletscher leicht abfallend über Steintreppen und eine Weganlage hinab zur Roti Chumma (2348 m). Das Panorama ist unbeschreiblich, und ständig weht eine frische Brise vom Gletscher herauf.

Über einen in den Fels gehauenen breiten Weg wird die Gratkante erreicht, die sich vom Eggishorn zum Märjelensee hinabzieht (ca. 2300 m / 1 ½ Std.). Einst füllte der See das ganze Märjelental aus und floss ins Fieschertal ab, oder er versetzte die Leute von Naters in Angst und Schrecken, wenn er ausbrach und sich das Wasser durch die Massaschlucht ergoss. So hatte der See vor 100 Jahren noch eine Länge von 1712 Metern bei einer Breite von 460 Metern. Nach Westen wurde er durch die hohe Eiswand des Aletschgletschers gestaut, riesige Eisblöcke flossen auf der Wasseroberfläche. Noch vor wenigen Jahren konnte man zumindest einen Hauch dieses arktischen, an Spitzbergen erinnernden Anblickes erleben. Inzwischen hat der See seine Dramatik aufgrund des Abschmelzungsprozesses am Aletschgletscher verloren. Jedoch zeigt sich der Märjelensee immer noch als wunderschöner natürlicher Bergsee. Auch wenn das Märjelental nicht mehr wie in vergangenen Zeiten an eine Polarlandschaft erinnert, ist das Gebiet mit einzelnen Tümpeln voll Wollgras und dem aufgestauten Vordersee doch ganz zauberhaft.

Wir kehren zur Roti Chumma zurück, verlassen den oberen (vom Bettmergrat kommenden) Gletscherweg nach rechts und befinden uns schon auf dem fast eben verlaufenden unteren Gletscherweg. Diese wunderschöne Weganlage, die zum Teil einer uralten Wasserfuhre folgt und beeindruckende Tief-

Noch steht der Mond am Himmel. Beim Aufstieg von der Hollandiahütte auf dem Ebnefluhfirn erleben wir den Augenblick, da die Sonne über die Grünhornlücke steigt und den Anengrat verzaubert.

Entlang der Suone ins Baltschiedertal

Von Ausserberg-Station ins Dorf Ausserberg-Trogdorf mit seinen dunkelbraunen Holzstadeln auf Mäuseplatten. Beim Restaurant Sonnenhalde die nach Osten abbiegende Straße wählen. Links die in Beton gefaßte Suone Undra. In der Peischchumma wenige Meter oberhalb der Straße die weithin sichtbare Theresienkapelle. Hinter der Häusergruppe Milli (Mühle) verlässt man den breiten Weg nach rechts und wandert nun auf kleinem Steig fast horizontal dahin – links die Suone, rechts der Abgrund. Bei einer Weggabelung senkt sich der Südrampeweg zur BLS-Trasse ab. Wir bleiben auf dem Suonenweg hoch über dem Baltschiedertal. Bisweilen führt die Route unter Felsvorsprüngen hindurch und man muss den Kopf einziehen.
Unter dem Älum den nach rechts abzweigenden Pfad Richtung Baltschiederbach nehmen, der bei Punkt 1216 über ein Holzbrücklein zu queren ist. Bald ist die Fassung der Suone Gorperi erreicht. Etwas später erfrischt der feine Staub eines kleinen Wasserfalls unter steiler Felswand angenehm. Vor dem Teiffebach senkt sich die Route nach rechts ab und leitet durch ein Stück buschigen Wald zum Weiler Eggen (Bushalt). Nun Queren der Straße, die Visp mit Eggerberg, Eggen und Finnu verbindet, und Abstieg nach Eggerberg (Station der BLS-Bahn und Bushaltestelle; 2 ³/₄ Std.).

Auf dem Massaweg hoch über der Massaschlucht

Der im Juni 1996 eingeweihte Massaweg folgt einer der ältesten Suonen im Aletschgebiet, der 1385 erstmals erwähnten Riederi und damit dem Kulturweg der alten bäuerlichen Wasserleitung oberhalb der Massaschlucht. Von der Busstation in Blatten auf markierter Route hinab zum Gebidum-Stausee. Nach Überschreiten der 320 Meter langen Krone der bogenförmigen Staumauer geht es zum Wanderweg, der sich zur Gebidumbrücke (1335 m) und zum Massaweg hinabzieht. Über Graag gelangen wir zur Riederi und folgen ihrer Trasse auf dem neu angelegten, aus dem Fels gesprengten luftigen Weg hoch über der Massaschlucht leicht abwärts. Die steilste Felswand, um die in schwindelerregender Höhe sechs lange Kännel führten, wird durch einen kurzen Tunnel überwunden. Die Wiesenhänge von Ried werden noch heute durch die Riederi bewässert. Wer sich auf den Spuren der alten Wasserleite bewegt, kann sich zugleich des eindrucksvollen Panoramas über dem Rhonetal erfreuen – hell leuchten die von der Sonne angestrahlten Walliser Firngipfel. Der schönste Teil des Massaweges endet in Ried-Mörel (3 Std.).

Fusshornbiwak

Von Belalp hinunter ins Aletschji und über die Oberaletsch-Schlucht hinweg. Ab der Weggabelung (Markierung):

a) geradeaus die anspruchsvollere direkte und etwas kürzere Route wählen; sie wird vor allem von Alpinisten begangen, die das Biwak als Base-Camp für (von den Bergführern des Alpin Center Belalp teils neu eröffnete) Kletterrouten nutzen. Bei Regen im Abstieg nicht empfehlenswert; kurze Kettensicherung. Oder
b) rechts ab in fast horizontaler Linie zur Driesthütte (Schäferhütte). Für den Weiterweg ist gute Trittsicherheit nötig. In stetem Zick-Zack ansteigend treffen sich weit oben beide Routen und führen gemeinsam zum Fusshornbiwak (2800 m; Aufstieg: 3 ¹/₂ bzw. 4 Std.; Bauherr: Bergführerverein Belalp. Alpin Center Belalp bietet geführte Touren ab dem Biwak an).

Die Massaschlucht

Auskunft und Durchführung: Alpin Center Belalp, CH – 3914 Blatten-Belalp; Tel.: 0041(0)27/923 73 13. Ausgangspunkt dieses großen Abenteuers (nur mit Bergführer) ist das urige Dörflein Blatten, Treffpunkt das Bergführerbüro (Anmeldung nötig). Die Tour führt von Blatten-Belalp hinunter nach Naters (600 m / 6 km) und dauert etwa 6 Stunden. Erforderlich sind Trittsicherheit, eine Portion Mut, Berg- oder Trekkkingschuhe sowie Ersatzwäsche. Helm, Klettergurt und Neopren-Anzug werden gestellt.

Rechts:
Vor Jahren noch erlebten Wanderer den Märjelensee mit Aletschgletscher und Olmenhorn als arktisches Kleinod. Inzwischen ist der Gletscher stark abgeschmolzen und das Wasser des verbliebenen kleinen Tümpels fließt im Laufe des Sommers meistens völlig ab.

blicke gewährt, wurde 1987 von Gemeinden und Verkehrsbetrieben bis zur Moosfluh hin ausgebaut. Über eine kleine Hochfläche gelangen wir auf den Greichergrat / Biel (2292 m / + 1 ³/₄ Std.). Leicht ansteigend kann man von hier die Moosfluh erreichen und mit der Gondelbahn nach Riederalp hinabfahren. Lohnend ist es auch, von Biel der Krete zu folgen über Moosfluh zur Bergstation Hohfluh und per Sesselbahn nach Riederalp zu fahren.

Doch uns lockt der nahe Aletschwald. Wir wählen den Moränenweg und erleben einen herrlichen Spaziergang inmitten uralter Arven, vermodernder Baumstümpfe und leuchtender Alpenrosenhänge. Die hier herrschenden extremen klimatischen Bedingungen, die unter anderem vom nahen Aletschgletscher beeinflusst werden, wirken sich auf das Wachstum der Bäume aus. Vor allem die Arve wächst aufgrund der niedrigen Temperaturen und wegen der langen Winter nur sehr langsam. So kann man davon ausgehen, dass eine gerade einmal einen Meter hohe Arve, ein kleines Bäumchen also, bereits 50 Jahre alt sein kann.

Von der Riederfurka am Rande des Aletschwaldes (2064 m; hier evtl. das Pro-Natura-Zentrum mit Ausstellung und Alpengarten besuchen) schlendern wir auf dem alten Saumweg leicht hinab nach Riederalp (1925 m / + 1 ¹/₂ Std.) und kehren mit Gondel oder Großkabinenbahn zurück nach Mörel.

26 Pigne d'Arolla

Tourensteckbrief

LAGE: *Walliser Alpen / Berggruppen um Arolla (zwischen Grand Combin und Dent d'Hérens), südwestlich des Val d'Arolla.*
CHARAKTER: *Bergwander- / Hochgebirgs- / Gletschertour (zwei Tage) mit Gipfelbesteigung. Berg- und Gletschererfahrung nötig, sonst nur mit Bergführer (komplette Gletscherausrüstung). Typische Hochgebirgspfade. Zwischen Cabane des Vignettes und Cabane des Dix – einschließlich Pigne d'Arolla – reine Gletschertour. Von der Cabane des Dix über zwei in steiler Felswand verankerte Eisenleitern auf den Pas de Chèvres.*
GEHZEIT: *a) 12 1/2 Std; b) 13 Std.*
HÖHENDIFFERENZ: *a) 1750 m Anstieg, 1700 m Abstieg. b) 1800 m Anstieg, 1750 m Abstieg.*
TALORT: *Arolla (1998 m), im Val d'Arolla. Von Sion / Rhonetal (Bahnstation) per Bus. Mit dem Pkw von Sion südwärts ins Val d'Hérens; am Ortsende von Les Haudères Queren der Borgne de Ferpècle und weiter ins Val d'Arolla.*
AUSGANGSORT: *Arolla (1998 m). Rückkehr bei Variante a): Von Le Chargeur per Bus über Hérémence und Vex ins Val d'Hérens und Val d'Arolla.*
EINKEHR/UNTERKUNFT:
Cabane des Vignettes (3158 m), Tel.: 0041(0) 27 / 283 13 22.
Cabane des Dix (2928 m), Tel.: 0041(0)27/281 15 23.
Le Chargeur (2102 m; Grande Dixence); Tel.:0041(0)027/ 281 13 22.
FÜHRER: *Bleyer, R.M.+G., Höhenwege im Wallis, Bruckmann Verlag; SAC-Clubführer Walliser Alpen Band 2 (Vom Großen St. Bernhard zum Col Collon), SAC-Verlag; SAC-Wanderführer Wandern Alpin und Alpinwandern Wallis, SAC-Verlag; Rother Wanderführer Unterwallis, Bergverlag Rother, Gebietsführer Walliser Alpen, Bergverlag Rother.*
KARTE: *SAW-Wanderkarte 1:50 000, Blatt 283 T (Arolla).*
TOURISMUSINFORMATIONEN:
CH – 1986 Arolla, Tel.: 0041(0)27/283 10 83.

Hochalpiner Übergang aus dem Val d'Arolla ins Val des Dix

Das Val d'Hérens (Eringertal), ein Tal von sanfter Schönheit im französischsprachigen Teil des Wallis, verläuft von Sion im Rhonetal nach Süden. War das Tal nach dem Rückgang der Gletscher durch das Entstehen einer tiefen Schlucht nur schwer zugänglich, so verbindet längst eine gut ausgebaute Straße diese herrliche Bergregion mit der Außenwelt. Während der ersten kehrenreichen neun Kilometer ist eine Talstufe von 450 Höhenmetern zu überwinden, dann geht es sanfter weiter talein. Bald ziehen die eindrucksvollen Erdpyramiden von Euseigne Ihre Aufmerksamkeit auf sich. Einst flossen hier die Gletscher aus dem Val d'Hérens und Val d'Hérémence zusammen. Im Laufe der Jahrhunderte formte die Erosion aus der verfestigten Grundmoräne diese bizarren Gebilde.

Die Straße führt durch einen Tunnel unter den auch »Gottwärgini-Burgen« (Schlupfwinkel der Berglütli) genannten morphologischen Besonderheiten hindurch. Evolène ist der schönste und bedeutendste Ort des Tales. Die hölzernen und steinernen Häuser sind mit Fassadenmalerei versehen: als Motive finden wir Blumen, Wappenverzierungen und religiöse Symbole. Die dunklen blumengeschmückten Holzhäuser strahlen eine behagliche Atmosphäre aus. Auch in Les Haudères (3 km weiter talein) wurden die Häuser aus dunklem Lärchenholz gebaut und das Mauerwerk mit Malereien in Gelb- und Brauntönen versehen.

Hinter Les Haudères gabelt sich die Straße, und wir gelangen nach Westen ins Val d'Arolla, in dessen Talschluss das gleichnamige kleine Dorf liegt. Ort und Tal verdanken ihren Namen der Arve (französisch *arole*), diesem typischen Gebirgsbaum, der hier wunderschöne Wälder gebildet hat und besonders im Herbst eine zauberhafte Farbenpracht ausstrahlt. Früher wurden die in unmittelbarer Nähe der Gletscher von Arolla und Tsijiore Nouve höchstgelegenen Maiensässe des Tales (Alpen, auf denen das Vieh gesömmert wird) mit diesem Namen bezeichnet. Wie vielerorts, brachte auch im Val d'Arolla der Alpinismus die touristische Entwicklung: Gasthöfe und Pensionen entstanden, und der Schweizer Alpen-Club (SAC) errichtete Hütten zur leichteren Erreichbarkeit hochalpiner Ziele. Arollas schöne Umgebung ist für Sommerfrischler, Bergwanderer, Hochtouristen und Skiläufer gleichermaßen attraktiv. Gepflegte Wanderwege in einer noch intakten Landschaft, lockende Gipfel über dem Talschluss und eine vielartige Flora machen den Reiz des Val d'Arolla aus. Am Taleingang nisten die in der Schweiz selten gewordenen Königsadler und Alpenkrähen (Füße und längerer Schnabel rot). Letztere werden häufig verwechselt mit den Alpendohlen (Füße rot, Schnabel gelb).

Unser heutiger Tourenvorschlag gilt dem Pigne d'Arolla, einem der schönsten Firngipfel über dem Val d'Arolla und zugleich klassisches Ziel auf der berühmten Haute Route. Bei wem sollte da nicht der Wunsch aufkommen, diesen Berg einmal ganz aus der Nähe zu bewundern oder sogar zu besteigen. Nichts ist einfacher als das und optimal, wenn man – wie vorgeschlagen – eine zweitägige Rundtour daraus macht. Unbedingte Voraussetzung sind allerdings hochalpine Erfahrung und Gletscherkenntnis, sonst nur mit einem Bergführer. Immerhin führt die Tour einige Stunden lang nur über Gletscher, und der Pigne d'Arolla erreicht die ansehnliche Höhe von 3796 Metern.

Der Wegverlauf

Wie schon oft sind wir gemeinsam mit Freunden zu einer Bergtour aufgebrochen und voller Erwartung, was die Tage bringen werden. Start ist in Arolla beim Grand Hôtel & Kurhaus. Der Weg zieht rechts am Gebäudekomplex vorbei durch schönen Arvenwald mit reicher Alpenflora (viel Purpurenzian). Der Wegweiser an einer dicken Arve zeigt die Richtung an zu den SAC-Hütten des Dix und des Vignettes – wir wollen zur Cabane des Vignettes. Über die Lichtung Tsijiore Nouve hinweg auf einen breiten Forstweg und diesem nach links bis zur Holzbrücke über den breiten Gletscherbach folgen (sicherster Weg). Oder weiter geradeaus bachaufwärts und das Bachbett vorsichtig an geeigneter Stelle queren.

Am anderen Ufer den Moränenhang empor (Punkt 2204), über dessen Kamm sich der Pfad sanft ansteigend, später in Kehren, höherzieht. In der kargen Landschaft gedeihen Kohlröschen und Dost, Gletscherhahnenfuß und Arnika. Gut markiert führt die Route durch eine Mulde (2519 m) zwischen Felsblöcken hindurch – einige Meter tiefer liegt ein kleines Seelein.

Nach Traversieren eines Firnfeldes wird am orografisch rechten Ufer des Glacier de Pièce weiter auf-

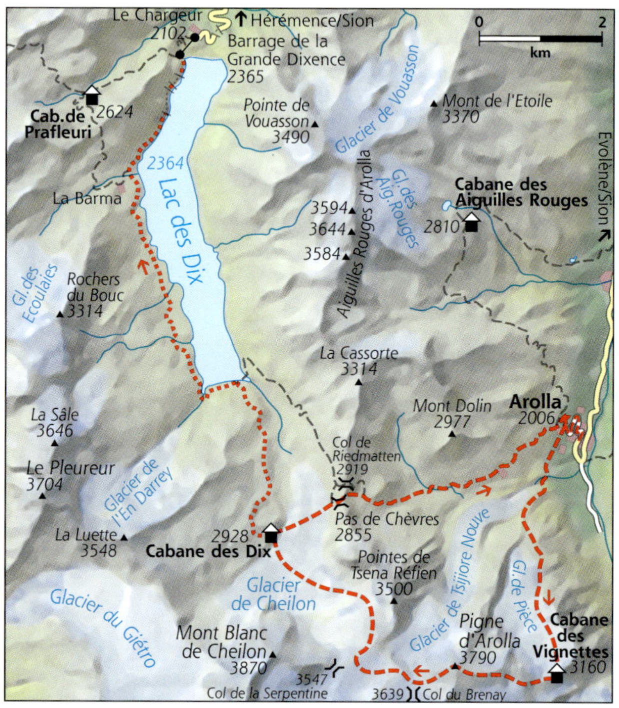

gestiegen. Eindrucksvoller Blick auf den Pigne d'Arolla und Louettes Econdoué, einen mächtigen Felssporn, der im unteren Teil seiner Nordwand die vom Gipfelgrat herabziehenden Gletscherströme Tsijiore Nouve und Pièce trennt. Schließlich auf der (bei normalen Verhältnissen) vorhandenen Spur in sanfter Steigung unschwierig empor zur Cabane des Vignettes (3158 m / 4 Std). Es ist eines der typischen hochgelegenen westalpinen Bergsteigerdomizile: anspruchslos und einfach, den Bedürfnissen des Hochtouristen angemessen, ohne spartanisch zu sein. Die SAC-Hütte liegt in traumhaft schöner, hochalpiner Umgebung in den Felsen über dem Col des Vignettes. Versinkt die Sonne hinter dem Pigne d'Arolla, wird es sehr schnell kalt in dieser Höhe.

Der Morgen bricht an; es ist fünf Uhr. Im Gastraum brennen drei Gaslampen. Schweigend wird das karge Frühstück eingenommen, der Appetit ist nicht sehr groß zu dieser Zeit. Dann Aufbruch. Ein frischer Wind streicht vom Gletscher herüber. Sitz- und Brustgurt sind schon in der Hütte angelegt. Vom Col des Vignettes stolpern wir in der Dunkel-

Seite 121:
Holzhäuser mit mehreren Stockwerken prägen das Ortsbild von Les Haudères (Val d'Hérens) mit seiner ansehnlichen Dorfkirche.

Gegenüber:
Wildromantisch ist der Talschluss von Arolla, eindrucksvoll überragt vom 3796 Meter hohen Pigne d´Arolla.

Auf dem Glacier de Tsijiore Nouve – Abstieg ins Val des Dix. Links der Mont Blanc de Cheilon.

heit eines noch anonymen Morgen über Fels und Geröll auf den Glacier d'Otemma hinab. Hier binden wir uns ins Seil ein. Es ist eine gute Spur vorhanden. 50 Meter Höhenverlust, danach in nordwestlicher Richtung nur noch bergan – anfangs über ein paar Blankeisstellen, die jedoch mit Steigeisen keine Schwierigkeiten bereiten. Der spaltenreiche Gletscher ist vorsichtig zu begehen und Spalten zu überspringen. Immer großartiger wird die Landschaft, je höher wir steigen. Auf dem Sattel knapp unterhalb des Gipfels werden die Rucksäcke deponiert. Kurz darauf stehen wir auf dem höchsten Punkt des Pigne (3796 m / + 2 ½ Std). Beglückend ist die Aussicht in alle Himmelsrichtungen – um uns ein Gipfel- und Gletschermeer.

Zum Rucksackdepot zurück und über die weite Firnfläche unter dem Col du Brenay auf den Glacier de Tsijiore Nouve. Faszinierend ist der Anblick des Mont Blanc de Cheilon. Der Pigne d'Arolla gleicht von hier nur noch einem Schneeberg mit runder Haube. Die Spur einer vorangegangenen Seilschaft schmilzt immer mehr in der Sonne dahin. Aufmerksam steigen wir den steilen, spaltenreichen Glacier de Tsena Réfien an seinem orografisch rechten Ufer ab. Wo sich ein Felssporn der Pointes de Tsena Réfien flach in den Gletscher senkt, wird das Seilzeug abgelegt. Über Felsblöcke und Geröll, Blankeis und Schneefelder dann weiter abwärts auf den geröllbedeckten Glacier de Cheilon.

Der Gletscher ist nun völlig aper und von vielen gut sichtbaren Spalten durchzogen, die kleinen Bächlein gleichen. Sie sind leicht zu überspringen oder zu umgehen. Bei der Cabane des Dix, die auf einem Felsabsatz über dem Glacier de Cheilon thront, machen wir Mittagspause (2928 m / + 3 Std.). Für die Fortsetzung der Wanderung ergeben sich zwei Möglichkeiten:

Eine zauberhafte Stimmung liegt über dem Glacier d'Otemma beim morgendlichen Aufstieg von der Cabane des Vignettes zum Pigne d'Arolla.

Tour du Val d'Hérens (TVH)

In Thyon (2095 m) ist Start zu dieser fünftägigen Bergwanderung ins Herz der Täler von d'Hérens, d'Hérémence und d'Arolla – in Nax (1265 m) endet der erlebnisreiche Bergausflug. Beide südlich von Sion gelegenen Orte sind durch Postbus aus dem Rhonetal zu erreichen. Die »TVH« vermittelt nachhaltige Eindrücke von der Landschaft und den Dörfern dieser noch heute sehr ursprünglichen Täler. Prospekt mit kurzem Routenbeschrieb sowie Angaben über Einkehr / Unterkunft, Busverbindung usw. ist erhältlich bei: Wallis Tourismus, Rue Pré-Fleuri 6, CH – 1951 Sion / Rhonetal, Tel.: 0041(0) 27/322 31 61.

Tour des Combins (TDC)

Der sechstägige alpine Gebirgsmarsch rund um das imposante Massif du Grand Combin verläuft auf markierten Routen in Höhen zwischen 1300 bis 2800 Metern. Bei einer Gesamtlänge von 200 Kilometern setzt die »TDC« Bergerfahrung voraus (sonst nur mit Bergführer) sowie Kondition und Ausdauer. Einkehr / Unterkunft: Bourg-St-Pierre, auf dem Col du Gd-St-Bernard sowie in St-Rhémy, St-Oyen und Étroubles (Italien) und in diversen SAC-Hütten. Auskunft und ein Info-Blatt erhältlich beim Office du Tourisme, CH – 1946 Bourg-St-Pierre, Tel.: 0041(0)27/787 12 00.

Auf hoher Route von Zinal nach Arolla

Diese mehrtägige, hochalpine Bergtour führt über lange Strecken fast ausschließlich über Gletscher und zählt zu den großartigsten Unternehmungen mit besonderem Stellenwert. Es werden hochgelegene Cols überschritten – ein paar Gipfelziele liegen gleichsam »am Weg« – genächtigt wird auf der Cabane du Mountet, der Schönbielhütte und der in den Felsen klebenden Cabane de Bertol (Gehzeit: ca. 18 Std., je nach Verhältnissen und evtl. Gipfelabstechern).

a) Abstieg zum Lac des Dix und ins Val d'Hérémence

Von der Cabane des Dix (2928 m) in nördlicher Richtung auf gut bezeichnetem Pfad zum Pas du Chat und am Westufer des fjordähnlichen Lac des Dix, umgeben von einer großartigen Kulisse, zur Krone des Stausees. Nun zu Fuß oder mit der Seilbahn hinab nach Le Chargeur, am Fuße der Grande Dixence (2102 m; hier ggf. übernachten). Per Bus nach Hérémence, weiter ins Val d'Hérens und Val d'Arolla, falls das eigene Auto dort steht.

b) Über den Pas de Chèvres nach Arolla (unsere Route)

Zwischen der Cabane des Dix und dem Pas de Chèvres sind auf dem Gletscher Markierungsstangen angebracht, um dem nicht gletschergewohnten Bergwanderer einen sicheren Übergang über das geröllbedeckte Eis zu weisen. Dann geht es durch Geröll und Felsen steil in eine Rinne hinein, durch die zwei versetzte Eisenleitern auf den Pas de Chèvres führen (2855 m / 1½ Std.). Es lässt sich gut auf den Leitern emporklettern. Wer nicht schwindelfrei ist oder Angst hat, kann den Gletscher ein Stückchen weiter hinabsteigen und den Riedmattenpass (2919 m / ohne Leitern) als Übergang wählen. Auf der Ostseite des Pas de Chèvres wandert es sich leicht weiter.

In etwa 2750 Metern Höhe treffen sich die beiden Passwege. Der anschließende Abstieg zieht sich über die lieblichen Weiden der Montagne d'Arolla sanft dahin. Noch einmal zeigt sich im Süden der Pigne d'Arolla. Wie ein gefrorener Wasserfall hängt der Glacier de Tsijiore Nouve in seiner Nordwand (Arolla 1998 m / + 2 Std.).

Typisches Eringerhaus im alten Ortsteil von Evolène, dem schönsten Dorf im Val d'Hérens. Einst lebten in diesen mehrstöckigen Häusern mehrere Generationen unter einem Dach.

27 Passo del San Gottardo

Tourensteckbrief

LAGE: *Tessiner Alpen / Gotthardberge (Gruppe des Pizzo Lucendro und Pizzo d'Orsino bis Fibbia), westlich des Passo del San Gottardo.*

CHARAKTER: *Geologisch interessante, einsame Bergwanderung in alpiner Umgebung; unschwierig, auch für Gruppen sowie Familien mit Kindern geeignet.*

GEHZEIT: *4 1/2 Std.*

HÖHENDIFFERENZ: *Je 450 m An- und Abstieg.*

TALORT: *Airolo (1159 m). Anfahrt: von Norden (z. B. Luzern) mit Pkw oder per Bahn und Bus über Göschenen, Andermatt, Gotthardpass (oder Tunnel), von Süden (z. B. Bellinzona) mit Pkw oder Bus durch die Leventina.*

AUSGANGSPUNKT: *Passo del San Gottardo (2108 m), mit Pkw oder Bus zu erreichen von Andermatt (Norden) bzw. Airolo (Süden).*

EINKEHR / UNTERKUNFT: *Albergo San Gottardo auf der Gotthardpasshöhe (2108 m).*

FÜHRER: *SAC-Clubführer Tessiner Alpen Band 1 (Vom Gridone zum Sankt Gotthard), SAC-Verlag; SAC-Wanderführer Wandern Alpin, SAC-Verlag; Rother Wanderführer Tessin, Bergverlag Rother, Wanderwelt Tessin, Kümmerly + Frey.*

KARTEN: *SAW-Wanderkarten 1:50 000 Blätter 255 T (Sustenpass) und 265 T (Nufenenpass).*

TOURISMUSINFORMATIONEN: *Leventina Turismo CH – 6780 Airolo, Tel.: 0041(0)91/869 15 33.*

Einsame Seenwanderung über Urner und Tessiner Alpen

Der St. Gotthardpass wurde einst aufgrund seiner Bedeutung als Nord-Süd-Verbindung innerhalb der Schweiz und Europas und seines typischen Alpenpasscharakters wegen auch »König der Alpenpässe« genannt. Schon in prähistorischer und römischer Zeit nutzte man den Pass im lokalen Verkehr. Die handels- und verkehrspolitische Stellung entwickelte sich allerdings erst nach dem Bau der Teufelsbrücke über die Schöllenenschlucht an der Nordrampe (um 1220). Der mittelalterliche Saumpfad wurde (auch im Winter) in leicht veränderter Form bis ins 19. Jahrhundert benutzt. An besonders lawinengefährdeten Stellen errichtete man Schutzgewölbe und -hütten. Um 1230, kurz nach der Eröffnung des Verkehrs über den Gotthard, baute das Kloster Disentis auf der Passhöhe ein Hospiz und weihte es dem 1038 verstorbenen Hl. Godehard (Bischof von Hildesheim).

In einer alten Chronik heißt es, dass bereits 1363 etwa 10 000 Menschen und 9000 Saumtiere den Pass überschritten. Bewaffnete Kuriere übermittelten Nachrichten von Nord nach Süd. Standesläufer eidgenössischer Orte brachten in mühsamen Eilmärschen (ohne Ablösung) versiegelte Botschaften zu den Empfängern. Doch die zunehmende Bedeutung des Handels seit dem 16. Jahrhundert forderte einen Postbetrieb mit festen Zeit- und Streckenplänen. 1630 lösten Reiterboten die von Zürcher Kaufleuten 1615 geschaffene erste Läuferkurslinie über den Pass nach

Von der »Strada alpi degli Val Bedretto« hat man ständig eine großartige Aussicht über das Val Bedretto hinweg auf die Gotthardberge. Im Bild: Pizzo Lucendro (2962 m).

Bergamo und Mailand ab. Diese Einrichtung erwies sich als so lukrativ, dass verschiedene Städte die Transportrechte für sich beanspruchten. Aber die Zürcher Kaufmannspost setzte sich durch und eröffnete 1696 eine durch Monopole gesicherte Reiterpost, die bis zu Beginn des 19. Jahrhunderts zweimal wöchentlich verkehrte. Eine Botschaft aus Zürich erreichte den Empfänger in Mailand nach vier bis fünf Tagen. Einen Wagenverkehr ließ der damalige Saumweg nicht zu, so dass für den Waren- und Personenverkehr die Säumer mit ihren Maultieren zuständig waren.

Aber die allgemeine Entwicklung erforderte eine mit Fuhrwerken nutzbare Straße. Eine 1830 fertiggestellte Fahrstraße löste den alten Saumweg ab. Zugleich begann der kursmäßige Reisendentransport über den Gotthard. Bereits ab 1842 fuhr in beiden Richtungen zwischen Flüelen und Chiasso täglich ein fünfspänniger Zehnplätzer mit Beiwagen. Die Fahrzeit mit der Pferdepost von Andermatt nach Airolo betrug drei Stunden und 50 Minuten. Dampfschiffe auf dem Vierwaldstätter See (ab 1837) und auf dem Lago Maggiore (ab 1826) ergänzten die verkehrstechnische Verbindung zwischen Nord und Süd. Im Sommer 1850 fuhr die Gotthardpost bis zum Bahnhof von Camerlato bei Como. Einschließlich Schiffs-, Post und Bahnstrecke dauerte die Reise von Basel nach Mailand nur 49 Stunden und 25 Minuten. Zwischen Flüelen und Camerlato waren elf Pferdewechsel eingerichtet! Wer heute durch den Gotthardtunnel fährt, vermag sich jene Art zu reisen nicht mehr vorzustellen.

Der Lago della Piazza auf der Passhöhe (größter natürlicher See) wird im Volksmund auch »Lago del Monumento» (See des Denkmals) genannt, weil dort in Erinnerung an den Lausanner Militärflieger Adriano Gueux, der am 7. August 1927 infolge dichten Nebels im Alter von 26 Jahren in der Nähe des Sees abstürzte, 1929 ein Denkmal errichtet wurde.

Der Wegverlauf

Der Gotthardpass mit seiner prächtiger Rundsicht auf die Tessiner und die Urner Alpen ist idealer Ausgangspunkt für eine Reihe von Wanderungen und Bergtouren. Durch den Straßen- und Bahnbau wurden große Teile des alten Saumpfades zerstört. Die noch erhaltenen Wegereste sind wieder hergerichtet, gepflegt und ins Wanderwegenetz integriert. Als eine der reizvollsten Routen abseits dieser Wege gilt die Seenwanderung in der Rundhöckerlandschaft des Gotthardmassivs. Zunächst vom Ospizio auf der alten Gotthardstraße am Ostufer des Lago della Piazza entlang. Beim Linksabzweig unter der neuen Straße hindurch und weiter der Werksstraße folgen bis zum Wegweiser Mottolone (½ Std.). Geradeaus geht es in 30 Minuten weiter zum Passo di Lucendro. Unser Steig zweigt rechts ab, verliert wenige Meter an Höhe, um dann zwischen zarten Soldanellen, schwefelgelben Anemonen, einblütigem Hornkraut und einem Teppich von stengellosem Enzian sanft dahinzuziehen. Der alte Saumweg führt durch eine Urwelt aus Granit und Gneis: karg, fast öde, ohne Busch noch Strauch.

Schon bald liegt der Lago d'Orsino vor uns. Etwas abseits steht eine Alphütte, so, als wolle sie die idyllische Einsamkeit nicht stören. Weit leuchtet das Gelb der Arnikablüten. Über dem Nordufer des Sees gewinnen wir allmählich an Höhe. Unter den Hängen des Pizzo d'Orsirora wendet sich der Weg südwärts. Es ist eine Wanderung zum Schauen und Verweilen, weder anstrengend noch unter Zeitdruck. Dabei bleibt der Blick immer wieder hängen an den Bergrücken und Gipfeln im Osten und Süden.

Nach einem mit großen Felsplatten ausgelegten Wegstück geht es kurz über Felsblöcke und Geröll steiler hinauf, vorbei am etwas tiefer liegenden ersten Orsirorasee, der die blasse Farbe des ihn umgebenden Grüns hat und kleiner ist, als er aus der Höhe wirkt. Ganz anders der zweite, etwas höher gelegene der beiden Laghi d'Orsirora. Glänzend in seinem durchsichtigen Blau liegt er unerwartet vor uns (2444 m / + 1¾ Std.). Der See strahlt eine unbeschreibliche Ruhe aus, die sich auf seine Umgebung überträgt – ein Ort unermesslichen Friedens, der den Wanderer zu ausgedehnter Rast einlädt. Leise schlagen die Wellen ans Ufer – Fische verändern durch ihre Bewegungen die Farbe des Wassers – der Wind kräuselt und glättet seine Oberfläche in ständigem Wechsel. Weiter dann leicht ansteigend in westlicher Richtung. Von der Weggabelung Bassa Valletta (2485 m) ist es nur noch ein kurzes Stück bis zur Gatscholalücke (oder: Passo d'Orsirora, 2528 m). Wir wandern hinauf und genießen die herrliche Aussicht nach Westen über das Urserental hinweg auf Galenstock, Winterstock und Müeterlishorn. Man kann von hier in 2¼ Stunden nach Realp und in 3¼ Stunden

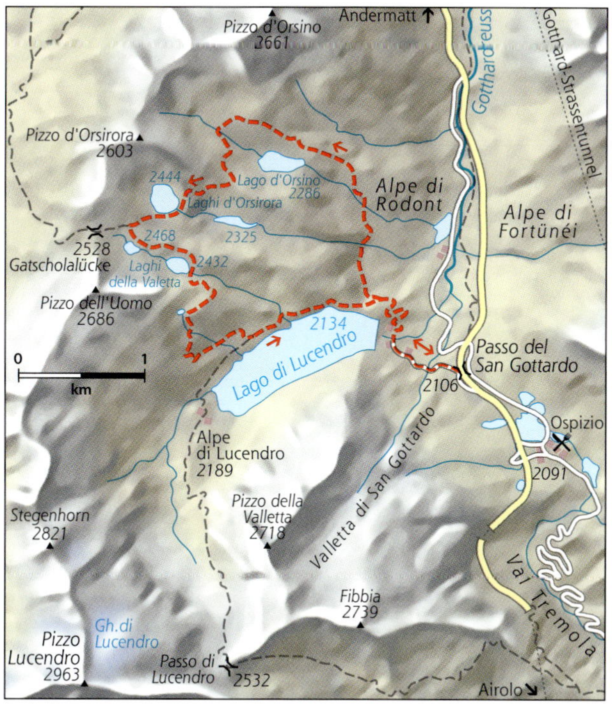

Glänzend in seinem durchsichtigen Blau liegt unerwartet der obere der beiden Laghi d'Orsirora vor dem Wanderer – leicht bewegt sich das Wasser, lockt zum kühlen Bade ...

nach Hospental absteigen (Unterkunftsmöglichkeiten. Rückkehr zum Gotthardpass: mit der Eisenbahn nach Andermatt, weiter per Bus).

Nach Bassa Valletta zurückgekehrt, setzen wir die Wanderung fort und gelangen alsbald zu den Laghi della Valletta (2468 m / 1 3/4 Std.). Der erste Vallettasee hat trotz seiner geringen Größe ein eigenes Delta und nimmt die zarten Spiegelungen vorüberziehender Wolken gierig in sich auf. Den zweiten Lago della Valletta, vom ersten gespeist, muss man aus der Höhe betrachten, um das vielfältige Farbenspiel bewundern zu können – es wechselt von Schwarz über Grau und grün bis hin zum leuchtenden Silber. Darüber Fibbia und Pizzo Lucendro, etwas ferner die das Val Bedretto im Süden überragenden Bergkämme und Gipfel.

Wir steigen von einem kleinen Aussichtsplateau zum Vallettasee hinab, umgehen ihn auf seiner Ostseite und erfreuen uns beim sanftem Abstieg des großartigen Bergpanoramas. Schon grüßt der Lago di Lucendro aus der Tiefe herauf. Das Becken dieses Stausees ist eine durch Glazialerosion entstandene Gletschermühle aus Granit. Über künstliche Tunnels fließen ihm die Wildbäche Valletta, Fibbia und Orsino zu. Wenige Meter oberhalb des Sees (etwa P. 2160 / + 3/4 Std.) zweigt der Weg zum Passo di Lucendro ab (Übergang zwischen Fibbia und Pizzo Lucendro: 2 1/2 Std. bis Gotthardpass). Unbeschwert schlendern wir am Nordufer des Sees entlang und über Mottolone zurück zum Passo del San Gottardo (2108 m / + 3/4 Std.).

Weitere Tourenvorschläge

- Gotthardpass – Lago di Lucendro – Passo di Lucendro – Passo di Cavanna – Realp / Urseren (8 Std.).
- Airolo – Passo San Gottardo – Hospental (5 1/4 Std.)
- Passo San Gottardo – Passo Scimfuss – Pontino – Ponte/Val Canaria – Pian Töi – Lago Ritom – Piora – Piotta (5 Std.)
- Lago Ritom – Lago Tom – Lago Scuro – Capanna Cadlimo – Val Cadlimo – Passo dell'Uomo – Capanna Cadagno – Lago Ritom (7 Std.)
- Gotthardpass – Lago della Sella – Passo Posmeda und zurück (5 Std.)
- »Strada alta San Gottardo«: Gotthardpass – Bianchitunnel – Rosso di dentro – Alpe di Cavanna – Villa (4 Std.)

Gegenüber:
Eine der großen Sehenswürdigkeiten im Tessin: Wallfahrtskirche Madonna del Sasso bei Locarno. Bei klarem schönen Wetter hat man von hier eine prächtige Aussicht über den Lago Maggiore hinweg zur Magadino Ebene.

28 Sentierone Val Verzasca

Tourensteckbrief

LAGE: *Tessiner Alpen / Sopra Ceneri (Gruppen des Monte Zucchero und Cima di Gagnone sowie Poncione Piancascia bis Cima della Trosa), nördlich von Locarno und Lago Maggiore.*
CHARAKTER: *Romantische Talwanderung entlang der Verzasca; Ideal für Familien, da unterwegs Bademöglichkeit. Busverbindung zwischen Locarno – Sonogno und Locarno – Mergoscia.*
GEHZEIT: *5 Std. (von Sonogno bis Corippo).*
HÖHENDIFFERENZ: *150 m Anstieg, 565 m Abstieg (von Sonogno bis Corippo).*
TALORTE: *Sonogno, Frasco, Brione, Lavertezzo, Gerra, Vogorno, San Bartolomeo, Corippo. Anfahrt mit Pkw oder Bus von Locarno.*
AUSGANGSORT: *Sonogno (918 m), im Talschluss des Val Verzasca, mit Pkw oder per Bus von Locarno (Lago Maggiore). Unser Vorschlag: Per Bus nach Sonogno oder eigenen Wagen im Val Verzasca nördlich des Vogorno-Stausees beim Abzweig nach Corippo abstellen (unterhalb der Bushaltestelle Bivio per Corippo); von hier mit dem Bus bis Sonogno, den Weg talaus zurückgehen, zum Schluss noch einen Abstecher nach Corippo.*
EINKEHR: *In jedem der Talorte.*
UNTERKUNFT: *Sonogno, Frasco, Gerra, Brione, Lavertezzo, Corippo, Mergoscia (z. T. Hotel, Restaurant, Ferienwohnungen). Anmeldung empfehlenswert.*
FÜHRER: *SAC-Clubführer Tessiner Alpen Band 2 (Von der Cristallina zum Sassariente), SAC-Verlag; SAC-Wanderführer Wandern Alpin, SAC-Verlag; Rother Wanderführer Tessin, Bergverlag Rother, Wanderwelt Tessin, Kümmerly + Frey.*
KARTE: *SAW-Wanderkarte 1:50 000 Blatt 276 T (Val Verzasca).*
TOURISMUSINFORMATIONEN: *Ente Turistico Tenero e Valle Verzasca CH – 6598 Tenero, Tel.: 0041(0)91/745 16 61.*

Einzigartige Talwanderung entlang der Verzasca

Das Val Verzasca ist jenes der Tessiner Bergtäler, das am stärksten die Eindrücke der alpinen Region südlich des Gotthardpasses, des »Sopra Ceneri«, vermittelt. Großartig in seiner Wildheit, bisweilen fast beklemmend in der Steilheit des Geländes, senkt es sich von Norden gegen den Lago Maggiore hin ab. Die beschwerlichen Siedlungs- und Lebensbedingungen im rauhen Tal der Verzasca zwangen die Bauern einst dazu, einen Teil des Jahres der Landwirtschaft und Viehzucht sowie dem Weinanbau in der Magadino-Ebene zu widmen (östlich des Lago Maggiore, etwa zwischen Gordola und Giubiasco). Das hatte für sie zur Folge, ein Nomadenleben im Zyklus der Jahreszeiten zu führen. Sie pendelten zwischen ihren Weinbergen, dem Haupthaus im Verzascatal (auf 400 bis 900 Meter Höhe), den Wiesen und Weiden in Höhen um 1300 Meter sowie den über 1600 Meter hoch gelegenen Alpen hin und her. Während das Patriziat von Frasco noch heute über 40 000 Quadratmeter Land und einen 1964 erbauten Landwirtschaftsbetrieb in der Magadino-Ebene besitzt, wurden im Val Verzasca selbst wie in anderen Bergtälern trotz Motorisierung (und bescheidener Technisierung) Ackerbau und Großviehhaltung sowie die Bewirtschaftung der Hochalpen fast gänzlich aufgegeben. Meistens wird die Landwirtschaft nur noch als Nebenerwerb ausgeübt: Am Tage fährt der Mann ins Tal und arbeitet in der Fabrik, am Abend versorgt er Kleinvieh, Land und Rebberge.

Die Landflucht stellt im Tessin ein großes Problem dar, denn obgleich die modernen Verkehrsmittel es den Talbewohnern ermöglichen, tagsüber in der Ebene zu arbeiten und abends wieder heimzukehren, verlassen junge Bauern ihre durch Erbteilung zu klein gewordenen Höfe und gehen in den Süden, um dort leichter ihren Lebensunterhalt zu verdienen. Das Herabsinken der Bevölkerungszahl zeigt dies sehr deutlich. Zählte zum Beispiel Frasco (Val Verzasca) im Jahre 1880 noch etwa 700 Einwohner, verringerte sich die Zahl zu Beginn des 20. Jahrhunderts auf knapp 200. Heute sind es nicht mehr als ein halbes Hundert.

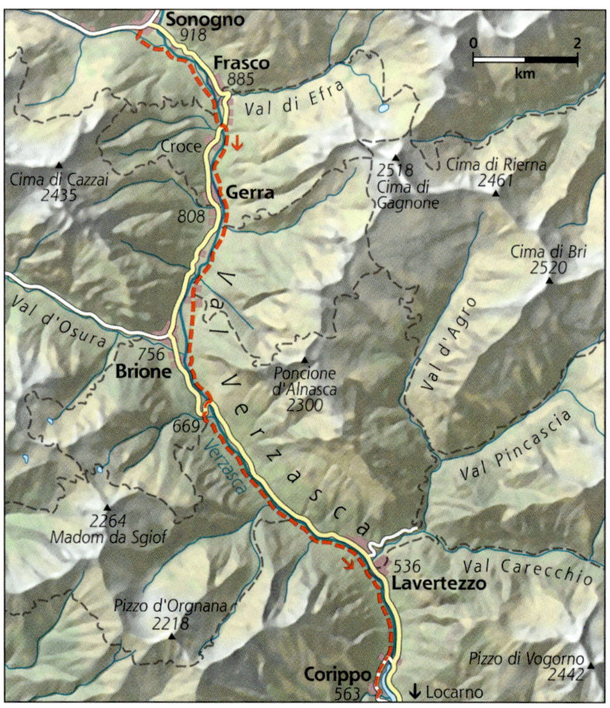

Die in den Jahren 1866/71 gebaute 25 Kilomter lange Talstraße beginnt in Gordola und steigt von den lieblichen Ufern des Lago Maggiore in Serpentinen zur Krone des Vogorno-Stausees an (Bau: 1960 bis 1965. Höhe des Staudamms: 220 m, Länge der Krone: 380 m). Der sieben Kilometer lange Vogornosee machte die Verzasca zum Energielieferanten. Bei niedrigem Wasserstand blicken die Dächer der in den Fluten versunkenen Häuser gespenstisch aus dem Wasser heraus. Der landschaftliche Szenen-

Verspielt gleitet der Osurabach über glatt geschliffene Felsblöcke und bildet glasklare »Pozzi«, die zum Baden einladen.

wechsel auf der relativ kurzen Strecke zwischen Gordola und Sonogno, dem letzten Ort im Tal, ist einmalig. An der zum Teil recht schmalen Straße, die immer dem Fluss entlangführt, liegen die wenigen Orte. Typisch sind die Häuser aus 50 Zentimeter starkem grauen Bruchsteinmauerwerk, sie tragen schwere Steinplattendächer aus Gneis.

Hier und da beleben weiße Umrandungen an den Fensteröffnungen die melancholisch wirkenden Häuser. Steinerne Außentreppen führen in die oberen Geschosse. Die Edelkastanie lieferte das Holz für Zwischendecken, Dachkonstruktion und umlaufende Laubengänge. Zwischen Corippo und Brione zeigt die Verzasca ihre ungebändigte Kraft und Schönheit am gewaltigsten. Die im Flussbett liegenden mächtigen Felsblöcke, umspült und poliert vom smaragdgrünen Wasser, sind zauberhaft geformt und geädert. Der Name »Verzasca« wurde abgeleitet von der Farbe des Wassers: verde acqua heißt grünes Wasser. Die Farbwirkung ist eine Folge der Serizit-Gneise. Kristallklare Felswannen, von den Tessinern Pozzi genannt, laden zum Baden ein (Warnschilder beachten!). An heißen Sommertagen liegen die Sonnenhungrigen auf den warmen Steinblöcken, gefesselt vom Farbenspiel des Wassers und dem unaufhörlichen Rauschen des Flusses.

Der Wegverlauf

Auf dem »Sentierone Val Verzasca« (immer entlang der Fluss-Seite, die der Straße gegenüberliegt) werden wir unvergessliche Eindrücke von diesem wildromantischen Tal gewinnen, einerlei, ob wir in Mergoscia (bzw. Bivio per Corippo) oder Sonogno beginnen. Am Morgen, wenn das erste zarte Streiflicht auf die blumengeschmückten Steinhäuser von Sonogno (918 m) fällt, wirkt dieses ursprüngliche Verzasca-Dorf am reizvollsten. Im Westen steht der Monte Zucchero über dem Val Redorta. Vorbei an der Kirche Santa Maria di Loreto und über die Brücke auf die orografisch rechte Seite der hier träge dahinfließenden Verzasca. Wir folgen ihrem Lauf talaus, spüren den Geruch des Wassers in der Nase.

Nach 25 Minuten links die Häuser von Frasco. Ein kurzer Abstecher (über eine Hängebrücke), um Kirche und angrenzenden Friedhof zu besuchen. Weiter unter hohen Kastanien, Birken und Eichen, Haselnuss-Sträuchern und Ahornbäumen. Hinter einem Rustico mit Madonnenbild betreten wir kurz die Straße zwischen Frasco und Gerra, folgen ihr wenige Meter über den Fluss hinweg zum linken Ufer. Ab und zu geht der Blick zurück zum Talschluss. In dem engen Trogtal scheint der Wald die Berghänge bis hoch hinauf zu den sonnigen Gipfelfelsen zu bedecken. Verlassen liegen die Hütten von Odrino da. Im Schatten eines Baumes (vor Erdbeerfeld) auf einem Tischlein ein paar Gläser: »Marmellata di Fragole« daneben eine Schachtel für das Geld.

Weitere Tourenvorschläge Wandern im Sotto Ceneri (Südtessin)

- »Strada Verde«: Der Malcantoneser Wanderweg führt durch ursprünglich gebliebene Dörfer sowie zu zwei großartigen Aussichtspunkten (Länge: 35 km, Dauer zwei bis drei Tage). Auskunft und Spezialprospekt erhältlich bei: Malcantone Turismo, CH – 6987, Tel.: 0041(0)91/606 29 86
- Lugano – Paradiso – Monte San Salvatore – Carona – Madonna d'Ongero – Santa Maria del Sasso – Morcote (3 Std.)
- Capolago – Monte Generoso – Roncapiano – Muggio – Tur – Pianspessa – Cascina d'Armirone – Bellavista (5 Std.)
- Alpe di Neggia – Monte Gambarogno – Alpe Cedullo – Sant'Anna – Pasturone – Indemini – Pasturone – Alpe di Neggia (4 3/4 Std.)

Nahe der Feriensiedlung Lorentino liegt auf der anderen Seite des Flusses das Dorf Gerra (808 m / + 1 ½ Std). Bald darauf ist eine mächtige Schuttrinne zu queren, die sich aus der engen Schlucht des Valeggia d'Alnasca in das breite, steinerfüllte Bachbett der Verzasca ergießt. Nach Durchschreiten eines kleines Birkenwäldchens die Häusergruppe von Alnasca (+ ½ Std.). Hier beginnt der Sentiero dei Monti, der zwischen Pizzi del Rabbioso und Poncione d'Alnasca hindurch, sich dann nordwärts wendend, zum Lago d'Efra führt (Abstieg nach Frasco). Zeigte sich die Verzasca bisher als behäbiger, geröllerfüllter Fluss, treffen wir südlich von Brione auf die wildeste Flusslandschaft des Verzascatales. Über riesige abgeschliffene Felsblöcke tost das Wasser talwärts.

Im flachen Gelände haben sich Gumpen gebildet. Sonnenhungrige tummeln sich in dem kristallklaren grünen Wasser oder auf den warmen Felsen. Haben Sie Badezeug im Rucksack, können Sie es ihnen gleichtun. Noch lange werden Sie von dieser ungewöhnlichen Wanderung, bei der Sie alles genießen und erleben können, träumen. Etwa 20 Minuten hinter Brione geht es über eine Straßenbrücke kurz taleinwärts, dann nach links zu den Hütten von Ganne (669 m / + ½ Std.; von hier Aufstieg zum Passo Deva und Übergang ins Valle Maggia möglich). Eine Hängebrücke führt ans andere Ufer zum Dörfchen Motta unter steil aufragender Felswand des Poncione d'Alnasca. Wir jedoch bleiben auf der orografisch rechten Seite des Flusses.

Kurz vor Lavertezzo schwingt sich die berühmte doppelbogige »Ponte dei salti« über die Verzasca, fäschlicherweise auch römische Brücke genannt (545 m / + 1 ¼ Std.). Von der Brücke genießen wir den Anblick des smaragdgrünen, glasklaren Wassers, das sich seinen Weg um formschöne Felsbrocken sucht. Allerdings sahen wir auch in keinem Tal sonst so viele Menschen wie hier im Wasser und auf den Felsen. Bis Lavertezzo sind es nur wenige Minuten, falls Sie den Ort besichtigen, ein Gasthaus suchen oder Ihre Wanderung abbrechen und mit dem Bus weiterfahren wollen. Bei den Rustici von Oviga di Fuori, die fast ausschließlich als Ferienwohnungen

Kurz vor Brione: Rückblick nach Norden über das breite, mit Steinen bedeckte Bachbett der Verzasca. So etwa sieht es von Sonogno bis Brione aus, doch bald ändert sich das Bild des Talflusses. Darüber Madom Gröss und Cramosino (Bildmitte).

Malerisch sind die Häuser von Sonogno. Am frühen Morgen, wenn das noch warme Sonnenlicht auf die blumengeschmückten Steinhäuser fällt, wirkt dieses ursprüngliche Verzascadorf am reizvollsten.

genutzt werden, erfrischt das köstliche Quellwasser eines Brunnens. Wieder nimmt uns schattiger Wald auf, den wir bei der Spitzkehre der nach Corippo führenden Straße endgültig verlassen (Ponte di Corippo 485 m / + 3/4 Std.).

Bevor Sie mit dem Wagen oder Bus (5 Min. von hier) zu Ihrem Urlaubsdomizil zurückkehren, sollten Sie unbedingt noch Corippo (563 m) besuchen. Es ist ratsam, zu Fuß hinaufzugehen (hin und zurück: 1/2 Std.), da kaum Parkplätze vorhanden sind. Das am steilen Hang klebende, wohl typischste Bergdorf des Verzascatales hat seinen ursprünglichen Charakter völlig unberührt bewahrt und wurde wegen der geschlossenen architektonischen Einheit seines Dorfkerns unter Heimatschutz gestellt und zum Denkmal von nationaler Bedeutung erklärt. Früher war das heute knapp 50 Einwohner zählende Dorf ein bedeutendes Zentrum der Leinenweberei. Corippo ist ganzjährig bewohnt.

Weitere Tourenvorschläge

- Monti di Motti (per Auto von Gordola) – Alpe di Foppiana – Sassariente und zurück nach Monti di Motti. Vorsicht! Nicht bei Nässe (3 3/4 Std.)
- Vogorno – Alpe Bardughè – Pizzo di Vogorno – Alpe Lòcia – Rienza – Vogorno. Einzigartig, jedoch anstrengend; nur für Geübte! (10 Std.)
- Durchs einsame Val d'Osola: Brione – Daghei – Vald – Rifugio Alpe Osola – Brione (4 3/4 Std.)
- Sonogno – Alpe di Redòrta – Fuorcla di Redòrta – Alpe Pertüs – Monti di Predee – Prato. Lohnender Übergang vom Val Verzasca ins Val Lavizzara; nur für Geübte! (7 1/2 Std.)
- Frasco – Mont Val d'Efra – Montada – Chignolo – Alpe d'Efra – Lago d'Efra und zurück nach Frasco (4 3/4 Std.)

29 Laghi del Sambuco und Narèt

Tourensteckbrief

LAGE: *Tessiner Alpen / Sopra Ceneri (Gruppen der Cristallina und des Pizzo di Röd), ca. 50 km nördlich von Locarno / Lago Maggiore.*

CHARAKTER: *Abwechslungsreiche Bergwanderung durch das prächtige Val Sambuco; unschwierig.*

GEHZEIT: *7 Std. ab Sambuco-Staumauer (ab Fusio + 1/2 Std.; ohne Seeumrundung 1 Std. weniger).*

HÖHENDIFFERENZ: *Je 900 m An- und Abstieg (ab Fusio zusätzliche 200 m im An- und Abstieg).*

TALORT: *Fusio (1289 m); Anfahrt mit Pkw oder Bus von Locarno (Lago Maggiore) durchs Valle Maggia und Val Lavizzara.*

AUSGANGSPUNKT: *Parkplatz kurz vor der Sambuco-Staumauer (ca. 1500 m); von Fusio mit Pkw zu erreichen oder zu Fuß in 30 Minuten.*

EINKEHR / UNTERKUNFT: *Unterwegs keine.*

FÜHRER: *SAC-Clubführer Tessiner Alpen Band 2 (Von der Cristallina zum Sassariente), SAC-Verlag; SAC-Wanderführer Wandern Alpin, SAC-Verlag; Rother Wanderführer Tessin, Bergverlag Rother; Wanderwelt Tessin, Kümmerly + Frey.*

KARTEN: *SAW-Wanderkarten 1:50 000 Blätter 266 T (Valle Leventina) und 265 T (Nufenenpass).*

TOURISMUSINFORMATIONEN: *Vallemaggia Turismo CH – 6673 Maggia, 0041(0)91/753 18 85.*

Hoch über dem Maggiatal zum Narèt-Stausee

Auf den Landeskarten der Schweiz liest man grundsätzlich »Valle Maggia«, während sich in der Region selbst »Vallemaggia« als offizielle Schreibweise eingebürgert hat, auch im Schriftwechsel und Dokumenten der kantonalen Regierung. Beim Taleingang von Ponte Brolla prägt die Maggia ein faszinierendes Flussbett. Das Wasser spült über polierte Felsen hinweg, stürzt in gewaltigen Kaskaden in die Tiefe und zwängt sich durch enge Schluchten. Eindrucksvoll sind die Strudellöcher im Felsboden (sog. Erosionsmühlen), die durch die ständig reibende und schleifende Kraft der Maggia entstanden sind. Sonnenanbeter und Freunde des nassen Elementes liegen auf mächtigen Felsblöcken im Fluss oder baden im herrlich sauberen Wasser, das sich in Felswannen, den »Pozzi«, gesammelt hat. Bei Gordevio weitet sich das Tal, das an beiden Seiten von bewaldeten Berghängen und steilen Felsen eingeschlossen ist. Gletscher und die Maggia formten das Tal.

Wegen der naturbedingten Isolierung (Bau einer Straße ins Tal erst 1814–1824) führten die Bewohner des Valle Maggia von frühesten Zeiten an ein unabhängiges Leben. Sie regierten sich demokratisch und verwalteten die gemeinschaftlichen Güter. Die Maggia trennte unbarmherzig beide Talseiten, und da weder Straßen noch Brücken existierten, gab es kaum Kontakte zu anderen Dörfern. So fiel es den Valmaggesi nicht leicht, sich der Herrschaft der Eidgenossenschaft zu unterwerfen, die von Mai 1513 bis März 1798 (Gründung der Helvetischen Republik) dauerte. In Cevio steht noch das Haus der ins Tal entsandten und alle zwei Jahre in ihrem Amt abgelösten 159 Landvögte (heute Amtsgericht des Valmaggia).

Lange ertrugen die Talbewohner das entbehrungsreiche und mühevolle Leben in christlicher Ergebenheit, jedoch begann die Bevölkerungszahl, die um 1700 noch etwa 10 000 betrug, durch zunehmende Emigration rapide zu schrumpfen. Wie in anderen Bergtälern war die von etwa 1850 bis 1930 anhaltende Phase der Auswanderung nach Australien und Kalifornien das traurigste Kapitel in der Geschichte des Maggiatales.

Während das Gefälle von den Quelltälern Campo, Bavona und Lavizzara zum Tal der Maggia bis zu 1000 Metern beträgt, ist der Höhenunterschied zwischen Ponte Brolla und Bignasco mit 254 Metern auf einer Länge von 25 Kilometern kaum zu spüren. Hinter Bignasco beginnt die Straße nach Nordosten in das nach dem Lavezstein (= Speckstein) benannte Val Lavizzara anzusteigen. Einst schenkte man dem Speckstein besondere Aufmerksamkeit, da sich aus dem Material aufgrund seiner Beschaffenheit relativ unschwierig Gegenstände für den täglichen Gebrauch herstellen ließen, zum Beispiel Kochgefäße, Schalen und Öllampen. Fast alle Vorkommen waren in den Bergen des Peccia- und Campotales sowie im Lavizzaratal (bei Menzonio und Fusio) zu finden. In

Brontallo, im Val Lavizzara orografisch rechts der Maggia gelegen, ist eine auf terrassiertem Steilhang gebaute, geschlossene Häusergruppe. Die Ställe sind alle zusammen gegen den tiefen Talausschnitt hin konzentriert und bilden so eine einmalige architektonische Einheit, wie dies typisch ist für die Täler der Maggia und Verzasca. Über dem Dorf der Monte Zucchero.

den vergangenen Jahrhunderten wurden, vor allem im oberen Valle Maggia, wo der Winter lang und kalt ist, in der »stüa« oder »astöö«, dem einzigen heizbaren Raum im Haus, Specksteinöfen errichtet. Etwa 500 Stück existieren noch davon im Tal, allerdings werden nur noch wenige benutzt.

Ab Peccia wird die Strecke »strenger«, wie die Schweizer sagen. Sie überwindet bis Fusio in 14 Kurven einen Höhenunterschied von fast 300 Metern. Fusio (1289 m), der letzte Ort im Tal, galt früher als die wohlhabendste Gemeinde des Bezirks Vallemaggia. Die Bewohner besaßen viel Vieh, das sie auf den Alpen des Sambucotales weideten (auch heute noch Alpwirtschaft auf den Alpen Campo la Torba, Vacarisc und Mognòla). Die Einwohnerzahl ist inzwischen auf etwa 50 gesunken, und viele Häuser stehen leer. Und doch strahlt das Dorf mit seinem schönen alten Ortsbild einen besonderen Reiz aus.

Auch im Maggiatal wurden Großviehhaltung stark eingeschränkt und arbeitsintensive Kulturen aufgegeben, bis auf leicht zu bearbeitenden Boden, der im Nebenerwerb bewirtschaftet wird. Die Folge sind Verwilderung und Verwaldung der verlassenen Regionen. Das überwiegend sehr tief gelegene Valle Maggia zeigt südliche Flora – allerdings macht sich in den Seitentälern mit zunehmender Höhe der alpinere Charakter in Pflanzen und Klima bemerkbar. Die im Vallemaggia noch anzutreffenden Weinanbauflächen dienen heute allein dem privaten Bedarf. Auffallend sind die Rebenstützen aus Granit. Das gut spaltbare Material findet im Tessin vielerlei Verwendung, unter anderem für Tischplatten und Sitzbänke, Begrenzungsstangen und Dacheindeckungen.

In den Dörfern des Maggiatales sind zum Teil noch die ländlichen Häuser von Ende des 16. Jahrhunderts zu finden: massive Bauten mit intakten Mauern, darüber das typische Steinplattendach. Das Erdgeschoss bestand meistens aus zwei Räumen: einer für das tägliche Leben, der andere für Vorräte und Geräte. Hygienische Einrichtungen hatten die Häuser nicht. In der Mitte des Aufenthaltsraumes brannte in einer Steinumrandung das Feuer, der Rauch zog durch ein Loch oberhalb der Tür ab. Es gab weder Herd noch Kamin, die Feuerstelle mit Rauchfang wurde erst nach 1600 konstruiert. Entsprechend geschwärzt waren die Innenwände der Räume.

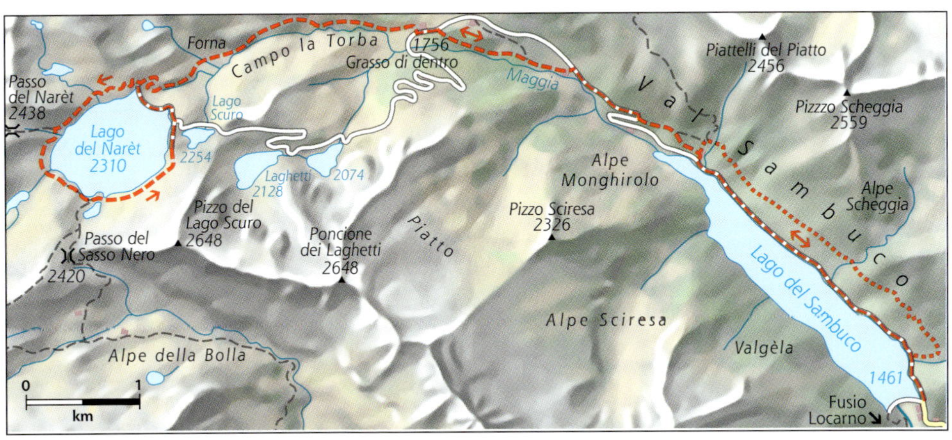

29 Laghi del Sambuco und Narèt

Rustico (Speicher) im alten Ortsteil von Maggia, dem Hauptort des Valle Maggia.

Der Wegverlauf

Ziel unserer Wanderung soll der Lago del Narèt sein. Er ist auch mit dem Pkw auf einer Werksstraße zu erreichen, allerdings gibt es Perioden, wo das letzte Teilstück zum See gesperrt wird. Vom Parkplatz kurz vor der Sambuco-Staumauer (oder zu Fuß in 30 Min. von Fusio) geht es in wenigen Minuten zum Lago del Sambuco (1461 m). Nun auf dem wenig befahrenen Sträßchen entlang des orografisch linken Seeufers taleinwärts (oder nach 5 Min. bei schwacher Markierung den Hang hinauf und über Scheggia und Morisciolo nach Nordwesten, jedoch anstrengender und länger). Eine knappe Stunde später senkt sich ein Steig zur Alphütte Campo di Sotto (1603 m) hin ab. Nahe der Maggia dringen wir in eine Talenge ein und gelangen, durch ein Wäldchen stärker ansteigend, zum ausgdehnten Talboden von Grasso di dentro (bewirtschaftete Alpe; 1756 m / 1 ½ Std.).

Ein letztes Mal berühren wir die Straße. Dann tauchen wir unter den Südhängen von Pizzo di Mezzodi und Pizzo di Corno in die Stille des Val Sambuco ein und steigen durch eine steile Runse zum Stafel Forna auf (2087 m / + 1 ¼ Std.). Jetzt der Markierung, die zur bereits sichtbaren Staumauer des Lago del Narèt hinweist, folgen (Nicht Bachlauf queren und nach Süden den Hang zur Werkstraße nördlich des Lago Sucro emporgehen, da sehr steil). Unsere Route zieht sich links der Alphütte vorbei nach Westen auf einen felsigen Engpass zu, dabei rasch an Höhe gewinnend. Etwa 10 Minuten lang über einen grasdurchsetzten, etwas unwegsamen Geröllhang zum Fuß der 80 Meter hohen und 435 Meter langen Staumauer. Hier treffen wir auf den breiten Weg, der zur Krone des Stausees führt (2420 m / + ¾ Std.).

Der Naretsee ist der größte einer Reihe von Quellseen der Maggia, die eingebettet in einer vom Gletscher geformten typischen Rundhöckerlandschaft liegen. Ein Stollen verbindet den zum Speicherbecken aufgestauten Lago del Narèt mit dem Lago dei Cavagnöö (Stausee im oberen Bavonatal). Die eindrucksvolle Landschaft lädt nicht nur zum Verweilen ein, sondern ist zugleich Ausgangspunkt für eine Reihe von Bergwanderungen. Zum Beispiel bietet sich die Umrundung der Cristallina an (führt über vier Pässe) oder die Besteigung des 2911 Meter hohen Gipfels (unschwierig, aber Bergerfahrung erforderlich).

Wer über genügend Kondition und Ausdauer verfügt und lange Gehzeiten nicht scheut, könnte nach dem Aufstieg zum Lago del Narèt durchs Valle di Peccia nach Peccia absteigen; beliebt ist auch der Übergang ins Val Bavona oder ins Val Bedretto. Hierbei handelt es sich jeweils um längere Touren und die Rückkehr zum Ausgangspunkt mit öffentlichen Verkehrsmitteln sollte eingeplant werden. Da wir gut in der Zeit sind, umrunden wir den in herrlicher Hochgebirgsumrahmung unter Cristallina und Pizzo del Narèt gelegenen See (1 Std.). Dann geht es auf der morgendlichen Route wieder hinab zum Stafel Forna (2087 m / + ½ Std.). Zwei Wanderer vor uns zweigen zehn Minuten später links ab. Sie sind von Ossasco (Val Bedretto) durchs Val Torta zur Capanna Cristallina aufgestiegen, haben dort übernachtet und wollen nun über den Passo dei Sassi nach Airolo am Ausgang des Bedrettotales zurückkehren.

Wir setzen unseren Abstieg fort, erreichen schon bald Grasso di dentro (1756 m / + ¾ Std.). Ein paar Autos stehen jetzt am Rande der Werksstraße. Ihre Besitzer sind vielleicht wie wir auf einer Tour unterwegs oder erfreuen sich irgendwo abseits des Weges dieser trotz Technisierung weitgehend unberührt gebliebenen Natur (wir denken an Stausee, Kraftwerk und Stromerzeugung). Kinder spielen am Ufer der träge in ihrem breiten Flussbett dahinplätschernden Maggia. Auch wenn Übergänge in andere Täler (z. B. ins Val Bavona oder ins Val Bedretto) bei entsprechender Kondition einen ganz besonderen Reiz ausüben, so ist es doch immer wieder beglückend, eine unbeschwerte Wanderung wie diese zu einem hochgelegenen Bergsee zu machen und auf dem gleichen Weg ins Tal zurückzukehren. Fesselte während des Aufstieges zunehmend mehr der herbe Hochgebirgscharakter, so ist es beim Abstieg die sanfte Anmut dieser Berglandschaft, die gefangen nimmt.

Wir queren die Straße, durchmessen noch einmal das Wäldchen und die Talenge, zufrieden die Eindrücke verarbeitend, die der Tag uns bot. Wenig später Campo di Sotto. Der Blick zurück erfasst die Maggia gerade dort, wo sie laut tosend über eine Felsstufe herabstürzt. Wir folgen ihrem Lauf eine Zeit lang. Majestätisch erhebt sich im Osten über dem Lago del Sambuco der Gipfel des Pizzo Campolungo. Im Anblick dieses malerischen Panoramas wird eine letzte Rast eingelegt. Wundervoll ist dann das Wegstück entlang des Stausees – von schroffen, nackten Felsen überragt, gleicht er eher einem norwegischen Fjord als einem lieblichen Tessiner Bergsee, der am Abend besonders romantisch wirkt.

Etwas müde in den Beinen kehren wir zum Parkplatz zurück (+ 1 1/4 Std.). Eine Gruppe Italiener lacht uns fröhlich zu. Ob wir einen Kaffee möchten, fragt einer gestikulierend. Natürlich möchten wir, wer sagt da schon nein. In einem kleinen Becher gibts dann noch etwas extra Gutes…

Weitere Tourenvorschläge

- Fusio – Passo del Narèt – Alpe di Cristallina – Ossasco / Val Bedretto (6 1/2 Std.)
- Fusio – Vacarisc – Corte dell'Ovi – Corte Mognòla – Lago di Mognòla – Sassina – Canà – Portol di fuori – Fusio (4 3/4 Std.)
- Ponte Brolla – Dunzio – Aurigeno – Mogheno – Lodano (5 1/2 Std.)
- Cevio – Morella – Lago di Sascòla – Rotondo – Rovana – Cevio (7 1/2 Std.)
- Cimalmotto – Alpe di Sfii – Passo della Cavegna – Alpe di Pocaresc – Alpe del Casone – Vergoletto (5 3/4 Std.)
- Giumaglio – Berzona – Arnau – Giumaglio (4 1/2 Std.)
- Prato Sornico – Val di Prato – Val di Pertüs – Corte Grande – Lago di Tomè – Val Tomè (7 Std.)

Bei Punkt 2340 (Abzweig zum Lago Nero) steht ein kleines Bergsteigerzelt ... Über der Staumauer des Lago dei Cavagnöö: Pizzo dell Arzo, Marchhorn, Pizzo San Giacomo und Pizzo Cavagnöö.

30 Seenlandschaft von Robiei

Tourensteckbrief

LAGE: *Tessiner Alpen / Sopra Ceneri (Gruppe der Cima di Lago und Cristallina), ca. 50 km nördlich von Locarno / Lago Maggiore.*

CHARAKTER: *Zauberhafte Seen- und Passwanderung in landschaftlich einmalig großartiger Gebirgszsenerie; Bergpfade. Verschiedene Alternativen als 2- oder 3-Tagestour möglich.*

GEHZEIT: *5 1/4 Std. (bei Seilbahnbenutzung von San Carlo nach Robiei).*

HÖHENDIFFERENZ: *Je 700 m An- und Abstieg (bei Seilbahnbenutzung).*

TALORT: *San Carlo (938 m), zuhinterst im Val Bavona. Anfahrt mit Pkw oder per Bus von Locarno (Lago Maggiore) durchs Valle Maggia und Val Bavona.*

AUSGANGSPUNKT: *Bergstation Robiei (1891 m), per Seilbahn von San Carlo zu erreichen.*

EINKEHR / UNTERKUNFT: *Albergo Robiei (1891 m), Tel.: 0041(0)91/756 50 20. Capanna Basòdino (1856 m), für Übernachtung Reservation obligatorisch, Tel.: 0041(0)91/753 27 97 und 0041(0)91/745 39 42. Capanna Cristallina (2349 m), Tel.: 0041(0)91/869 23 30 und 0041(0) 91/869 18 54.*

FÜHRER: *SAC-Clubführer Tessiner Alpen Band 2 (Von der Cristallina zum Sassariente), SAC-Verlag; SAC-Wanderführer Wandern Alpin, SAC-Verlag; Rother Wanderführer Tessin, Bergverlag Rother, Wanderwelt Tessin, Kümmerly + Frey.*

KARTE: *SAW-Wanderkarte 1:50 000 Blatt 265 T (Nufenenpass).*

TOURISMUSINFORMATIONEN: *Vallemaggia Turismo CH – 6673 Maggia, Tel.: 0041(0)91/753 18 85.*

Lago Sfundau unterm Passo di Cristallina

Im Tessin hat innerhalb eines halben Jahrhunderts eine ungeheure wirtschaftliche Revolution stattgefunden. Aus dem Agrarland, das seine Bevölkerung kaum zu ernähren vermochte, ist ein Dienstleistungs- und Fremdenverkehrsland geworden. Der moderne Tourist fragt im Allgemeinen weder nach der Geschichte noch nach den Lebensbedingungen der Bewohner seines Urlaubslandes. Aber er hat unbewusst an der Entwicklung mitgewirkt. Mehr als anderswo spürt man dies in den Ballungszentren des Tessin (z. B. im Einzugsbereich des Lago Maggiore und des Lago di Lugano). Nicht so in den tiefgefurchten Tälern des Sopraceneri. Zwar gehört der kümmerliche Lebensstandard, mit dem sich die Bergbewohner lange abfinden mussten, auch hier größtenteils der Vergangenheit an. Jedoch haben sich die Täler ihren eigenwilligen Zauber bewahrt. Vielmehr noch: Man könnte bisweilen fast meinen, sie seien wieder ursprünglicher geworden, nachdem die abgelegenen Weinberge und Alpweiden nicht mehr bearbeitet werden und der Wald sich tiefer herabzieht. Eines dieser Täler ist das von wilder Schönheit geprägte Val Bavona.

Ein für das heutige Empfinden »nostalgisches Überbleibsel« aus der kargen Zeit der Tessiner sind die Rustici. Ein Rustico ist eine Konstruktion aus Naturstein, oft kaum mehr als vier lose geschichtete Mauern, darüber ein Dach aus schweren Steinplatten. Im Valle Maggia und Val Verzasca (aber auch in anderen Tälern) begegnen wir diesen Steinhäusern

Bauernhaus in Camblee, einem kleinen Weiler im Val Lavizzara.

sowohl im Talgrund als auch an den Berghängen. Zum Teil schon 200 bis 300 Jahre alt, legen sie Zeugnis ab vom bäuerlichen Leben der Vorfahren, denen sie als Wohnstätten dienten oder als Schuppen und Stall für Futtermittel, Ziegen und Schafe sowie die manchmal einzige Kuh. Längst ist er wieder zu Ehren gekommen, der robuste Rustico. Was den Menschen einst nur als ärmliche Behausung diente, haben seine Besitzer inzwischen zu einem Ferienhaus oder einer Zweitwohnung umgebaut, die sie bisweilen auch an Touristen vermieten. In den 60er Jahren des 20. Jahrhunderts zeigte sich gerade in ärmeren Gemeinden ein starker Trend zum Verkaufen von Grundstücken und Rustici an Auswärtige. Das brachte bescheidenen Wohlstand in die Bergtäler des Sopraceneri, denn Kaufinteressierte zahlten sogar für abgelegene Hütten, die restlos renoviert werden mussten, beträchtliche Summen. Erst als diese Entwicklung auszuufern begann und der Verlust regionaltypischer Bausubstanz mehr und mehr deutlich wurde (u. a. durch stilfremde Umbauten), trat die kantonale Heimatschutzkommission auf den Plan. Sie prüft heute sämtliche Bau- und Umbaugesuche nach strengen Kriterien.

Das Val Bavona wird bei San Carlo durch eine nahezu 1000 Meter hohe Steilwand abgeschlossen, auf der die durch Gletschererosion entstandene Seenplatte von Robiei liegt. Hier kommt jeder auf seine Kosten: Hochalpinisten und Bergwanderer, Spaziergänger, Senioren oder Familien mit Kindern. Allerdings: Wer die Wahl, hat die Qual! An dieser Stelle ein paar Vorschläge. Lago del Zött und Lago dei Cavagnöö (zwei leichte Rundwanderungen; Dauer: 2 $^1/_4$ bzw. 3 $^1/_4$ Std. ab Robiei). Bergerfahrung und Ausdauer setzt die Fortsetzung der Tour vom Lago dei Cavagnöö nach Westen voraus: Über den Passo Grandinagia

Sonnen auf runden warmen Felsblöcken – Baden im glasklaren, blaugrün glitzernden Wasser der Maggia: was kann es Herrlicheres geben …

Fesselnd ist der Anblick des arktisch anmutenden Lago Sfundau, auf dessen Oberfläche bis in den Sommer hinein Eisschollen schwimmen. Über der Bildmitte die Einsenkung des Passo di Cristallina.

oder die Bocchetta Formazzòra geht es nach All'Acqua im Val Bedretto (ggf. beim Verkehrsbüro Information einholen).

Der Wegverlauf

Zu den beliebtesten Touren in dieser Region zählt die Wanderung auf den Passo di Cristallina. Die Talstation der »Funivia« (Seilbahn) nach Robiei (gebaut 1963; großer Parkplatz) befindet sich etwas oberhalb von San Carlo. Eine Gondel trägt uns in 15-minütiger Bergfahrt (zu Fuß 3 Std.) in eine zauberhafte Bergwelt hinauf. Wir lassen das Albergo Robiei, das einem Wohnturm gleicht, links liegen und wandern auf dem Werksträßchen talein. Nach 10 Minuten der Abzweig Lielp – Lago Nero. Schöne Alternative zu unserer geplanten Wanderung, jedoch etwas länger, steinig, steil und anstrengender: Im weiteren Verlauf führt die siebenstündige Bergtour ins Val Peccia; sie ist nur geübten Berggehern zu empfehlen (z. T. Geröll, Queren von Schneefeldern, Lawinenreste, Pfadspuren). Wir bleiben bis zum Lago Bianco auf der sich nordwärts schwenkenden Straße (2100 m / 3/4 Std.). Achtung! Bei Markierung rechts in die Felsen einsteigen. Recht steil geht es über Felsplatten und Geröll, später in grasdurchsetztem Gelände höher. Ein Bergsteigerzelt steht am Wege auf rasigem Hang. Es ist wohl eine der beeindruckendsten Arten, die Berge zu erleben: nachts nichts weiter als den hohen Sternenhimmel über sich.

Einzigartig ist der Tiefblick auf die grün schimmernden Seen. Im Südwesten grüßt der firnumflossene Basòdino. Bei Punkt 2340 (+ 3 Std.) nochmals der Hinweis zum Lago Nero. Auf fast ebenem Weg machen wir den kurzen Abstecher zu dem in einer

Weitere Tourenvorschläge

- San Carlo – Capanna Basòdino – Robiei – Passo Cristallina – Capanna Cristallina – Ossasco (8 ½ Std., Zweitagestour)
- San Carlo – Val d'Antabia – Piano delle Créste (FAT-Hütte) – Laghetti d'Antabia – Laghi della Cròsa – Val Calnègia – Puntid – Foroglio (10 Std., Zweitagestour; nur für Geübte)
- Bosco Gurin – Großalp – Passo Quadrella – Chumma – Zum Schwarza Brunna – Bosco Gurin (5 Std.)
- Bosco Gurin – Wolfstafel – Schwarzsee – Strahlbann – Herli – Bosco Gurin (5 ¾ Std.)
- Bosco Gurin – Großalp – Guriner Furka – Fondavalle / Val Formazza (5 Std.)

Mulde liegenden Bergsee, kehren zum Abzweig zurück (+ ½ Std.) und setzen die Wanderung in nördlicher Richtung fort. Hoch oben im Kar blöken Schafe. Diese Wegstrecke ohne merkliche Steigung gibt viel Gelegenheit zum Schauen und Beobachten. Im Westen zeigt sich über dem Lago dei Cavagnöö die schwarze Felspyramide des Pizzo San Giacomo. Bei Punkt 2465 (½ Std.) ist ein felsiger Durchbruch zu passieren. 50 Meter tiefer liegt der Lago Sfundau. Er ist fast das ganze Jahr über mit kleinen Eisschollen bedeckt. Einst soll es ein liebliches Seelein inmitten blumiger Alpweiden gewesen sein. Durch die Schuld eines Hirten wurde der See eines Tages in einen rabenschwarzen Strudel verwandelt, der sich immer tiefer eingrub und die Hänge zum Einstürzen brachte.

Auf einem Schild die Warnung: Weg teilweise zerstört, schwieriger Durchgang! Sollte der Fluch noch heute über dem See hängen? Bei der Hangtraverse über dem Ostufer des Sees will uns die Sage nicht aus dem Kopf gehen. Es sind jedoch nur ein paar Altschneefelder zu queren und von Murenabgängen unterbrochene Wegstücke, sonst gibt es keine Probleme. Hinter dem Nordufer des Sees zieht sich ein Steig weiter den Hang entlang. Dann leiten Pfadspuren durch eine mächtige Schuttrinne, die von vielen Bächlein durchzogen ist. Wie auf einer Moräne steigen wir schließlich westwärts höher, durchschreiten eine Ebene und gelangen an einem namenlosen Seelein vorbei kurz darauf zum bereits weithin sichtbaren Einschnitt des Passo di Cristallina (2568 m / + ¾ Std.).

Wir halten ausgedehnte Rast, genießen an windgeschützter Stelle die wohltuende Sonne und lassen die großartige Hochgebirgsszenerie an uns vorüberziehen: im Norden die Gotthardberge, im Süden die Gipfel der Basòdinogruppe. Nach Osten folgt das Auge der Spur über den Firn hinab zur Capanna Cristallina: Weiter nordwärts geht es durch das Val Torta in 3 ¼ Stunden nach Ossasco / Val Bedretto oder ostwärts zu den Laghi del Narèt und Sambuco nach Fusio / Val Lavizzara in 4 Stunden. Bei allen Übergängen ist stets im voraus zu prüfen, welche Rückkehrmöglichkeit zum Ausgangspunkt besteht (ggf. Übernachtung einplanen).

Wer gut in Form ist, kann jetzt noch auf die Cristallina steigen (2 ¾ Std., Bergerfahrung und Trittsicherheit erforderlich, ansonsten unschwierig). Wir wollen nach Robiei zurück. Plötzlich hüllen uns flüchtige Wolkenfelder und sonnendurchflutete Nebelschwaden ein – sie lassen alles noch gewaltiger erscheinen. Wie verzaubert wirkt die Landschaft durch diese eigenartigen Lichtverhältnisse. Über dem Südufer des Sfundausees rechts ab ein Pfad nach Cortino (Werksstraße zum Lago die Cavagnöö). Wir bleiben auf der morgendlichen Route. Bis Punkt 2340 fast eben, dann die steile Passage (Vorsicht bei Nässe!) hinab zum Lago Bianco. Weiter auf der Werksstraße bis Robiei (1891 m / + 2 Std.) und mit der Bahn hinab nach San Carlo. Auf dem Parkplatz gibt es keinen Schatten. Beim Öffnen der Wagentür kommt uns die ganze Tessiner Sonnenglut entgegen.

Das »Große« Postamt in San Carlo, dem letzten Dorf des Val Bavona, ist nur während der Saison geöffnet. Danach hängt ein Schild am Briefkasten: »Keine Leerung vom 31. Oktober bis zum 1. Mai.« Der Pizzo Castello überragt den Ort eindrucksvoll.

Register

Impressum

Impressum

Titelfotos
Umschlagvorderseite:
Berner Oberland, Blümlisalp und Oeschinensee (Foto: Bildagentur Huber)
Umschlagrückseite:
Der »Pontre dei salti« bei Lavertezzo. Schon im Mittelalter überspannte die Brückenkonstruktion die Verzasca. Nach der Zerstörung im Jahre 1906 wurde sie wieder aufgebaut und 1958 nochmals erneuert.
Seite 2/3:
Das Dreigestirn Eiger, Mönch und Jungfrau, gesehen von der Lobhornhütte (auf der orografisch linken Seite des Lauterbrunnentales, nordwestlich oberhalb von Lauterbrunnen). Darunter (am linken Bildrand) Wengen, wichtigster Ort in der Gemeinde Lauterbrunnen. Die Wengernalpbahn verbindet Wengen sowohl mit Lauterbrunnen als auch über die Kleine Scheidegg mit Grindelwald.

Bildnachweis:
Foto auf der Umschlagrückseite sowie alle Fotos im Innenteil stammen von den Autoren.

Eine Produktion des Bruckmann-Teams, München
Layout und Satz: Der Buchmacher, Arthur Lenner
Kartografie: Christian Rolle, Umweltkartographie und Geoinformationstechnik, Holzkirchen
Umschlaggestaltung: Ruth Kammermeier

Bitte richten Sie diese an den Bruckmann Verlag, Lektorat, Postfach 80 02 40, 81602 München,
E-Mail lektorat@bruckmann.de.

Gedruckt auf chlorfrei gebleichtem Papier

Die Deutsche Bibliothek – CIP Einheitsaufnahme
Ein Titeldatensatz für diese Publikation ist bei
Der Deutschen Bibliothek erhältlich.

Gesamtverzeichnis gratis:
Bruckmann Verlag GmbH, 81664 München

Internet: www.bruckmann.de

Printed in Germany by Passavia
ISBN 3-7654-3810-3